Gesetzliche Vertretungsbefugnis von nahen Angehörigen für Volljährige

Familienrechtliche Untersuchungen

Herausgegeben von Andreas Roth

Band 8

PETER LANG
Frankfurt am Main · Berlin · Bern · Bruxelles · New York · Oxford · Wien

Melanie Kunz

Gesetzliche Vertretungsbefugnis von nahen Angehörigen für Volljährige

Eine Auseinandersetzung
mit den aktuellen Gesetzesvorschlägen
zur Änderung des Betreuungsrechts

PETER LANG
Europäischer Verlag der Wissenschaften

Bibliografische Information Der Deutschen Bibliothek
Die Deutsche Bibliothek verzeichnet diese Publikation in der Deutschen Nationalbibliografie; detaillierte bibliografische Daten sind im Internet über <http://dnb.ddb.de> abrufbar.

Zugl.: Mainz, Univ., Diss., 2006

D 77
ISSN 1619-036X
ISBN 3-631-55452-4

www.peterlang.de

Meiner Familie

Vorwort

An dieser Stelle möchte ich meinen Dank aussprechen an all diejenigen, die mich während der Bearbeitung der Dissertation begleitet haben und mir immer mit Rat und Tat zur Seite standen.

Mein ganz besonderer Dank gilt dabei Prof. Dr. Andreas Roth für seine Unterstützung und zahlreichen Hilfestellungen sowie für seine fürsorgliche Betreuung der Arbeit. Dadurch war es möglich, die Arbeit zielführend und zügig zu bearbeiten. Prof. Dr. Kaiser danke ich für die Erstattung des Zweitgutachtens.

Besonders hervorheben und meinen Dank aussprechen möchte ich meinem Freund Youssef für seine liebevolle Unterstützung und unermüdliche Hilfsbereitschaft. Meinen Eltern danke ich dafür, dass sie mir die Möglichkeit gaben, meine beruflichen Ziele eigenständig auszusuchen, diese zu verwirklichen und mich auch bei der Entscheidung zur Promotion bestätigten.

Mainz, im April 2006 Melanie Kunz

Inhaltsverzeichnis

Literaturverzeichnis

Kommentare

Dodegge/Roth	Betreuungsrecht Systematischer Praxiskommentar; 2003.
Dreier (Hrsg.)	Grundgesetz Kommentar, Band I Präambel, Art. 1-19; 2. Aufl. 2004.
Erman	Bürgerliches Gesetzbuch Handkommentar, Band II §§ 812-2385; 11 Aufl. 2004.
Honsell/Vogt/Geiser	Kommentar zum schweizerischen Privatrecht; Schweizerisches Zivilgesetzbuch I Art. 1-359 ZGB; 1996.
Höfling (Hrsg.)	Kommentar zum Transplantationsgesetz (TPG); 2003.
J. von Staudingers	Kommentar zum Bürgerlichen Gesetzbuch mit Einführungsgesetz und Nebengesetzen Viertes Buch Familienrecht §§ 1896-1921 13. Bearbeitung 1999 von Werner Bienwald.
J. von Staudingers	Kommentar zum Bürgerlichen Gesetzbuch mit Einführungsgesetz und Nebengesetzen Viertes Buch Familienrecht §§ 1626-1631, Anhang zu § 1631: RKEG; §§ 1631a-1633 13. Bearbeitung 2002 von Michael Coester, Lore Maria Peschel-Gutzeit, Ludwig Salgo.
J. von Staudingers	Kommentar zum Bürgerlichen Gesetzbuch mit Einführungsgesetz und Nebengesetzen Viertes Buch Familienrecht Einleitung zu §§ 1297 ff, §§ 1297-1302, Nichteheliche Lebensgemeinschaft Anhang zu §§ 1297 ff, §§ 1303-1362 13. Bearbeitung 2000 Heinz Hübner, Diethelm Klippel, Hans-Wolfgang Strätz, Reinhard Voppel.
J. von Staudingers	Kommentar zum Bürgerlichen Gesetzbuch mit Einführungsgesetz und Nebengesetzen I Band, Allgemeiner Teil §§ 1-240; 11. Aufl. 1957; Erläutert von Franz Brändel, Helmut Coing.

Maunz-Dürig	Grundgesetz Kommentar, Band I Art. 1-5, Lieferungen 1 bis 43, Februar 2004.
Maunz-Dürig	Grundgesetz Kommentar, Band II Art. 6-16a, Lieferungen 1 bis 43, Februar 2004.
Münchner Kommentar	Zum Bürgerlichen Gesetzbuch, Band 7 Familienrecht I §§ 1297-1588, VAHRG, VAÜG, HausratsV; 4. Aufl. 2000.
Münchner Kommentar	Zum Bürgerlichen Gesetzbuch, Band 8 Familienrecht II; §§ 1589-1921, SGB VIII; 4. Aufl. 2002.
Palandt	Bürgerliches Gesetzbuch; 63. Aufl. 2004.
Schönke/Schröder	Strafgesetzbuch Kommentar; 26. Aufl. 2001.

Monographien, Lehrbücher, Festschriften

Gernhuber/Coester-Waltjen	Lehrbuch des Familienrechts; 4. Aufl. 1994.
Hohloch, Gerhard	Familienrecht; 2002.
Hölder, Eduard	Natürliche und juristische Personen; 1905.
Larenz/Wolf	Allgemeiner Teil des Bürgerlichen Rechts; 8. Aufl. 1997.
Lüderitz, Alexander	Familienrecht; 27. Aufl. 1999.
Moritz, Heinz Peter	Die (zivil-) rechtliche Stellung der Minderjährigen und Heranwachsenden innerhalb und außerhalb der Familie; 1989.
Müller-Freienfels, Wolfram	Stellvertretungsregelungen in Einheit und Vielfalt, rechtsvergleichende Studien zur Stellvertretung; 1982.
Müller-Freienfels, Wolfram	Die Vertretung beim Rechtsgeschäft; 1955.

Puchta, Georg — System und Geschichte des römischen Privatrechts, Band 2; 10 Aufl. 1893.

Rauscher, Thomas — Familienrecht; 2001.

Saar, Stefan Chr., Roth, Andreas, Hattenhauer, Christian (Hg.) — Recht als Erbe und Aufgabe, Heinz Holzhauer zum 21. April 2005

Sachs, Michael — Verfassungsrecht II, Grundrechte; 2000.

Schellhammer, Kurt — Familienrecht nach Anspruchsgrundlagen samt Verfahren in Familien-, Kindschafts- und Betreuungssachen; 2. Aufl. 2001.

Schlüter, Wilfried — BGB-Familienrecht; 10. Aufl. 2003.

Schwab, Dieter — Familienrecht; 12. Aufl. 2003.

Tuor, Peter/ Schnyder, Bernhard — Das schweizerische Zivilgesetzbuch; 10. Aufl. 1986.

Wittibschlager, Martina — Einführung in das schweizerische Recht; 2000.

Aufsätze

Ackermann, Annelen/ Haase, Dieter/ Medjedovic, Irena/ Witzel, Andreas — Kostenexplosion in Betreuungssachen, Ursachenkette und Alternativen; BtPrax 2004, 3-7.

Belling, Detlev W. — Die Entscheidungskompetenz für ärztliche Eingriffe bei Minderjährigen; FuR 1990, 68-77.

Bienwald, Werner — Gesetzliche Vertretung von Partnern und nahen Angehörigen zur Vermeidung Rechtlicher Betreuung?; FamRZ 2002, 1453-1454.

Bühler, Martin — Einführung einer gesetzlichen Vertretung durch Angehörige als Alternative zur Betreuung und zur Vorsorgevollmacht?; FamRZ 2002, 76-79.

Bündnis 90/Die Grünen	Antrag der Fraktion Bündnis 90/Die Grünen im Hessischen Landtag betreffend Betreuungsrecht; BtPrax 2004, 21-22.
Chiusi, Tiziana	Gesetzliche Vertretungsmacht für nahe Angehörige? Kritische Bemerkungen zu dem „Entwurf eines Zweiten Gesetzes zur Änderung des Betreuungsrechts"; ZRP 2004, 119-123.
Crefeld, Wolf	Wohl behütet von der Familie; BtPrax 2003, 239-243.
Degenhart, Christoph	Das allgemeine Persönlichkeitsrecht, Art. 2 I i.V.m. Art. 1 I GG; JuS 1992, 361-368.
Dieckmann, Jochen/ Jurgeleit, Andreas	Die Reform des Betreuungsrechts– Zum Zwischenbericht der Bund-Länder-Arbeitsgruppe „Betreuungsrecht"; BtPrax 2002, 197-204.
Diekmann, Andrea	Gesetzliche Vertretungsbefugnis für Angehörige?; BtPrax 2003, 200-203.
Fehnemann, Ursula	Anmerkung zu dem Beschluss des BVerfG vom 13.05.1986; JZ 1986, 1055-1057.
Gerhards, Wolfgang/ Lemken, Elmar	Ziellinie erreicht: das zweite Betreuungsrechtsänderungsgesetz; BtPrax Spezial- Das zweite Betreuungsrechtsänderungsgesetz, S3-S4.
Gödicke, Patrick	Gesetzliche Vertretungsmacht für nahe Angehörige? Zu dem Gesetzesvorschlag der Bund-Länder-Arbeitsgruppe „Betreuungsrecht" und dem nunmehr verfolgten Entwurf eines 2. Betreuungsrechtsänderungsgesetzes; FamRZ 2003, 1894-1900.
Grömig, Ursula	Die Verordnung der Anti-Baby-Pille durch den Arzt, insbesondere an Minderjährige; NJW 1971, 233-235.
Habscheid, Walther	Zur Problematik der „gesetzlichen Vertretung"; FamRZ 1957, 109-113.
Hoffmann, Birgit	Fehlt eine Vertretungsbefugnis im Familienrecht?; BtPrax 2003, 94-96.

Klie, Thomas — Gesetzliches Vertretungsrecht für Angehörige; BtPrax 2002, 91-96.

Probst, Martin — Betreuungsrecht– wohin? Zur Notwendigkeit eines Wandels vom justizzentrierten zum integrierten Betreuungsrecht; BtPrax 2002, 7-13.

Probst, Martin — Gesetzliche Vertretung durch Angehörige? Einige Zwischenbemerkungen; BtPrax 2004, 163-168.

Probst, Martin / Knittel, Bernhard — Gesetzliche Vertretung durch Angehörige- Alternative zur Betreuung?; ZRP 2001, 55-60.

Ramm, Thilo — Die gesetzliche Vertretung durch die Eltern: überholt und verfassungswidrig; NJW 1989, 1708-1712.

Reuter, Dieter — Elterliche Sorge und Verfassungsrecht; AcP 192 (1992), 108-152.

Schmidt, Karsten — Die gesetzliche Vertretung durch die Eltern: notwendig und verfassungsgemäß; NJW 1989, 1712-1715.

Schwerdtner, Eberhard — Mehr Rechte für das Kind- Fluch oder Segen für die elterliche Sorge?; NJW 1999, 1525-1527.

Seichter, Jürgen — Stellungnahme zu dem Zwischenbericht der Bund-Länder-Arbeitsgruppe; BtPrax 2003, 91-94.

Stolz, Konrad — Anmerkungen zum geplanten Vertretungsrecht naher Angehöriger in Gesundheitsangelegenheiten; BtPrax 2003, 20-21.

Vormundschaftsgerichtstag e.V. — Stellungnahme zum Entwurf eines Gesetzes zur Änderung des Betreuungsrechts- Bundesratsdrucksache 865/03 vom 19.11.2003; BtPrax 2004, 23-25.

Vossler, Norbert — Gesetzliche Vertretungsmacht für Angehörige- eine Alternative zur Betreuung? - Eine Erwiderung auf Probst/Knittel, ZRP 2001, 55-; BtPrax 2003, 6-11.

Walter, Ute — Organentnahme nach dem Transplantationsgesetz: Befugnis der Angehörigen; FamRZ 1998, 201-211.

Internetseiten

Artikel der Bundesvereinigung Lebenshilfe zum Entwurf des 2.BtÄndG:
http://www.lebenshilfe.de/content/stories/index.cfm?key=1301

Artikel des Psychiatrienetzes zur Reform des Betreuungsrechts:
http://www.psychiatrie.de/recht/betreuungsrecht/article/Betreuungsrecht_I.html

Stellungnahme des Vormundschaftsgerichtstag e.V. vom 24.02.04, S.7:
http://www.vgt-ev.de/Themen/Stellungnahmen/Ref0402.pdf

Artikel im Ärzteblatt zum 2.BtÄndG:
http://www.aerzteblatt.de/v4/archiv/artikel.asp?id=41056

Rede des Thüringer Justizministers Dr. Gasser im Bundestag vom 19.12.2003 zum 2. BtÄndG:
http://www.thueringen.de/de/tsk/tskb/bundesrat/br795/zw_braeg/content.html

Gesetzesvorschlag der Bund-Länder-Arbeitsgruppe „Betreuungsrecht" im Zwischenbericht vom Juni 2002
http://www.vfbev.de/Nachrichten/Nachrichten_-_Aktuell/News_64_-_Zwischenbericht_der_/news_64_-_zwischenbericht_der_.html

Gesetzesvorschlag der Bund-Länder-Arbeitsgruppe „Betreuungsrecht" im Abschlussbericht vom Juni 2003
http://www.vfbev.de/Nachrichten/Nachrichten_-_Aktuell/News_73_-_Jumiko_Abschlussberi/news_73_-_jumiko_abschlussberi.html

Stellungnahme der Bundestagsabgeordneten Markus Kurth und Jerzy Montag (beide Bündnis 90/Grüne) zum Entwurf des 2.BtÄndG:
http://www.vfbev.de/Nachrichten/Nachrichten_-_Aktuell/News_94_-_Stellungnahme_der_Bu/body_news_94_-_stellungnahme_der_bu.html

Stellungnahme des PARITÄTISCHEN Wohlfahrtsverbandes -Gesamtverband e.V.- zum Gesetzesentwurf des 2.BtÄndG:
http://www2.paritaet-bw.de/news/stellungnahmen/2004/04/3169.php

Soeren Bartol (MdB)- Pressemitteilung zum 2.BtÄndG:
http://www.bartol.de/presse-detail.php?RECORD_KEY%28bartol_presse %29=id&id(bartol_presse)=146

Brigitte Zypries, Bundesministerin der Justiz, während der ersten Beratung des vom Bundesrat eingebrachten Entwurfs am 04.03.2004:
http://www.bdb-ev.de/v-reform/BtaendG040304.pdf

Sabine Bätzing (SPD) während der ersten Beratung des vom Bundesrat eingebrachten Entwurfs am 04.03.2004:
http://www.bdb-ev.de/v-reform/BtaendG040304.pdf

Wolfgang Gerhards, Minister von Nordrhein-Westfalen, bei der ersten Beratung des Gesetzesentwurfs am 04.03.2004:
http://www.bdb-ev.de/v-reform/BtaendG040304.pdf

Begleitbericht mit Vorentwurf für eine Änderung des ZGB (Erwachsenenschutz) vom Juni 1998
http://www.ofj.admin.ch/themen/vormund/vn-veber-d.pdf

Bericht zum Vorentwurf für eine Revision des schweizerischen Zivilgesetzbuches (ZGB) vom Juni 2003
http://www.ofj.admin.ch/themen/vormund/vn-ber-d.pdf

Eidg. Justiz- und Polizeidepartement- Pressemitteilung vom 13.04.1999 zur Revision des Vormundschaftsrechts
http://www.ofj.admin.ch/themen/vormund/i-com-d.htm

Eidg. Justiz- und Polizeidepartement- Pressemitteilung vom 26.06.2003 zur Revision des Vormundschaftsrechts
http://www. ofj.admin.ch/themen/vormund/vn-com-d.htm

Eidg. Justiz- und Polizeidepartement- Pressemitteilung vom 27.10.2004 zur Revision des Vormundschaftsrechts
http://www.ofj.admin.ch/themen/vormund/ve-com-d.htm

Zusammenstellung der Vernehmlassungen zum Vorentwurf für eine Revision des ZGB vom Oktober 2004
http://www.ofj.admin.ch/themen/vormund/ve-ber.pdf

Vorentwurf Schweizerisches Zivilgesetzbuch (Erwachsenenschutz, Personenrecht und Kindesrecht) vom Juni 2003
http://www.ofj.admin.ch/themen/vormund/entw-zgb-d.pd

Abkürzungsverzeichnis

a. F.	alte Fassung
Abs.	Absatz
AcP	Archiv für die civilistische Praxis
AG	Amtsgericht
Art.	Artikel
Aufl.	Auflage
BGB	Bürgerliches Gesetzbuch
BGB-E	Bürgerliches Gesetzbuch-Entwurf
BGH	Bundesgerichtshof
BLA	Bund-Länder-Arbeitsgruppe
BPE	Bundesverband Psychiatrie-Erfahrener
BSGH	Bundessozialhilfegesetz
BtÄndG	Betreuungsrechtsänderungsgesetz
BT-Drucks	Bundestagsdrucksache
BtPrax	Betreuungsrechtliche Praxis
BVerfG	Bundesverfassungsgericht
BVerfGE	Entscheidungen des Bundesverfassungsgerichts
Bzgl.	Bezüglich
Bzw.	Beziehungsweise
d.h.	das heißt
Eidg.	Eidgenössische
EJPD	Eidgenossisches Justiz- und Polizeidepartement
FamR	Familienrecht
FamRZ	Zeitschrift für das gesamte Familienrecht
ff	folgende Seiten
FGG	Gesetz der Freiwilligen Gerichtsbarkeit
FuR	Familie und Recht
GG	Grundgesetz für die Bundesrepublik Deutschland
ggf.	Gegebenenfalls
h.M.	Herrschende Meinung
HeimG	Heimgesetz
i.V.m.	in Verbindung mit
Jus	Juristische Schulung
JZ	Juristen-Zeitung
LG	Landgericht
LPartG	Lebenspartnerschaftsgesetz
MüKo	Münchner Kommentar
NJW	Neue Juristische Wochenschrift
OLG	Oberlandesgericht
RelKEG	Gesetz über die religiöse Kindererziehung
RKEG	Gesetz über die religiöse Kindererziehung
RN	Randnummer

sog.	sogenannte
StGB	Strafgesetzbuch
TPG	Transplantationsgesetz
u.a.	unter anderem
u.Ä.	und Ähnliches
vgl.	vergleiche
z.B.	zum Beispiel
z.T.	zum Teil
ZGB	Schweizerisches Zivilgesetzbuch
ZGB-E	Schweizerisches Zivilgesetzbuch-Entwurf
Ziff.	Ziffer
ZPO	Zivilprozessordnung
ZRP	Zeitschrift für Rechtspolitik

Einleitung

Die vorliegende Arbeit beschäftigt sich mit dem Rechtsinstitut der gesetzlichen Vertretungsmacht. Den Schwerpunkt bildet dabei die in Betracht gezogene Einführung einer gesetzlichen Vertretungsbefugnis Angehöriger für Volljährige durch das zweite Betreuungsrechtsänderungsgesetz.

Das Rechtsinstitut der gesetzlichen Vertretungsmacht ist kein Phänomen unserer Zeit, sondern ein altes Institut und in vielen Rechtsordnungen bekannt. Es trägt dem Umstand Rechnung, dass Personen altersbedingt oder aufgrund körperlicher und geistiger Krankheiten bei der Besorgung ihrer Angelegenheiten der Unterstützung bedürfen. Dabei befindet sich die gesetzliche Vertretungsmacht von jeher in einem Spannungsverhältnis zwischen Fürsorge und Entrechtung.

Historisch betrachtet unterlagen nicht nur Kinder, sondern auch Frauen der gesetzlichen Vertretung durch den Ehemann bzw. Vater. Dadurch waren sie nicht in der Lage, eigenverantwortlich Entscheidungen zu treffen. Der Ehemann bzw. der Vater trug die Verantwortung für die Kinder und die Frau, und er musste im Falle einer Verfehlung der Frau, auch für diese einstehen.

Die Wertungen des Grundgesetzes, wonach die privatautonome und selbstverantwortliche Lebensgestaltung in den Vordergrund tritt, haben zu einem Umdenken geführt. Nunmehr ist eine gesetzliche Vertretungsmacht nur noch gerechtfertigt, wenn eine dahingehende Hilfsbedürftigkeit wie etwa bei Kindern oder kranken bzw. behinderten Menschen vorliegt, wobei die gesetzliche Vertretungsmacht gegenüber anderen Hilfestellungen subsidiär ist.

Doch kannte auch das Bürgerliche Gesetzbuch in seinen Anfängen noch die Entmündigung Volljähriger im Falle krankheitsbedingter Handlungsunfähigkeit. Zur Stärkung und Wahrung der Rechte behinderter und kranker Menschen wurde das Rechtsinstitut der Betreuung im Jahre 1992 eingeführt. Ziel war es, das Selbstbestimmungsrecht des erkrankten Volljährigen zu respektieren und ihm nur insoweit Hilfe zukommen zu lassen, wie er sie auch benötigte. Der Betreute sollte grundsätzlich in seiner Geschäftsfähigkeit so wenig wie möglich beschränkt werden. Nur bei schwerwiegenden Fällen ist zum Schutze des Betreuten die vormundschaftsgerichtliche Anordnung eines Einwilligungsvorbehalts des Betreuers für bestimmte Geschäfte möglich.

Die ständig wachsende Zahl von Betreuungsfällen und die damit verbundene Kostenentwicklung veranlasste den Gesetzgeber, über eine Reform bzw. Überarbeitung der derzeitigen Rechtslage nachzudenken. Die zuvor gehegte Hoffnung auf mehr Engagement durch ehrenamtliche Helfer und Betreuer einhergehend mit einer Kostendämpfung hat sich nicht erfüllt. Die Gründe für die wachsende Zahl von Betreuungsfällen sind sicherlich nicht allein bei der heutigen Auffassung von „Familie“ und deren Struktur sowie, begründet durch die moderne Gesellschaft, in dem immer weiter abnehmenden Zusammenhalt innerhalb der Familie zu sehen. Einen wichtigen Faktor stellt auch die demographische Entwicklung in Deutschland dar, die auf eine zunehmende „Vergreisung“ der Gesellschaft zusteuert.

Damit stellt in Zeiten immer größer werdender staatlicher Finanzierungsprobleme einhergehend mit immer leerer werdenden Staatskassen die Entlastung der Landesjustizhaushalte einen entscheidenden Beweggrund für den Gesetzesentwurf eines zweiten Betreuungsrechtsänderungsgesetzes dar. Vorgesehen ist darin die Einführung einer gesetzlichen Vertretungsmacht Angehöriger für Volljährige für bestimmte Bereiche der Vermögens- und Gesundheitssorge. Das Familienrecht würde durch die Einführung einer solchen Vertretungsmacht eine grundlegende und weitgehende Änderung erfahren.

Der Gesetzesentwurf zu einem zweiten Betreuungsrechtsänderungsgesetz mit der enthaltenen gesetzlichen Vertretungsmacht für Angehörige (BT-Drucks 15/2492) war Anlass, sich in dieser Arbeit näher mit dem Rechtsinstitut der „gesetzlichen Vertretung“ auseinander zu setzen. Hinterfragt werden soll die im Gesetzesentwurf dargelegte Reformbedürftigkeit und „Mangelhaftigkeit“ des geltenden Rechts. Ziel der Arbeit ist es, die gesetzliche Vertretungsbefugnis Angehöriger für Volljährige und deren Umsetzung zu untersuchen. Zu prüfen ist, ob und unter welchen Voraussetzungen eine Einführung einer solchen Vertretungsmacht befürwortet werden kann. Es soll eine kritische Auseinandersetzung mit den verschiedenen vorgebrachten Vorschlägen, bezüglich einer gesetzlichen Vertretungsbefugnis Angehöriger für Volljährige, vorgenommen und eigene Regelungsansätze dargeboten werden.

1. Kapitel: Die „gesetzliche Vertretungsbefugnis“ als eine mögliche Konstruktion des „Unmündigenschutzes“

A. Die „gesetzliche Vertretungsbefugnis“ als Teil des Ordnungsmechanismus des deutschen Privatrechts

Unter „gesetzlicher Vertretung“ im Allgemeinen ist die Befugnis, aufgrund gesetzlicher Bestimmungen, Rechtsgeschäfte mit Wirkung für einen anderen besorgen zu können, zu verstehen.

Die Rechtsordnung hat sich mit dem Problem auseinander zu setzen, dass manche Menschen am Rechtsverkehr nicht eigenständig teilnehmen können. Dies leuchtet für Neugeborene und Kleinkinder oder geistig behinderte Menschen ein, aber auch bei schwer Erkrankten oder bei altersdementen Personen stellt sich diese Schwierigkeit. Diesem Grundproblem begegnet das deutsche Recht mit der Rechtsfigur der „gesetzlichen Vertretung“. Dieses Rechtsinstitut trägt dem Umstand Rechnung, dass bestimmte Personen (wie Kinder, erkrankte und behinderte Menschen) an der selbständigen Teilnahme am Rechtsverkehr gehindert sind und daher der Unterstützung bedürfen[1].

So begründet die h.M. die Stellung des „gesetzlichen Vertreters“ auch mit der Geschäftsunfähigkeit bzw. der beschränkten Geschäftsfähigkeit dieser Personen. Damit diese Rechte erwerben oder Verpflichtungen eingehen und über Rechte verfügen können, muss der gesetzliche Vertreter für diese handeln oder zumindest dem Rechtsgeschäft des beschränkt Geschäftsfähigen zustimmen[2].

Dabei stellt die Konstruktion der gesetzlichen Vertretung innerhalb des Ordnungsmechanismus des Privatrechts keine „fixe Größe“, sondern vielmehr nur eine mögliche Konstruktion des „Unmündigenschutzes“ dar[3].

B. Problematik der „gesetzlichen Vertretungsbefugnis“

Die Institution der „gesetzlichen Vertretung“ verhilft damit den eigenen Interessen des Unmündigen zur Anerkennung und ermöglicht seine Teilhabe am Rechtsverkehr[4]. Sie ist somit ein Teil des funktionsfähigen objektiven Privatrechts[5]. Doch als solche ist sie keinesfalls zwingend oder über jeden

---

[1] Müller-Freienfels, Die Vertretung beim Rechtsgeschäft, S. 189.
[2] Habscheid FamRZ 1957, 109 (110).
[3] Müller-Freienfels, Die Vertretung beim Rechtsgeschäft, S. 189.
[4] Reuter AcP 192 (1992), 108 (123); Puchta § 297 S. 415.
[5] Schmidt NJW 1989, 1712 (1715).

Zweifel erhaben[6]. Vielmehr sind mit ihrer Verwendung auch Probleme verbunden[7].

I. Die Rechtsstellung des Vertretenen

1. Subjektive Rechte als Ausdruck von Willensmacht

Die in diesem Zusammenhang aufgeworfene Problematik der „Rechtssubjektivität" stellt sich insbesondere bei der gesetzlichen Vertretung von Kleinkindern. Von Gesetzes wegen sind Kinder von vornherein davon ausgeschlossen, sich selbst zu verpflichten, für sich Rechte zu erwerben und selbst über ihre eigenen Rechte zu verfügen. Ihre Rechte werden gesetzlich nur durch ihre Vertreter ausgeübt[8].

Angesichts dessen stellt sich die Frage, ob der Geschäftsunfähige dann überhaupt noch als Rechtssubjekt betrachtet werden kann. Zu hinterfragen ist der Sinn eines Innehabens von Rechten und Pflichten, die von Anfang an allgemein nur durch einen anderen begründet und ausgeübt werden können.

Nach der Idee des Privatrechts werden die subjektiven Rechte dem Menschen um seiner sittlichen Vernunft willen von der Rechtsordnung zugeteilt[9]. Die Rechtsfähigkeit wurde aufgrund ihrer engen Verbindung zur Handlungsfähigkeit bestimmt als „die Fähigkeit eines Menschen, sich rechtlich wirksam zu verhalten"[10]. Dann aber dürfte ein unvernünftiges Wesen, wie z.B. ein Neugeborenes, nicht Träger subjektiver Rechte sein. Es stellt sich die Frage, wie man die von der Rechtsordnung eingeräumte Willensmacht als wesentliches Merkmal des subjektiven Rechts ansehen kann und auf der anderen Seite dem Willensunfähigen Rechte doch wieder zuordnet[11].

Zur Vermeidung dieser Diskrepanz wurden im Wesentlichen zwei Wege beschritten. Man begriff die subjektiven Rechte und Pflichten unabhängig vom „Willen" des Subjekts bzw. es wurde nicht der Geschäftsunfähige, sondern sein gesetzlicher Vertreter als der wirkliche Träger der Rechte und Pflichten angesehen[12].

Die Rechtsfähigkeit eines jeden Menschen wird von § 1 BGB aber vorausgesetzt, denn diese tritt mit „Vollendung der Geburt" ein. Dabei kommt es nicht darauf an, ob man die Festlegung, wer Rechtssubjekt ist, an sozial-

---

[6] So auch Ramm NJW 1989, 1708.
[7] Müller-Freienfels, Die Vertretung beim Rechtsgeschäft, S. 155 ff.
[8] Müller-Freienfels, Die Vertretung beim Rechtsgeschäft, S. 155.
[9] Müller-Freienfels, Die Vertretung beim Rechtsgeschäft, S. 156.
[10] Larenz/Wolf § 5 RN 3.
[11] Müller-Freienfels, Die Vertretung beim Rechtsgeschäft, S. 156.
[12] Ausführlich Müller-Freienfels, Die Vertretung beim Rechtsgeschäft, S. 156; Staudinger/*Riezler/Coing* (Aufl. 11) § 1 RN 1; Hölder S. 123.

ökonomische und sozialethische Auffassungen knüpft[13] oder als angeborenes Recht, welches zum natürlichen Sein des Menschen gehört, das vom Staat nicht aufgehoben werden kann, versteht[14].

So wurde denn auch unter Hinweis auf den begrifflichen Unterschied zwischen Rechts- und Geschäftsfähigkeit die gesetzliche Vertretung von der h.M. anhand einer analogen Anwendung der gewillkürten Stellvertretung konstruiert[15].

2. Primäre Zuständigkeit des Vertretenen- „die Lehre von Müller-Freienfels"

Überzeugender stellt sich insoweit die Ansicht von Müller-Freienfels[16] dar. Er ordnet die Begriffe Rechts- und Geschäftsfähigkeit dem „organisatorischen Rechtsbereich" zu und siedelt sie im Gegensatz zu der üblichen Forderung nach „strengster Scheidung von Rechts- und Geschäftsfähigkeit bzw. Handlungsfähigkeit" auf einer Ebene an[17]. Für Müller-Freienfels ist die Handlungs- oder Geschäftsfähigkeit eine Auswirkung der Rechtsfähigkeit, nämlich „die Fähigkeit, die im Recht enthaltene Willensmacht auszuüben". Durch diese Systematisierung des „Haben-Können" der Rechtsfähigkeit und des „Können-Haben" der Handlungsfähigkeit sei es möglich, der Institution der gesetzlichen Vertretung ihren richtigen Platz zuzuweisen.

Die weiteren Schwierigkeiten der gesetzlichen Vertretung, zum einen, dass eine primäre Zuständigkeit des Mündels gefunden werden muss, obwohl dieses weder eine eigene Entscheidung behält noch erhält, sondern vom Vormund betreut, zwangsversorgt, wird, und zum anderen, dass die Handlungen des gesetzlichen Vertreters wirksam sein müssen, obwohl bei einer Vornahme der Geschäfte durch das vertretene Mündel selbst solche Akte unwirksam sein würden, löst Müller-Freienfels durch das Vorstellungsbild des „Ruhens der Rechte"[18].

Die Rechte des Kindes oder Mündels ruhen, bis es sie selbst ausüben kann. Es bleibt damit primär zuständig, und zwar sowohl hinsichtlich des „Haben-Könnens" der Rechtsfähigkeit als auch des „Können-Habens" der Handlungsfähigkeit. Der gesetzliche Vertreter übt diese Rechte dann kraft seiner sekundären Zuständigkeit für das Kind oder das Mündel aus[19].

---

[13] Müller-Freienfels, Die Vertretung beim Rechtsgeschäft, S. 189.
[14] Habscheid FamRZ 1957, 109 (110).
[15] Habscheid FamRZ 1957, 109 (111).
[16] Müller-Freienfels, Die Vertretung beim Rechtsgeschäft, S. 180 ff.
[17] Müller-Freienfels, Die Vertretung beim Rechtsgeschäft, S. 181/182.
[18] Müller-Freienfels, Die Vertretung beim Rechtsgeschäft, S. 182.
[19] Müller-Freienfels, Die Vertretung beim Rechtsgeschäft, S. 184.

Darüber hinaus trägt Müller-Freienfels mit dieser Konstruktion der „gesetzlichen Vertretung“ auch der Objektseite, also den subjektiven Rechten, Rechnung, denn das Ruhen der Rechte soll ja nur eine zeitweilige Entziehung ihrer Ausübung bedeuten[20]. Mit dem Bild des Ruhens der Rechte auf Seiten des Mündels wird sichergestellt, dass das Mündel der Benefiziar der Rechte und ihr künftiger Bestimmungsherr ist, nämlich dann, wenn das Mündel die volle Handlungsfähigkeit erlangt. Diese Betonung des Zeitweiligen, so Müller-Freienfels, sei auch notwendig, denn von dem Augenblick an, in dem ein dauerndes Auseinanderfallen von Innehabung und Ausübung des subjektiven Rechts angenommen werde, komme man an dem Widerspruch zum Begriff des subjektiven Rechts nicht mehr vorbei. Eine dauernde Entziehung oder Übertragung der Ausübung müsse immer die gänzliche oder teilweise Rechtsentziehung oder Rechtsübertragung bedeuten[21].

Die sich in dem Bilde des Ruhens der Rechte ausdrückende Vorstellung ihrer nur zeitweiligen Suspension in der Ausübung durch das Mündel, welches aber das zur Ausübung seiner Rechte primär Berufene ist und bleibt, entspricht ferner der Maxime, dass jede Bevormundung widerrechtlich ist, wo nicht die nachweisbare Unmöglichkeit verständiger Selbstbestimmung vorliegt und darauf gerichtet ist, dem Bevormundeten die Möglichkeit der Selbstbestimmung so bald wie möglich zu verschaffen[22]. So bildet der Gedanke, dass nur das „Recht“ des Kindes, nicht das des Gewalthabers darauf gerichtet ist, allmählich zum Vollrecht zu erstarken, für die Begründung der Institution „gesetzliche Vertretung“ das bestimmende Moment. Die um des Mündels willen bestehenden subjektiven Rechte werden als ihm gehörend gedacht und das Mündel wird auf diese Weise als potentieller Willensträger zum Rechtssubjekt erhoben.

So bestechend und überzeugend sich die Lehre von Müller-Freienfels präsentiert, so vermag auch sie letztlich nicht alle Streitigkeiten bezüglich der dogmatischen Darstellung und Einordnung der Rechtssubjektivität zu lösen. Das von Müller-Freienfels kreierte Bild des Ruhens der Rechte zur Begründung der Rechtssubjektivität findet seine Grenzen bei der Anwendung auf Schwerbehinderte, welche niemals in der Lage sein werden, ihre Rechte selbständig auszuüben, sondern zeitlebens unter gesetzlicher Vertretung stehen. Für Müller-Freienfels aber bedeutet diese dauernde Entziehung und Übertragung der Ausübung die gänzliche Rechtsentziehung. In diesem Punkt steht die Lehre somit ebenso im Widerspruch zu § 1 BGB, welcher die Rechtssubjektivität eines jeden Menschen festschreibt.

---

[20] Müller-Freienfels, Die Vertretung beim Rechtsgeschäft, S. 186.
[21] Müller-Freienfels, Die Vertretung beim Rechtsgeschäft, S. 186.
[22] Müller-Freienfels, Die Vertretung beim Rechtsgeschäft, S. 187.

3. Das Verhältnis von Geschäftsfähigkeit und Rechtssubjektivität

Diese grundsätzlichen Überlegungen betreffen in erster Linie die Rechtsstellung der geschäftsunfähigen Kinder und wurden auch in diesem Zusammenhang entwickelt. Sie verlieren jedoch auch durch die Einbeziehung beschränkt Geschäftsfähiger und unter Einwilligungsvorbehalt stehender Betreuter nicht ihre Brisanz. So ist der beschränkt Geschäftsfähige nicht völlig vom Rechtsverkehr ausgeschlossen, doch bleibt ihm nur ein kleiner Gestaltungsspielraum. Gemäß §§ 107 ff BGB kann er nur für ihn lediglich rechtlich vorteilhafte Geschäfte in eigener Verantwortung abschließen, ansonsten verbleibt es bei der erforderlichen Mitwirkung seines gesetzlichen Vertreters. Damit ist ihm die Ausübung seiner Rechte nicht von vornherein unmöglich, doch ist dies noch nicht mit der Rechtsstellung und Rechtskompetenz eines Geschäftsfähigen zu vergleichen. Vielmehr äußert sich darin die Forderung nach wachsender Beteiligung mit zunehmender Verstandsreife des „Unmündigen".

Ebenso vermag die Einführung des § 105 a BGB nichts an dieser grundsätzlichen Betrachtung und Einordnung zu ändern. In erster Linie verleiht § 105 a BGB dem geschäftsunfähigen Betreuten nicht mehr Rechte, sondern trägt „lediglich" einem praktischen Bedürfnis nach unkomplizierter Abwicklung der Geschäfte des täglichen Lebens Rechnung. Auch hier eröffnet sich dem Geschäftsunfähigen aber nur ein kleines Betätigungsfeld, während es ansonsten bei der Ausübung seiner Rechte durch seinen gesetzlichen Vertreter verbleibt, so dass auch insoweit die aufgeworfene Diskussion um die Rechtssubjektivität Platz greift.

Von der Diskussion um die Rechtssubjektivität auszunehmen und hiervon nicht betroffen sind jedoch die geschäftsfähigen Betreuten. Die Anordnung einer Betreuung ist grundsätzlich ohne Auswirkung auf die Geschäftsfähigkeit eines Betreuten. Die Geschäftsunfähigkeit ist weder Voraussetzung für eine Betreuerbestellung noch führt diese zur Geschäftsunfähigkeit des Betreuten[23]. Nach § 1902 BGB steht der Betreute zwar unter gesetzlicher Vertretung, doch hindert ihn dies grundsätzlich nicht an der selbständigen Ausübung seiner Rechte. Er bleibt der primär Zuständige in Bezug auf die Ausübung seiner Rechte, so dass die vorgebrachten Zweifel an der Rechtssubjektivität hier nicht greifen. Insoweit zeigt sich der Unterschied des Rechtsinstituts der Betreuung zum früheren Rechtsinstitut der Entmündigung, welches zur Geschäftsunfähigkeit des Entmündigten führte[24].

4. Gebot der Rechtssubjektivität eines jeden Menschen

Unter dem zwingenden Gebot unseres heutigen, verfassungsrechtlichen Verständnisses und Strebens nach unbedingter Rechtssubjektivität eines jeden

[23] Hohloch FamR RN 1073.
[24] Hohloch FamR RN 1056.

Menschen[25] vollzog sich eine Abkehr von der Einordnung der elterlichen Sorge und Vormundschaft als Herrschaftsrecht, als ein Recht an fremden Personen, welche nur als Objekte eines subjektiven Rechts der Eltern bzw. des Vormunds gesehen wurden[26]. Überholt ist nunmehr die Vorstellung von einem Rechtsobjekt, das beschränkt oder vollständig von einem anderen beherrscht wird. So ist das Kind nicht Rechtsobjekt seiner Eltern, sondern steht ihnen als Rechtssubjekt allein gegenüber. Aus heutiger Sicht können Zweifel an der Rechtssubjektivität eines jeden Menschen mithin nicht mehr vorgebracht werden.

Unter Rechtsfähigkeit ist heute die Fähigkeit einer Person zu verstehen, Subjekt von Rechtsverhältnissen, daher Inhaber von Rechten und Adressat von Rechtspflichten, zu sein. Die Rechtsfähigkeit umfasst grundsätzlich die Fähigkeit, alle Rechte und Pflichten haben zu können[27]. Diese Fähigkeit kommt jedem Menschen, unabhängig von Alter und Intelligenz, zu. Die Anerkennung eines jeden Menschen als Persönlichkeit entspricht den modernen Rechtsordnungen und Rechtslehren. Es ist somit an der strengen Trennung der Rechtsfähigkeit von der Handlungsfähigkeit festzuhalten.

Damit stellt sich die gesetzliche Vertretung nicht als „Restfigur der elterlichen Gewalt" dar[28], sondern ist aus historischer Sicht gesehen[29] Ausdruck des Bestrebens, den Unmündigen als Rechtssubjekt mit eigenen Interessen anzuerkennen und in den Rechtsverkehr als Inhaber eigenständiger Interessen einzubinden[30].

II. Verfassungsrechtliche Bedenken

1. „Fähigkeit zur Selbstverwirklichung in Selbstbestimmung"

Die Institution der „gesetzlichen Vertretung" befindet sich insbesondere im Spannungsfeld von Fremdbestimmung und Selbstbestimmung. Im Gegensatz zu den „Vertretern kraft Willkür", deren Einsetzung auf den Wertungsprinzipien der rechtsgeschäftlichen Privatautonomie beruht, stellt der Einsatz von gesetzlichen Vertretern einen Akt der Fremdbestimmung dar.

Ramm spricht sich daher für eine Abschaffung der gesetzlichen Vertretung aus und hält diese für verfassungswidrig[31]. Dabei bezieht er sich auf das angloamerikanische Recht, welches, wie noch dargestellt wird[32], keine allgemeine

---

[25] Gernhuber/Coester-Waltjen § 57 IV 1 S. 861.
[26] Gernhuber/Coester-Waltjen § 2 II 4 S. 18.
[27] Larenz/Wolf § 5 RN 2.
[28] Ramm NJW 1989, 1708 (1711).
[29] Bis ins 19. Jahrhundert hinein war dem nicht so, der Minderjährige wurde vom Rechtsverkehr ferngehalten, siehe Müller-Freienfels, Die Vertretung beim Rechtsgeschäft, S. 174/175.
[30] Reuter AcP 192 (1992), 108 (123).
[31] Ramm NJW 1989, 1708.
[32] 1. Kapitel C.

gesetzliche Vertretung kennt, und empfiehlt, eben wegen dieses Verzichts auf die umfassende gesetzliche Vertretung, das angloamerikanische Recht als Vorbild für die deutsche Rechtsfortbildung[33].

Nach Ramm fügt sich die gesetzliche Vertretung prinzipiell nicht in das auf der Individualfreiheit beruhende Zivilrecht ein[34]. Während die Wirkung des vom Bevollmächtigten geschlossenen Rechtsgeschäfts für und gegen den Vollmachtgeber auf dessen eigenes rechtsgeschäftliches Handeln, nämlich auf die Vollmachterteilung, zurückzuführen und daher mit dem Freiheitsgedanken vereinbar sei, entbehre das Handeln des gesetzlichen Vertreters dieser Rechtfertigung.

In diesem Zusammenhang hebt Müller-Freienfels den amtlichen Charakter der gesetzlichen Vertretung hervor[35]. Die Einsetzung eines gesetzlichen Vertreters stelle sich als einen Akt der Fremdbestimmung zwecks Verwirklichung des objektiv-richtigen Rechts dar[36]. So greife sie grundsätzlich dort ein, wo jemand nicht in der Lage ist, selbst sein Schicksal privatrechtlich zu gestalten, denn diesen Menschen müsse der Staat helfen. Auf diese Fremdbestimmung hätten die zur vernünftigen Selbstbestimmung nicht fähigen Personen auch ein Recht[37]. Die Begründung dieses Rechts folge aus dem Satz, dass grundsätzlich jeder Mensch Anspruch auf Achtung seiner Interessen nach dem Gesetz der persönlichen Gleichheit habe. Darauf beruhe das Recht der zur vernünftigen Selbstbestimmung nicht fähigen Personen, zur Befriedigung ihres Interesses an vernünftiger Selbstbestimmung zu gelangen, das durch das Ideal der Menschenwürde bestimmt werde. Sei der Betreffende noch nicht zu einer Ausbildung des Verstandes gelangt, die ihn befähige, sein eigenes wahres Interesse mit hinreichender Klarheit zu erkennen, oder habe er diesen Stand wieder verloren, so dass er nicht mehr in der Lage ist, sein wahres Interesse zu wahren, dann bleibe nichts übrig, als dass dies während der Zeitspanne durch die Hilfe anderer, also durch Maßnahmen eines Vormundes, geschehe[38].

Auch für Gernhuber bekennt sich die Verfassung zu einem humanitären Individualismus, der sein Ziel in der eigenständigen, sich selbst verwirklichenden, Freiheit und Verantwortung zugleich ergreifenden Persönlichkeit findet[39]. Von diesem Bekenntnis würden die elterliche Sorge, Vormundschaft, Pflegschaft und Betreuung nicht bekämpft, sondern gefordert. Sie seien Mittel, mit denen die Freiheit sich in den Lebensphasen des Kindes oder Betreuten

---

[33] Reuter AcP 192 (1992), 108 (124).
[34] Ramm NJW 1989, 1708 (1709).
[35] Müller-Freienfels, Die Vertretung beim Rechtsgeschäft, S. 179.
[36] Müller-Freienfels, Die Vertretung beim Rechtsgeschäft, S. 338.
[37] So auch Reuter, AcP 192 (1992), 108 (126).
[38] Müller-Freienfels, Die Vertretung beim Rechtsgeschäft, S. 340.
[39] Gernhuber/Coester-Waltjen § 7 I 3 S. 62.

entfalte, in denen diese selbst nicht über die Fähigkeit zur Selbstverwirklichung in Selbstbestimmung verfügten.

2. Spannungsverhältnis von Fremd- und Selbstbestimmung
a) Elternautonomie und Persönlichkeitsentfaltung des Kindes
Besteht somit eine grundsätzliche institutionelle Berechtigung der „gesetzlichen Vertretung", sagt dies noch nichts über die konkrete gegenständliche und inhaltliche Gestaltung aus.

Als Ausgangspunkt gibt das BGB den Eltern das Recht, für die Person und das Vermögen des Kindes zu sorgen, und zwar in eigener Verantwortung. Das Familiengericht als Repräsentant des Staates darf sich grundsätzlich erst einmischen, wenn das körperliche, geistige oder seelische Wohl oder das Vermögen des Kindes gefährdet ist (§§ 1666, 1667 BGB).

Die so umschriebene Elternautonomie stellt somit in erster Linie gegenüber dem Staat und Dritten ein Recht dar. Dem lag die Annahme zugrunde, dass „in aller Regel Eltern das Wohl des Kindes mehr am Herzen liegt als irgend einer anderen Person oder Institution"[40]. Diese Elternautonomie und Position des BGB erklärt sich aus der vorherrschend gewordenen Überzeugung heraus, die Gatten- und die Eltern-Kind-Beziehung entzögen sich kraft ihrer Eigengesetzlichkeit einer gesetzlichen Regelung. Das Elternrecht wurde dem Naturrecht zugeordnet[41]. Speziell für die Eltern-Kind-Beziehung vertraute man auf das „Naturgefühl" der Eltern, also darauf, dass die Eltern sich „gleichsam instinktiv vom Kindeswohl leiten lassen" würden[42]. Gernhuber relativiert dies dahingehen, dass das Elternrecht nur mit seinem Kern dem Naturrecht zuzuweisen, im Übrigen aber nur als Bestandteil des positiven Verfassungsrechts zu begreifen sei[43].

Dies rechtfertigt die Elternautonomie im Verhältnis zu konkurrierenden Vorstellungen über die Gebote richtiger Pflege und Erziehung in Staat und Gesellschaft. Ein Vorrang der Persönlichkeitsentfaltung durch elterliche Pflege und Erziehung vor der freien Persönlichkeitsentfaltung des Kindes lässt sich damit aber nicht begründen. Die Elternautonomie ist daher durch zwingendes Recht zu beschränken, wo Fremdbestimmung wegen der Eigenart des Gegenstandes und des Reifegrades des Kindes nicht mehr als Mittel der Entfaltung der Kinderpersönlichkeit gedacht werden kann[44].

---

[40] BVerfG NJW 1986, 1859 (1860).
[41] Maunz/Dürig Art. 6 RN 24.
[42] Reuter AcP 192 (1992), 108 (113).
[43] Gernhuber/Coester-Waltjen § 5 IV 2 S. 44; ebenso ablehnend zum „Naturrecht" Moritz S. 130.
[44] Reuter AcP 192 (1992), 108 (118).

Das Ideal der persönlichen Freiheit, das in dem höchstmöglichen Maß persönlicher Selbstbestimmung besteht, sei für den Menschen nicht verwirklicht, so Müller-Freienfels, solange in diesem Sinne ein anderer für ihn tätig sei[45]. Aus der Widerrechtlichkeit aller rechtlich nicht notwendigen Beschränkungen der Freiheit folge daher, dass eine Vertretung kraft Gesetzes, also eine Bevormundung, nur solange aufrecht erhalten bleiben könne als die Vertretung darauf ausgehe, den Grund ihrer Rechtlichkeit nach Möglichkeit wieder aufzuheben, indem sie auf dem Wege sei, dem bevormundeten Wesen die Möglichkeit der vernünftigen Selbstbestimmung zu geben. Schon mit der Vorstellung des prinzipiell zuständigen Mündels, trägt Müller-Freienfels der werdenden Persönlichkeit des Kindes Rechnung[46].

Mit der Verleihung der gesetzlichen Vertretungsmacht genügt der Staat seiner Fürsorgepflicht, indem er für den zum privatrechtlichen Handeln nicht Zugelassenen, eine Hilfsperson bestimmt[47]. Kraft dieses Amtes, so Müller-Freienfels, sei der Vormund aber verpflichtet, über die Rechte des Mündels nur zum Besten des Mündels zu verfügen. Im Grundsatz habe er diese Gewalt als eine rechtliche und ethische Pflicht aufzufassen. Der Gewalthaber sei in seinen Entschließungen nicht frei, sondern habe das Sachgerechte zu tun[48].

Für Gernhuber stellt Elternschaft dabei zwar kein „sozialrechtliches Amt" dar, in der Sache ist er jedoch eins mit Müller-Freienfels und charakterisiert das Elternrecht als Pflichtenrecht[49]. Es sei das Kind selbst, das seinen Eltern als Träger eines Rechts auf pflichtgemäße Ausübung der elterlichen Sorge gegenübertrete. So betont auch das BVerfG[50] schon seit Anfang der 80er Jahre die Bedeutung des Kindeswillens als Grenze des elterlichen Sorgerechts. In Anerkennung der Persönlichkeitsentfaltung des Kindes wird das Elternrecht in dem Maße, in dem das Kind in die Mündigkeit hineinwächst, überflüssig und gegenstandslos[51].

Die Achtung der Eigenverantwortlichkeit des Kindes bildet damit das bestimmende Moment der Rechtsentwicklung[52]. Mit dieser Eigenverantwortung, so Ramm[53], sei die gesetzliche Vertretung aber unvereinbar. Diese könne durch andere Rechtsinstitute besser ausgefüllt werden, wie z.B. den Vertrag zugunsten Dritter. Die wenigen Einzelprobleme ließen sich besser mit Hilfe von vormund-

[45] Müller-Freienfels, Die Vertretung beim Rechtsgeschäft, S. 341.
[46] Müller-Freienfels, Die Vertretung beim Rechtsgeschäft, S. 187.
[47] Müller-Freienfels, Die Vertretung beim Rechtsgeschäft, S. 343.
[48] Müller-Freienfels, Die Vertretung beim Rechtsgeschäft, S. 180.
[49] Gernhuber/Coester-Waltjen § 57 IV 2 S. 862.
[50] U.a. BVerfG NJW 1982, 1375 (1378).
[51] Reuter AcP 192 (1992), 108 (118).
[52] Moritz S. 69.
[53] Ramm NJW 1989, 1708 (1711).

schaftsgerichtlichen Entscheidungen lösen, die einzelfallgerecht erfolgen könnten und müssten. Damit sei die gesetzliche Vertretung entbehrlich und nutzlos geworden und stehe der Rechtsentwicklung im Wege, die auf die normative Abgrenzung der Verantwortung von Eltern und Kind hinausliefe.

Ramm führt weiter aus, die gesetzliche Vertretung gehe mit dem eingeräumten Handlungsspielraum für den Vertreter über die bloße treuhänderische Aufgabe hinaus, kollidiere mit der Menschenwürde und dem Persönlichkeitsrecht des Kindes und sei daher als unverhältnismäßig einzustufen[54]. So sei die gesetzliche Vertretung nach den Prüfkriterien für das Übermaßverbot ungeeignet, den vom Gesetz angestrebten Zweck zu erfüllen. Sie gehe über das zum Schutz des Minderjährigen Gebotene hinaus und störe somit die Entwicklung des Minderjährigen zur Selbständigkeit.

Das angloamerikanische Recht vermag indes zu dieser Begründung nicht herangezogen zu werden, beruht es doch noch auf den Nachwirkungen der früher allgemeinen Überzeugung, es sei für Unmündige am besten, wenn sie überhaupt vom Rechtsverkehr ferngehalten würden, um so, ganz von allein, Schädigungen von Minderjährigen praktisch auszuschließen[55]. Das Fehlen einer allgemeinen gesetzlichen Vertretung wiederum hat andere Schwächen mit der Folge, dass Restbereiche und Regelungslücken bestehen[56]. So ist denn auch eine Hinwendung des angloamerikanischen Rechts hin zur umfassenden gesetzlichen Vertretung zu verzeichnen[57].

Ramm ist weiter entgegenzuhalten, dass klar zwischen der institutionellen Berechtigung der gesetzlichen Vertretung und ihren gegenständlichen sowie inhaltlichen Schranken zu unterscheiden ist[58]. Wer nicht selbst am Rechtsverkehr teilnehmen kann, bedarf der gesetzlichen Vertretung. Die Eigenverantwortung des Kindes kann dann allenfalls für eine Begrenzung, jedoch nicht für eine Abschaffung des Elternvertretungsrechts angeführt werden.

So hält Schmidt[59] fest, der Staat schulde seinen Bürgern zu allererst ein objektives Recht, das ihnen Raum gebe für die privatautonome Gestaltung ihrer Rechtsverhältnisse, und eben diese gesetzliche Vertretung sei Teil dieses funktionsfähigen objektiven Privatrechts.

---

[54] Ramm NJW 1989, 1708 (1712).
[55] Müller-Freienfels, Die Vertretung beim Rechtsgeschäft, S. 174/175.
[56] Müller-Freienfels, Die Vertretung beim Rechtsgeschäft, S. 175.
[57] Reuter AcP 192 (1992), 108 (124); Müller-Freienfels, Stellvertretungsregelungen in Einheit und Vielfalt, S. 45.
[58] Schmidt NJW 1989, 1712 (1713).
[59] Schmidt NJW 1989, 1712 (1715).

b) Das Betreuungsverhältnis

Das Institut der gesetzlichen Vertretung bedeutet immer eine Einschränkung des Selbstbestimmungsrechts des Betroffenen. Diese Problematik betrifft damit auch das Betreuungsrecht. Dieses wurde eingeführt, um den konkret erforderlichen Schutz des hilfsbedürftigen Menschen gewährleisten zu können, was die Rechtsstellung des Betroffenen entscheidend verbessern sollte[60].

Der Betroffene ist somit keiner „pauschalen" Entmündigung mehr ausgesetzt. Jedoch ist der Betreuer in dem entsprechenden Aufgabenkreis der gesetzliche Vertreter des Betroffenen, auch wenn dieser noch voll geschäftsfähig ist[61]. Die dadurch entstehende Doppelzuständigkeit bedeutet durchaus eine Beeinträchtigung des Betroffenen[62]. Die gesetzliche Vertretung wird insoweit von den Betroffenen oftmals mit einer Entrechtung in Verbindung gebracht[63].

Anders als beim Eltern-Kind-Verhältnis, bei welchem noch die Elternautonomie Berücksichtigung finden muss, sind bei der Betreuung ausschließlich das Wohl und die Wünsche des Betreuten entscheidend, an welchen sich der Betreuer zu orientieren hat[64]. Es gilt, das Selbstbestimmungsrecht des Betroffenen zu wahren. Der Selbstbestimmungsmöglichkeit des Betreuten ist soweit wie möglich Rechnung zu tragen (§ 1901 II 1 BGB), insbesondere hat der Betreuer auf die Vorstellungen des Betreuten bezüglich seiner Lebensgestaltung Rücksicht zu nehmen (§ 1901 I 2 BGB). Das Selbstbestimmungsrecht soll nur dort eingeschränkt werden, wo es zum Schutze des Betreuten unbedingt notwendig ist. Die Person des Betreuers und dessen eventuell bestehende Ansichten und Interessen, sind ohne Bedeutung. Der Konflikt der Elternautonomie und der wachsenden Selbstbestimmung der Kinder spielt hier keine Rolle. Anders als die elterliche Sorge, welche auf Selbstauflösung angelegt ist, kommt es bei der Betreuung gerade älterer Menschen häufig zu einer Intensivierung der Betreuungsbedürftigkeit[65]. Auch steht die Betreuung zum Schutz des Selbstbestimmungsrechts des Betreuten unter dem Vorbehalt der staatlichen Kontrolle. Der Betreuer sieht sich der vormundschaftsgerichtlichen Kontrolle ausgesetzt, während die Erziehung der Eltern in ihrer Verantwortung liegt und ein Eingriff nur unter bestimmten Voraussetzungen möglich ist (§ 1666 BGB).

Doch auch bei der Betreuung und der damit einhergehenden gesetzlichen Vertretung gilt, dass sie als Teil des funktionsfähigen Staates zur Integration der hilfsbedürftigen Personen in den Rechtsverkehr ihre Berechtigung hat, was aber

---

[60] Gernhuber/Coester-Waltjen § 76 I2. S. 1233.
[61] Gernhuber/Coester-Waltjen § 76 I1. S. 1231.
[62] BT-Drucks 15/2494 S. 14.
[63] BT-Drucks 15/2494 S. 14.
[64] Gernhuber/Coester-Waltjen § 76 V1. S. 1248.
[65] Gernhuber/Coester-Waltjen § 76 I2. S. 1233.

wiederum nichts über ihre inhaltliche Ausgestaltung und Reichweite im Einzelnen aussagt.

C. Das englische Kindschaftsrecht als Alternative?

Den Schutz des Unmündigen in privatrechtlichen Beziehungen durch die Konstruktion der allgemeinen gesetzlichen Vertretung eines Unmündigen zu gewähren, ist, wie gezeigt, nicht ohne Probleme und auch keinesfalls zwingend. Im Gegensatz dazu kennen das englische und ihm folgend das amerikanische Recht, abgesehen von einigen Ausnahmefällen, keine allgemeine gesetzliche Vertretung im Kindschaftsrecht[66]. Weder Vater oder Mutter noch Vormund sind „als solche" kraft Gesetzes in der Lage, sich allgemein an Stelle ihres Mündels, rechtswirksam zu verhalten. Sie können hier nicht generell ihr Mündel durch Vertrag mit einem Dritten verpflichten. Bis auf wenige Ausnahmen gilt somit der Grundsatz: „The guardian can neither bind the infant nor help the infant to bind himself. There is no representation of the ward by the guardian, nor will the guardian's authority enable the infant to do what otherwise he could not have done"[67].

Das englische Recht stützt sich zur Lösung des „Minderjährigenproblems" damit nicht auf eine allgemein geltende Institution der „gesetzlichen Vertretung". Es entwickelt nicht, wie etwa das kontinentale Recht, von dem „normalen" Fall ausgehend systematisch ein allgemeines Prinzip, sondern schafft, entsprechend seiner Eigenart als Rechtsprechungsrecht, in einzelnen „pathologischen" Fällen, wo es zu Schwierigkeiten und Konflikten kam, jeweils Abhilfe, ohne aber bestrebt gewesen zu sein, alles auf einen systematischen Nenner zu bringen und grundsätzlich zu ordnen[68]. Diese Lösungen sind daher praktische Erzeugnisse der englischen Rechtstradition, die schließlich von der Gesetzgebung übernommen worden sind[69].

Herausgebildet hat sich die „Equity", in welcher die Prinzipien des englischen Kindschaftsrechts zu finden sind. Das „Equity"-Recht füllt Lücken aus und ist nicht auf den Aufbau eines Systems gerichtet. Es will keine allgemeinen Grundfiguren schaffen, sondern konkrete, einzelne Bedürfnisse befriedigen. Daher gibt es keinen allgemeinen Vormund für das Mündel, sondern immer nur Sorgepflichtige für bestimmte Zwecke[70]. In die durch das Fehlen der allgemeinen Institutionen des gesetzlichen Vertreters im englischen Recht entstehenden Lücken treten verschiedene Hilfspersonen ein. In erster Linie ist dies auf dem Gebiet des Grundstücksrechts geschehen. Dabei handelt es sich in der Regel um

---

66 Müller-Freienfels, Die Vertretung beim Rechtsgeschäft, S. 167.
67 Müller-Freienfels, Die Vertretung beim Rechtsgeschäft, S. 167.
68 Müller-Freienfels, Die Vertretung beim Rechtsgeschäft, S. 168.
69 Müller-Freienfels, Die Vertretung beim Rechtsgeschäft, S. 168.
70 Müller-Freienfels, Die Vertretung beim Rechtsgeschäft, S. 168.

besonders bedeutungsvolle Geschäfte, die ein gesteigertes Schutzbedürfnis des Mündels aufweisen. Bei Geschäften über Grundvermögensangelegenheiten wurde die Person des "trustee" eingeführt[71]. Dagegen fehlt für das Gebiet des beweglichen Vermögens eine solche Regelung[72]. Das englische Recht kennt, im Gegensatz zum kontinentalen Recht, eine allgemeine Handlungsunfähigkeit des Minderjährigen nicht. Dieser kann somit Geschäfte zur Beschaffung notwendiger Gegenstände (=necessaries wie Essen, Trinken, Kleider, Arzneimittel etc.), die sofort erfüllt werden, selbst rechtswirksam abschließen. Bei auftretenden oder zu erwartenden Schwierigkeiten hinsichtlich des beweglichen Vermögens gibt es die Institution des „express trust" oder der Gerichtsmündelschaft[73]. Im Sonderfall des minderjährigen Testamentsvollstreckers wird ein „administrator durante minore aetate" eingesetzt. Bei Prozessen des Unmündigen hilft man sich im Aktivprozess mit der Einrichtung des „next friend" und im Passivprozess mit der gerichtlichen Bestellung eines „guardian ad litem"[74].

D. Stellungnahme

Die deutsche Rechtsordnung bedient sich zum „Unmündigenschutz" wie ausgeführt der Konstruktion der „gesetzlichen Vertretung". Wer nicht selbst am Rechtsverkehr teilnehmen kann, bedarf der gesetzlichen Vertretung. Dabei hat sich ein Wandel der elterlichen Sorge vom patriarchalischen Fürsorgeverhältnis hin zu einem Mittel zur Persönlichkeitsentwicklung und –entfaltung des Kindes vollzogen. Die erkrankten und behinderten Personen sehen sich keiner Entmündigung mehr ausgesetzt, sondern stehen unter Achtung ihres Selbstbestimmungsrechts unter „Betreuung".

Die „gesetzliche Vertretung" ist Ausdruck des Bestrebens, den Unmündigen als Rechtssubjekt mit eigenen Interessen anzuerkennen und in den Rechtsverkehr als Inhaber eigenständiger Interessen einzubinden[75]. Daraus früher abgeleitete Zweifel an der Rechtssubjektivität des Vertretenen können im Lichte des Grundgesetzes und dem Gebot der Rechtssubjektivität eines jeden Menschen heute nicht mehr gehegt werden.

An der Verfassungsmäßigkeit der „gesetzlichen Vertretung" können insoweit auch keine Bedenken mehr vorgebracht werden. Die Eigenverantwortung und das Persönlichkeitsrecht des Kindes und des Betreuten können allenfalls für eine Begrenzung, jedoch nicht für eine Abschaffung des Vertretungsrechts angeführt werden. Eine Verletzung des Persönlichkeitsrechts des Kindes und des Betr-

---

[71] Habscheid FamRZ 1957, 109 (111).
[72] Müller-Freienfels, Die Vertretung beim Rechtsgeschäft, S. 170.
[73] Habscheid FamRZ 1957, 109 (111).
[74] Habscheid FamRZ 1957, 109 (111).
[75] Reuter AcP 192 (1992), 108 (123).

euten scheidet demzufolge aus, soweit die Fremdbestimmung durch die Eltern und des Betreuers sich als Minderjährigen- und Hilfsbedürftigenschutz erweist[76].

Demgegenüber beruht die Konstruktion des angloamerikanischen Rechts noch auf den Nachwirkungen der früher allgemeinen Überzeugung, es sei für Unmündige am besten, wenn sie überhaupt vom Rechtsverkehr ferngehalten würden, um so, ganz von selbst, Schädigungen von diesen praktisch auszuschließen[77]. Das Fehlen einer allgemeinen gesetzlichen Vertretung wiederum hat andere Schwächen mit der Folge, dass Restbereiche und Regelungslücken bestehen[78]. So ist denn auch eine Hinwendung des angloamerikanischen Rechts hin zur umfassenden gesetzlichen Vertretung zu verzeichnen[79].

[76] BVerfG NJW 1986, 1859 (1860).
[77] Müller-Freienfels, Die Vertretung beim Rechtsgeschäft, S. 174/175..
[78] Müller-Freienfels, Die Vertretung beim Rechtsgeschäft, S. 175.
[79] Reuter AcP 192 (1992), 108 (124); Müller-Freienfels, Stellvertretungsregelungen in Einheit und Vielfalt, S. 45.

2. Kapitel: Überblick über die gesetzlichen Vertretungsbefugnisse im BGB

Die gesetzliche Vertretungsbefugnis ist im Bürgerlichen Gesetzbuch genau festgelegt und steht nur einem ausgewählten Personenkreis, den Eltern (§§ 1626 ff BGB), dem Vormund (§§ 1793 ff BGB), dem Betreuer (§§ 1896 ff BGB) und dem Pfleger (§ 1915 BGB), zu.

Nachfolgend sollen die einzelnen Rechtsinstitute, im Hinblick auf ihr gesetzliches Vertretungsrecht, kurz dargestellt werden.

A. Elterliche Sorge

I. Begriff

Das minderjährige Kind ist auf Hilfe und Unterstützung angewiesen. Diese wird ihm durch die elterliche Sorge nach § 1626 BGB zuteil, welche grundsätzlich[80] mit der Geburt des Kindes beginnt.

Die elterliche Sorge umfasst die vollständige Versorgung des minderjährigen Kindes, mithin die Pflege und Erziehung, die Personensorge, die Vermögenssorge und die gesetzliche Vertretung[81]. Die Sorgepflicht ist daher auf die Wahrung und Förderung der körperlichen, geistigen, seelischen, sozialen und wirtschaftlichen Interessen des Kindes gerichtet[82].

II. Geschichtliche Entwicklung der „elterlichen Sorge“ im 20. Jahrhundert

Die Eltern-Kind-Beziehung verzeichnet in ihrer geschichtlichen Entwicklung eine Hinwendung vom Herrschaftsverhältnis hin zu einem Fürsorge- und Pflegeverhältnis, was zur Ausrichtung der gesetzlichen Vertretungsbefugnis am Wohle des Kindes einhergehend mit Beschränkungen der Ausübung geführt hat.

1. Anfänge und Entwicklung im Rahmen des BGB

Im 20. Jahrhundert erfuhr das Kindschaftsrecht einen grundlegenden Wandel, von der Hausherrschaft des Vaters über die Kinder zur Sorgepflicht als Grundlage der Beziehung zwischen Eltern und Kind[83], unterstützt durch die Einführung der Gleichberechtigung der Frau auf allen Rechtsgebieten.

Zudem tritt der Staat als Instanz der Erziehung, Ausbildung und Jugendhilfe in den modernen Gesellschaften in Erscheinung[84].

---

[80] Auf die unterschiedlichen Sorgerechtsformen soll hier nicht eingegangen werden.
[81] Schellhammer FamR RN 1117.
[82] Schwab FamR RN 517.
[83] Schwab FamR RN 430/432.
[84] Schwab FamR RN 434.

Weiterhin bilden Persönlichkeit und Recht des Kindes den gedanklichen Ausgangspunkt der Rechtsreform. Der junge Mensch wird als Träger eines Anspruchs auf Schutz und Erziehung verstanden, der sich gegen Staat und Gesellschaft richtet und prägend für die Eltern-Kind-Beziehung ist[85].

In seinen Anfängen jedoch ging das BGB zunächst noch von einem väterlich geprägten Sorgerecht über eheliche Kinder aus, welches mehr als Herrschaftsverhältnis verstanden wurde[86]. Dies lässt sich auch anhand der gesetzlichen Bezeichnung des Sorgerechts als „elterliche Gewalt" ableiten. Die Ausübung des Erziehungsrechts stand nicht beiden Elternteilen gleichberechtigt zu, sondern oblag in erster Linie dem Vater. Neben dem Vater hatte die Mutter lediglich die Personensorge inne und musste sich, wie auch sonst in allen ehelichen Angelegenheiten, seiner Entscheidung beugen[87]. Die männliche und väterliche Autorität blieb beherrschend. Ihm allein stand die gesetzliche Vertretung des Kindes zu (§§ 1627, 1630 BGB a.F.).

Seit dem 01.04.1953 steht in der Bundesrepublik jedoch wegen des in Art. 3 GG verankerten Gleichberechtigungsgrundsatzes die elterliche Gewalt dem Vater und der Mutter gleichermaßen zu. Dabei handelte es sich grundsätzlich um ein für beide Teile gleiches und gemeinsam auszuübendes Recht[88].

Allerdings sah das Gleichberechtigungsgesetz von 1957 gleichwohl noch einen väterlichen Entscheidungsvorrang (*„Stichentscheid"*) vor[89]. Die §§ 1628 und 1629 I BGB i. d. F. des Gleichberechtigungsgesetzes wurden dann jedoch alsbald vom BVerfG 1959 für nichtig erklärt[90].

2. Gesetz zur Neuregelung der elterlichen Sorge vom 18.07.1979

Das Gesetz zur Neuregelung der elterlichen Sorge vom 18.07.1979, in Kraft seit dem 01.01.1980[91], hob den Pflichtencharakter des Elternrechts stark hervor und hatte die Verbesserung der Rechtsposition des Kindes zum Ziel, was u.a. durch den Austausch des Begriffs „elterliche Gewalt" in „elterliche Sorge" Ausdruck fand[92].

Wurde bisher das elterliche Sorgerecht als Gewalt- und Herrschaftsverhältnis qualifiziert, so verstand man es nunmehr als Fürsorgeverhältnis. Leitgedanke ist nun die Heranbildung des jungen Menschen zur Eigenverantwortlichkeit. Es ist

[85] Schwab FamR RN 435.
[86] Lüderitz FamR RN 796; Hohloch FamR RN 865.
[87] Hohloch FamR RN 865; Lüderitz FamR RN 796.
[88] Hohloch FamR RN 865; Lüderitz FamR RN 796.
[89] Lüderitz FamR RN 796; Hohloch FamR RN 865.
[90] BVerfGE 10, 59 (66); Lüderitz FamR RN 796.
[91] Lüderitz FamR RN 797.
[92] Hohloch FamR RN 865; Lüderitz FamR RN 797.

ihm die Möglichkeit zu selbständigem Handeln einzuräumen und eine Beteiligung an den Sorgerechtsentscheidungen herbeizuführen. Das Eltern-Kind-Verhältnis ist geprägt vom Gebot zu gegenseitigem Beistand und gegenseitiger Rücksichtnahme[93].

Das Kind wird als ein Wesen mit eigener Menschenwürde und dem eigenen Recht auf Entfaltung seiner Persönlichkeit i.S. der Art. 1 I und Art. 2 I GG verstanden[94]. Das BVerfG führt hierzu aus: „Stellt die Würde des Menschen das höchste Gut in dem Wertesystem dar, so kann niemandem bei der Ordnung zwischenmenschlicher Beziehungen Rechte an der Person eines anderen eingeräumt werden, die nicht zugleich pflichtgebunden sind und die Menschenwürde des anderen respektieren“[95].

Die elterliche Sorge ist demnach als ein den Interessen des Kindes dienendes Schutzinstitut zu qualifizieren.

3. Kindschaftsrechtsreformgesetz vom 16.12.1997

Durch das Kindschaftsrechtsreformgesetz vom 16.12.1997 hat das elterliche Sorgerecht, bis in seine Grundstrukturen hinein, eine Umgestaltung erfahren[96].

Die elterliche Sorge für das Kind ist nunmehr als eine gemeinsame Pflicht und ein gemeinsames Recht der Eltern zu verstehen, welches grundsätzlich unabhängig vom Bestand oder Fortbestand einer Ehe der Eltern ist[97].

III. Ausgestaltung des Rechtsinstituts

Das Kind, als ein eigenständiges Rechtssubjekt, mit eigenen persönlichen und vermögensrechtlichen Rechten und Pflichten, kann somit auch am rechtsgeschäftlichen Leben teilhaben. Wegen seiner fehlenden (§ 104 BGB) bzw. beschränkten Geschäftsfähigkeit (§ 106 BGB) kann das Kind rechtsgeschäftliche Erklärungen jedoch nur eingeschränkt wirksam eigenständig abgeben, sondern es bedarf hierzu der Hilfe seines gesetzlichen Vertreters[98].

Die gesetzliche Vertretungsmacht ist Bestandteil der elterlichen Sorge und ist als Fähigkeit zur Herbeiführung von Außenwirkungen im Rechtskreis des Kindes zu verstehen. Die Vertretungsmacht der Eltern umfasst die gesetzliche Vertretung des Kindes in sämtlichen Angelegenheiten der Personen- und Vermögenssorge und bezieht sich auf jedes rechtsgeschäftliche Handeln, das Rechtswirkungen für das Kind erzeugt (§§ 1626 I 1, 1629 I 1 BGB). Sie kommt

---

[93] Staudinger/*Peschel-Gutzeit* Vorbem zu §§ 1626 ff u RKEG RN 16.
[94] BVerfGE 24, 119 (144); MüKo/*Hinz* Vor § 1626 RN 14.
[95] BVerfGE 24, 119 (144); MüKo/*Hinz* Vor § 1626 RN 14.
[96] Schlüter FamR RN 343.
[97] Staudinger/*Peschel-Gutzeit* Vorbem zu §§ 1626 ff u RKEG RN 22.
[98] Staudinger/*Peschel-Gutzeit* § 1629 RN 11.

also dann zum Einsatz, wenn die Eltern im Namen des Kindes rechtsgeschäftlich handeln, d.h. Willenserklärungen abgeben oder empfangen und Verträge abschließen.

Im Rahmen der „normalen" Teilnahme am Rechtsverkehr handeln die Eltern aber in der Regel, soweit es sich um die Erfüllung der sich aus der elterlichen Sorge heraus ergebenden Aufgaben handelt, im eigenen Namen und auf eigene Rechnung. Die Tätigkeiten stellen sich damit zumeist als Unterhaltsverpflichtungen dar. Dabei ist das Kind dann unter Umständen als begünstigter Dritter in die Vertragsbeziehung einbezogen.

Die Eltern werden dann rechtsgeschäftlich für das Kind tätig, wenn sie im Namen und auf Rechnung des Kindes Erklärungen abgeben oder entgegennehmen. Die Leistung erfolgt in diesem Falle zwar zu Händen der Eltern, jedoch an das Kind als Gläubiger[99]. Die Zustimmung zu einem Rechtsgeschäft, welches das beschränkt geschäftsfähige Kind selbst vorgenommen hat, stellt ebenfalls eine Funktion der gesetzlichen Vertretungsmacht dar[100].

Bei der gesetzlichen Vertretung geht es darum, die Interessen des Kindes zu wahren und zu fördern. Inhaltlich ist die elterliche Sorge geprägt von der Elternverantwortung gegenüber dem Kind und dem Pflichtencharakter der elterlichen Rechtsstellung.

IV. Geltungsbereich der elterlichen Sorge

1. Gesetzliche Beschränkungen

Die Vertretungsmacht unterliegt gesetzlichen Beschränkungen. Nach § 1629 II 1 BGB i.V.m. § 1795 BGB können die Eltern das Kind in den dort genannten Fällen nicht wirksam vertreten. Für die Vornahme von in §§ 1643 I, 1821, 1822 Nr. 1, 3, 5, 8-11 BGB genannten Rechtsgeschäften bedürfen die Eltern der familiengerichtlichen Genehmigung. Hierbei handelt es sich um Geschäfte, die der Gesetzgeber zum Wohle der Kindesinteressen als kontrollbedürftig eingestuft hat.

2. Gesetzliche Beendigungsgründe

Die elterliche Sorge endet mit der Volljährigkeit des Kindes, also mit Vollendung des 18. Lebensjahres gemäß § 2 BGB. Auch der Tod des Kindes führt nach § 1698b BGB zur Beendigung der elterlichen Sorge. Die Eheschließung des Minderjährigen führt nach § 1633 BGB zur Einschränkung der Personensorge, während es im Übrigen bei der Vermögenssorge und der diesbezüglichen Vertretungsbefugnis verbleibt.

---

[99] Gernhuber/Coester-Waltjen § 57 VI S. 878.
[100] Schwab FamR RN 550.

3. Das wachsende Selbstbestimmungsrecht des Kindes als Beendigungsgrund der elterlichen Vertretung?

Nach Art. 6 II 1 GG sind die Pflege und Erziehung der Kinder das natürliche Recht der Eltern und die zuvörderst ihnen obliegende Pflicht. Daraus ergibt sich ein großer Entscheidungsfreiraum für die Eltern, in den der Staat nicht hineinreden darf. Zuallererst bestimmen die Eltern, was dem Wohl des Kindes dient oder schadet und sie erziehen das Kind nach ihren eigenen Vorstellungen[101]. Eine Einmischung seitens des Staates ist vielmehr erst dann möglich, wenn die Eltern versagen und das Kindeswohl schwer gefährdet ist (§ 1666 BGB).

Ziel der elterlichen Sorge ist es, das Kind zu einem mündigen Wesen heranzubilden und zur Selbstbestimmung zu befähigen[102]. Damit einher geht eine reifebedingt wandelnde Intensität elterlicher Rechte und Pflichten mit der wachsenden Einsichts- und Selbstbestimmungsfähigkeit des minderjährigen Kindes.

Denknotwendig muss die elterliche Sorge daher partiell oder vollständig enden, sobald das Kind zur Selbstbestimmung fähig geworden ist[103]. Der Verwirklichung dieser Idealgestalt der elterlichen Sorge, stehen allerdings mannigfaltige praktische Probleme gegenüber. Denn der Reifegrad eines Kindes lässt sich nicht anhand eines festgelegten Maßstabes messen oder einordnen und tritt auch nicht offenkundig nach außen zu Tage.

a) Gesetzlich anerkannte eigene Zuständigkeiten des Minderjährigen aufgrund seiner Selbstbestimmungsrechte

Der Gesetzgeber hat der wachsenden Selbstbestimmung Rechnung getragen und von Gesetzes wegen eigene Zuständigkeiten des Minderjährigen und die Berücksichtigung seines Willens anerkannt. Beispielhaft seien die Entscheidung des 14jährigen über die Zugehörigkeit zu einem religiösen Bekenntnis (§ 5 RelKEG), die Fähigkeit eines 16jährigen zur Errichtung eines öffentlichen Testaments (§ 2229 II, 2247 IV BGB) und bestimmte verfahrensrechtliche Positionen im FGG-Verfahren (§§ 50b, 59 FGG) genannt.

b) Eigene Zuständigkeiten des Minderjährigen in Gesundheitsangelegenheiten aufgrund seines wachsenden Selbstbestimmungsrechts?

Ob, und inwieweit das ältere Kind, Freiheit zu rechtsgeschäftlichem Handeln in Bereichen seiner Gesundheit erhalten kann und soll, ist allerdings weiterhin klärungsbedürftig und Gegenstand einer lebhaft geführten Diskussion. Eine klare gesetzliche Regelung bezüglich der Entscheidungskompetenz für ärztliche Eingriffe des Minderjährigen fehlt bisher[104]. Ob der Minderjährige damit bereits

---

[101] Schellhammer FamR RN 1119.
[102] Gernhuber/Coester-Waltjen § 57 VII S. 881.
[103] Schwab FamR RN 578; Gernhuber/Coester-Waltjen § 57 VII S. 881.
[104] Belling FuR 1990, 68 (68/69); Staudinger/*Peschel-Gutzeit* § 1626 RN 95.

vor dem Eintritt der Volljährigkeit selbständig über ärztliche Eingriffe entscheiden kann, ist in Rechtsprechung und Schrifttum umstritten.

Nach § 1626 I BGB sind in erster Linie die Eltern berufen, für das Wohlergehen und die Gesundheit ihres Kindes Sorge zu tragen. Ihnen obliegt damit das Recht und die Pflicht die physische und psychische Gesundheit des Kindes zu wahren und notfalls auch durch ärztliche Behandlung wieder herstellen zu lassen. Entscheidungsmaßstab ist dabei ausschließlich das Wohl des Kindes.

aa) Einwilligung und rechtsgeschäftliche Handlungsmacht

Im Rahmen dieses Problemfeldes ist zunächst zwischen der rechtfertigenden Einwilligung in den Eingriff als Akt der Disposition über die höchstpersönlichen Güter Leben, Gesundheit, Körper und der rechtsgeschäftlichen Handlungsmacht, bezüglich der zugrunde liegenden Rechtsbeziehung mit dem Arzt und/ oder Krankenhaus und Krankenversicherung (Abschluss des Behandlungsvertrages) andererseits, zu unterscheiden[105].

(1) Einwilligung in die Heilbehandlung

Zu Zeiten des Reichsgerichts wurde die Wirksamkeit der rechtfertigenden Einwilligung in die Heilbehandlung zivilrechtlich und strafrechtlich unterschiedlich gehandhabt. Während aus zivilrechtlicher Sicht nur die Zustimmung des gesetzlichen Vertreters, auch bei Vorhandensein einer gewissen Verstandsreife des Minderjährigen, dem ärztlichen Eingriff die Rechtswidrigkeit nehmen konnte, beseitigte aus strafrechtlicher Sicht schon damals die Einwilligung des Minderjährigen bei dessen ausreichender Verstandsreife und Einsichtsfähigkeit die Rechtswidrigkeit der ärztlichen Maßnahme[106]. Auch wenn es wegen der unterschiedlichen Funktion von Schadensersatz und Strafe keineswegs zwingend ist, so ist der heutigen Rechtsprechung wegen der Wahrung der Einheitlichkeit der Rechtsordnung an der einheitlichen Beurteilung der Rechtmäßigkeit ärztlicher Eingriffe im zivilrechtlichen und im strafrechtlichen Sinne sehr gelegen[107]. Dies führte zu einem Umdenken auf zivilrechtlicher Ebene, so dass bei ausreichender sittlicher und geistiger Reife die Einwilligung des Minderjährigen ebenfalls als ausreichend erachtet wurde[108]. Denn bei der Einwilligung zu einem Eingriff in die körperliche Integrität, so der BGH, handele es sich nicht um eine Einwilligung im Sinne des § 183 BGB, nicht um die Zustimmung zu einem Rechtsgeschäft, also nicht um eine rechtsgeschäftliche Willenserklärung, sondern um eine Gestattung oder Ermächtigung zur Vornahme tatsächlicher Handlungen, die in den Rechtskreis des Gestattenden eingreife[109]. Auch einer analogen Anwendung bedürfe es insoweit im Hinblick auf den Schutzzweck

[105] Staudinger/*Peschel-Gutzeit* § 1626 RN 88.
[106] Belling FuR 1990, 68 (69).
[107] Belling FuR 1990, 68 (69).
[108] Staudinger/*Peschel-Gutzeit* § 1626 RN 89; Gernhuber/Coester-Waltjen § 57 VII S. 883.
[109] BGH Urt. v. 5.12.1958 NJW 1959, 811.

nicht. Bei vorhandener Urteilsfähigkeit bedürfe der Minderjährige nicht mehr des besonderen gesetzlichen Schutzes, so dass insoweit vorgezogene Teilmündigkeit bestehe[110].

Hierbei stehe das elterliche Sorgerecht solange nicht entgegen, als sich die Einholung der Zustimmung als undurchführbar darstelle. Allerdings könne auf die Zustimmung der Eltern dann nicht verzichtet werden, wenn der ärztliche Heileingriff aufschiebbar und nicht eilbedürftig sei[111]. Ferner könne die Alleinentscheidung des Minderjährigen der Personensorge nicht entgegenstehen, da gemäß § 1626 II BGB die Ausübung der Personensorge die wachsende Fähigkeit des Kindes zu selbständigem, verantwortlichem Handeln zu berücksichtigen habe[112].

Diese Rechtsprechung wird von der Literatur dahingehend kritisiert, dass es sich bei der Einwilligung sehr wohl um eine rechtsgeschäftliche Erklärung handele, die dem jungen Menschen aber deshalb in eigener Kompetenz übertragen sei, weil dies Ausdruck seiner Selbstbestimmung und seines eigenen Persönlichkeitsrechts sei, das weitergehenden Einschränkungen nicht bedürfe[113].

Bei der Einwilligung kommt es jedoch nicht nur auf die Verstandsreife des Minderjährigen an, sondern es ist hierbei auch die Bedeutung und Tragweite des Eingriffs entscheidend. So unterliegt die alleinige Einwilligung des Minderjährigen in eine Zahnbehandlung oder Behandlung einer normalen Erkältungskrankheit keinen Bedenken. Bei einer schwerwiegenden Erkrankung, Amputation oder Narkose ist jedoch die Einwilligung sowohl des Minderjährigen als auch des gesetzlichen Vertreters zu fordern[114].

Beispielhaft sollen noch folgende Fälle von medizinischen Eingriffen angesprochen werden, die sich in der Praxis regelmäßig als Problemfelder erweisen:

aaa) Organspende

Der Vertretungsbefugnis der Eltern entzogen ist die Einwilligung in eine Organlebendspende des minderjährigen Kindes, da nach dem Transplantationsgesetz diese für Minderjährige nach § 8 I 1 Nr. 1a) und b) nicht möglich ist[115] und eine Stellvertretung insoweit nicht vorgesehen ist. Eine stellvertretend erteilte Einwilligung würde sich vielmehr als Missbrauch des den gesetzlichen Vertretern zustehenden Personensorgerechts darstellen, denn sie haben ihr Vertretungsrecht

---

[110] BGH Urt. v. 5.12.1958 NJW 1959, 811; Staudinger/*Peschel-Gutzeit* § 1626 RN 90.
[111] BGH Urt. v. 5.12.1958 NJW 1959, 811; Staudinger/*Peschel-Gutzeit* § 1626 RN 91.
[112] AG Schlüchtern Beschluss v. 29.4.1997 NJW 1998, 832 (833).
[113] Staudinger/*Peschel-Gutzeit* § 1626 RN 92.
[114] Staudinger/*Peschel-Gutzeit* § 1626 RN 93.
[115] Staudinger/*Peschel-Gutzeit* § 1626 RN 58.

alleine am Wohle des Kindes auszurichten[116]. Eine Organexplantation hat für den Spender aber weder eine heilende Wirkung noch therapeutischen Nutzen. Die Zustimmung zur Organspende des toten Kindes ergibt sich für die Eltern aus dem allgemeinen verwandtschaftlichen Totensorgerecht nach § 4 TPG.

bbb) Schwangerschaftsabbruch

Probleme bereitet weiterhin die ungewollte Schwangerschaft junger Mädchen. Die Verteilung der Entscheidungskompetenz, bezüglich des rechtmäßigen Abbruchs einer Schwangerschaft, zwischen den Eltern und ihren Kindern wird unterschiedlich beantwortet.

Die Rechtsprechung präsentiert sich insoweit sehr uneinheitlich. So stellen z.B. das LG München[117] und das AG Schlüchtern[118] auf die Einsichtsfähigkeit der Minderjährigen ab, während das OLG Hamm[119] und das OLG Naumburg[120] nur die Eltern allein für einwilligungsfähig halten. Das Selbstbestimmungsrecht der Minderjährigen konkurriere mit dem elterlichen Personensorgerecht, welchem in diesem Falle der Vorrang gebühre. Auch werde das Sorgerecht durch das Verlangen des Austragens des Kindes nicht missbräuchlich ausgeübt, da von einer solchen Pflicht der Schwangeren die staatliche Rechtsverordnung grundsätzlich ausgehe.

Diese Umkehr von der Einwilligungskompetenz des Minderjährigen hin zur Zustimmungsbedürftigkeit der Eltern ist im Hinblick auf das Persönlichkeitsrecht und die Menschenwürde des Minderjährigen nicht zu begrüßen[121]. „Minderjährigkeit" im Sinne des deutschen Rechts bedeutet lediglich „altersbedingte Schutzbedürftigkeit" und die zunehmende Selbstbestimmungsfähigkeit der Minderjährigen verdrängt somit grundsätzlich die Ausübung des Elternrechts, es sei denn, dass zum Schutze des Minderjährigen ein Handeln der Eltern geboten wäre[122].

Im Falle vorhandener Verstandsreife und Einsichtsfähigkeit hat die Einwilligung der Minderjährigen demzufolge zu genügen. Vermag das Mädchen sowohl die Risiken des Eingriffs als auch seine Verantwortung gegenüber dem ungeborenen Kind zu bedenken, ist ihr Wille, das Kind zu behalten oder einen Abbruch vornehmen zu lassen maßgebend. Für die Einwilligung der Eltern verbleibt dann

---

[116] Höfling/*Esser* § 8 RN 22.
[117] LG München I Beschluss v. 24.7.1978 NJW 1980, 646.
[118] AG Schlüchtern Beschluss v. 29.4.1997 NJW 1998, 832.
[119] OLG Hamm Beschluss v. 16.7.1998 NJW 1998, 3424.
[120] OLG Naumburg Beschluss v. 19.11.2003 FamRZ 2004, 1806.
[121] Staudinger/*Peschel-Gutzeit* § 1626 RN 101.
[122] Schwerdtner NJW 1999, 1525 (1526).

kein Raum. Denn mit familienrechtlichen Mitteln kann ein nach § 218 a StGB gerechtfertigter Schwangerschaftsabbruch nicht verhindert werden[123].

ccc) Einnahme von empfängnisverhütenden Mitteln

Bei der Einnahme von empfängnisverhütenden Mitteln stellen sich, bezüglich der Kompetenzverteilung zwischen den Eltern und ihren Kindern, die gleichen Fragen wie im Rahmen des Schwangerschaftsabbruchs diskutiert.

Ist die Minderjährige in der Lage, die Aufklärung über die Risiken zu verstehen, so ist ihre Einwilligung maßgebend. Andernfalls sind die Eltern, kraft ihrer gesetzlichen Gewalt, zuständig[124].

(2) Rechtsgeschäftliche Handlungsmacht

Beim Abschluss des Behandlungsvertrages als rechtsgeschäftliche Erklärung verbleibt es allerdings ausnahmslos beim Erfordernis der Einwilligung des gesetzlichen Vertreters[125].

Dadurch verliert die Eigenzuständigkeit des Minderjährigen allerdings erheblich an Wert. Auch bleibt so das Geheimhaltungsinteresse vieler junger Menschen in Notsituationen ungeschützt[126]. Das Einwilligungsrecht der Minderjährigen in den Schwangerschaftsabbruch kann so unterlaufen werden. Zwar ist eine gerichtliche Ersetzung der Zustimmung über § 1666 BGB möglich, doch unterliegt die Annahme des Missbrauchs der Personensorge hohen Anforderungen, die regelmäßig bei einer solchen Fallgestaltung nicht erfüllt sein dürften.

bb) Bilanz

Versteht man die elterliche Sorge als pflichtgebunden, mit dem Ziel, die Selbständigkeit des jungen Menschen zu fördern, dass er eigenständig und selbstverantwortlich sein Leben führen kann, so kann der Entscheidung des OLG Hamm[127] nicht zugestimmt werden, welches ein Selbstbestimmungsrecht vor Erreichen der Volljährigkeit ablehnt. Dies wird der Zielsetzung der elterlichen Sorge keinesfalls gerecht. Zum einen handelt es sich nicht um einen Kampf Eltern gegen Kinder, vielmehr sind die Eltern verpflichtet, zum Wohle des Kindes zu handeln, so dass bei festgestellter Verstandsreife und Einsichtsfähigkeit der Entscheidung des Minderjährigen Vorrang vor dem Elternrecht einzuräumen ist. Zum anderen würde eine Rechtsordnung, die dem

---

[123] So auch AG Schlüchtern Beschluss v. 29.4.1997 NJW 1998, 832 (833); Staudinger/*Peschel-Gutzeit* § 1626 RN 98; Schönke/Schröder/*Eser* § 218a RN 61.

[124] Grömig NJW 71, 233 (234).

[125] BGH Urt. v. 5.12.1958 NJW 1959, 811; LG München I Beschluss v. 24.7.1978 NJW 1980, 646.

[126] Staudinger/*Peschel-Gutzeit* § 1626 RN 104.

[127] OLG Hamm Beschluss v. 16.7.1998 NJW 1998, 3424.

Minderjährigen jegliche Entscheidungsfreiheit erst mit der Volljährigkeit zubilligte, ihn aber bis zu diesem Tage in all seinen Entschließungen an den Willen der Eltern bände, der wachsenden Selbstverantwortlichkeit des Jugendlichen nicht gerecht werden[128]. Wie könnten wir erwarten, dass er mit Erreichen der Volljährigkeit, sozusagen ein auf den anderen Tag, selbstverantwortlich Entscheidungen fällen kann, wenn er dies zuvor nie erproben konnte? Außerdem wird wohl niemand ernsthaft behaupten wollen, dass ein Jugendlicher nicht in eigener Verantwortung eine Erkältungskrankheit behandeln lassen kann.

Führt man vielmehr die Anerkennung der Eigenzuständigkeit und Einwilligungsfähigkeit des Minderjährigen konsequent weiter, so muss der zur Entscheidung über die Vornahme der Heilbehandlung oder Schwangerschaftsabbruch berechtigte Minderjährige befugt sein, die gesetzlichen Vertreter zum Vertragsabschluss anzuweisen bzw. diesen selbst vorzunehmen, sofern nicht Belange im Wege stehen, die mit der Entscheidung über die Heilbehandlung oder dem Schwangerschaftsabbruch als solchem nichts zu tun haben[129].

V. Rechtsfolge der Vertretung und Haftung des Kindes

Die Eltern können ihr Kind grundsätzlich unbeschränkt verpflichten, wenn sie im Rahmen ihrer gesetzlichen Vertretungsmacht im Namen ihres Kindes tätig werden. Die Verpflichtungen, die sie während der Minderjährigkeit des Kindes im Rahmen ihrer Vermögenssorge begründen, wirken auch nach dem Eintritt der Volljährigkeit fort. Allerdings hat der volljährig Gewordene ab dem 01.01.1999 nach § 1629a I BGB die Möglichkeit, seine Haftung auf das bei Eintritt der Volljährigkeit vorhandene Vermögen zu beschränken. Dem liegt der Gedanke zugrunde, dass die gesetzliche Vertretungsmacht der Eltern nicht so weit gehen darf, dass die Eltern das Kind mit erheblichen, in Ausübung der Vertretungsmacht aufgenommenen Schulden in die Selbständigkeit entlassen dürften[130]. Dem Kind müsse Raum bleiben, sein weiteres Leben selbst und ohne unzumutbare Belastungen, die es nicht selbst zu verantworten hat, zu gestalten.

VI. Zusammenfassung

Zu erkennen ist ein Wandel im Verständnis familienrechtlicher Beziehungen. Das Kind wird, auch unter dem Einfluss des Grundgesetzes, als eigenständige Person mit eigener Würde und Persönlichkeitsrechten verstanden. Die gesetzliche Vertretungsmacht der Eltern hat sich am Wohle des Kindes zu orientieren. Konfliktstoff besteht noch im Rahmen der Kompetenzverteilung zwischen den Eltern und den Kindern mit deren zunehmender Einsichtsfähigkeit und Verstandsreife. Soweit ein Kind schon zur Beurteilung seiner Angelegenheiten in der Lage ist, haben Eltern darauf Rücksicht zu nehmen. Denn schließlich

---

[128] Belling FuR 1990, 68 (72).
[129] Rauscher FamR § 33 V RN 1026; Reuter AcP 192 (1992), 108 (131).
[130] BVerfGE 72, 155.

handelt es sich beim Erwachsenwerden nicht um einen abrupten Übergang von der Minderjährigkeit in die „Erwachsenenwelt“, sondern um einen kontinuierlichen Reifeprozess. Daher ist es wesentlicher Bestandteil der Erziehung eines Kindes, dieses zu einer freien und unabhängigen Persönlichkeit heranzuführen. Dazu gehört es auch, die Entfaltung der Fähigkeiten eines Minderjährigen zu fördern, insbesondere die Fähigkeit am gesellschaftlichen und rechtlichen Handeln teilzunehmen. Da der Staat über die Pflege und Erziehung der Kinder durch die Eltern zu wachen hat, besteht insoweit noch gesetzgeberischer Handlungsbedarf, die erkannten Freiräume z.B. im Rahmen ärztlicher Heileingriffe auch in den Rechtsverkehr zu übertragen und dem Kinde auch dort einen eigenen Handlungsspielraum ohne die gesetzliche Vertretungsmacht der Eltern zu eröffnen.

B. Vormundschaft, § 1793 I BGB

I. Begriff

Die Vormundschaft als Aufgabe der öffentlichen Fürsorge[131] kommt nur noch für Minderjährige in Betracht, die keine Eltern mehr haben oder deren Eltern nicht vertretungsberechtigt sind, und stellt damit einen Ersatz der elterlichen Sorge dar. Die Befugnisse des Vormunds sind denen der elterlichen Sorge nachgebildet, so dass der Vormund ein Pflichtrecht zur Personen- und Vermögenssorge sowie zur gesetzlichen Vertretung des Mündels hat[132]. Ebenso hat der Vormund den Mündel zu einer mündigen Person zu erziehen und an die Selbständigkeit heranzuführen.

II. Geschichtlicher Wandel

Die Vormundschaft ist ein altes Rechtsinstitut, welches seine Ursprünge in der familienrechtlichen Gewalt (munt = Schutzgewalt) der Verwandtschaft über vaterlose Minderjährige, unverheiratete Frauen und über Personen, die als wahnsinnig angesehen wurden, hat[133]. Die Führung der Vormundschaft fiel dabei dem nächsten männlichen Blutsverwandten des Mündels aus dem Mannesstamm zu. Der Verwandtschaft insgesamt blieb eine Art Oberaufsicht über den Vormund[134].

Zunehmend wurde die Vormundschaft als staatliche Aufgabe verstanden und unter staatliche Leitung und Aufsicht gestellt[135].

---

[131] Rauscher FamR RN 1206.
[132] Rauscher FamR RN 1206.
[133] MüKo/ *Wagenitz* Vor § 1773 RN 7.
[134] MüKo/ *Wagenitz* Vor § 1773 RN 7.
[135] MüKo/ *Wagenitz* Vor § 1773 RN 9/10; vgl. auch die preußische Vormundschaftsordnung vom 05.07.1875, von welcher sich die Regelungen im Bürgerlichen Gesetzbuch (§§ 1773-1895) weitgehend ableiten.

Das öffentlich-rechtliche Element des Vormundschaftswesens trat in den Vordergrund[136]. Der Vormund als solcher ist nicht als Mitglied der Familie, sondern als Vertrauensperson des fürsorgenden Staates in sein Amt bestellt. Wenngleich dem Vormund prinzipiell ein eigener Verantwortungsbereich zugestanden wird, unterliegt seine Amtswaltung der Kontrolle durch den Staat aufgrund dessen „obervormundschaftlicher Gewalt".

III. Entstehung der Vormundschaft

Die Vormundschaft über eine Person entsteht durch Anordnung des Vormundschaftsgerichts nach § 1774 S. 1 BGB. Zum Vormund kann eine Person (Einzelvormundschaft), das Jugendamt (Amtsvormundschaft) oder auch ein rechtsfähiger Verein (Vereinsvormundschaft) vom Vormundschaftsgericht bestellt werden. Die Bestellung besteht nach § 1789 BGB darin, dass das Vormundschaftsgericht den Auserwählten durch Handschlag an Eides Statt zu treuer und gewissenhafter Führung der Vormundschaft verpflichtet.

IV. Geltungsbereich der Vormundschaft

1. Beschränkungen

Bei der Ausübung der Vormundschaft untersteht der Vormund, anders als die Eltern, der Aufsicht des Vormundschaftsgerichts. Dieses hat bei Pflichtverletzungen einzuschreiten und mit Ge- und Verboten regelnd einzugreifen, § 1837 BGB.

Im Rahmen der gesetzlichen Vertretung unterliegt der Vormund strengeren Kontrollen und stärkeren Beschränkungen als die Eltern. So ist der Kreis der Geschäfte, zu denen der Vormund der Genehmigung des Vormundschaftsgerichts bedarf, weiter gezogen als bei der elterlichen Sorge (§§ 1821-1823 BGB) und der Vormund unterliegt, im Gegensatz zu den Eltern, der Rechenschaftslegung (§§ 1840-1843 BGB).

2. Beendigungsgründe

Die Vormundschaft endet kraft Gesetzes mit dem Wegfall ihrer Voraussetzungen nach § 1882 BGB, z.B. mit Erreichen der Volljährigkeit oder Tod des Mündels. Das Vormundschaftsgericht kann den Vormund auch entlassen, wenn Interessen des Mündels gefährdet sind, § 1886 BGB.

Da auch der Vormund der wachsenden Selbstbestimmung des Minderjährigen Rechnung zu tragen hat, ergeben sich hierbei die gleichen Problemfelder wie oben im Bereich der elterlichen Sorge erörtert. Allerdings erscheint unter dem Gesichtspunkt, dass zwischen dem Vormund und dem Mündel eine soziale Beziehung nicht zwangsläufig bestehen muss, noch nicht einmal eine häusliche

---

[136] BT-Drucks 11/4528 S. 44.

Gemeinschaft, das Zustimmungserfordernis in ärztliche Eingriffe im Bereich der Intimsphäre besonders problematisch.

V. Zusammenfassung

Im Rahmen der Vormundschaft, die weitestgehend der elterlichen Sorge nachgebildet ist und damit z.T. deren Problemfelder teilt, bleibt zu bedenken, dass sie eben nicht diese Sonderstellung einer naturgemäß gegebenen Eltern-Kind-Beziehung einnehmen kann. Es kann nicht diese gleiche Aufopferungsbereitschaft, wie von Eltern gegenüber ihren Kindern, vorausgesetzt werden. Daraus ergeben sich einige Abwandlungen wie die stärker ausgebildete Kontrolle staatlicher Organe und meines Erachtens auch im Rahmen der Ausübung der gesetzlichen Vertretungsbefugnis gerade im Bereich ärztlicher Heileingriffe.

C. Pflegschaft, § 1894 BGB

I. Begriff

Unter der Pflegschaft ist das durch das Vormundschaftsgericht bzw. das Nachlassgericht zu begründende Fürsorgeverhältnis eines Menschen (Pfleger) für einen anderen (Pflegebefohlener) zur Besorgung einer besonderen Angelegenheit, zu verstehen. Die Pflegschaft berechtigt den Pfleger jedoch zum Handeln nur innerhalb der ihm bestimmten Grenzen, d.h. der Pfleger ist nur für einen begrenzten Sorgebereich eingesetzt. Auch lässt die Pflegschaft die Geschäftsfähigkeit des Pflegebefohlenen an sich unberührt. Sie kann Ergänzungspflegschaft, Abwesenheitspflegschaft, Nachlasspflegschaft, sowie Pflegschaft für eine Leibesfrucht, für unbekannte Beteiligte und für ein Sammelvermögen sein. Auf die Pflegschaft finden grundsätzlich die Vorschriften über die Vormundschaft Anwendung.

II. Entstehung der Pflegschaft

Die Pflegschaft entsteht kraft Gesetzes oder durch Anordnungen des Vormundschaftsgerichts. Sie bedarf stets einer gesetzlichen Grundlage.

Beispielhaft sei die Ergänzungspflegschaft genannt (§ 1909 I BGB), die dann in Betracht kommt, wenn der Vormund oder die Eltern an der Besorgung bestimmter Angelegenheiten für das Kind gehindert sind.

III. Geltungsbereich

Der Pfleger ist beschränkt auf seinen Aufgabenkreis berechtigter gesetzlicher Vertreter des Pfleglings (§§ 1915, 1793 BGB). Auch hierbei sind die gesetzlichen Beschränkungen der Vertretungsmacht zu beachten. Die Aufhebung der Pflegschaft richtet sich nach §§ 1918-1921 BGB.

Im Rahmen der Diskussion über Gesundheitsangelegenheiten sei hier noch genannt, dass nach § 1912 BGB ein Pfleger für die Leibesfrucht bestellt werden kann. Dieser hat dann die Lebensinteressen des ungeborenen Kindes zu vertreten[137].

D. Betreuung, § 1896 BGB

I. Begriff

Die Betreuung ist eine familienrechtliche Hilfe für Volljährige, die ihre Angelegenheiten krankheits- oder behinderungsbedingt nicht selbst besorgen können[138]. Die Betreuung ist Ausdruck staatlicher Wohlfahrtspflege, deren Anlass und Grundlage das öffentliche Interesse an der Fürsorge für den schutzbedürftigen Einzelnen ist[139]. Das Vormundschaftsgericht bestellt einen Betreuer, der für den hilfsbedürftigen Volljährigen sorgen soll (§ 1896 BGB), was sowohl die praktische Hilfe als auch die rechtsgeschäftliche mittels gesetzlicher Vertretungsmacht umfasst.

II. Geschichtliche Entwicklung

Die Betreuung ist ein relativ neues Rechtsinstitut. Sie beruht auf dem zum 01.01.1992 in Kraft getretenen Gesetz zur Reform des Rechts der Vormundschaft und Pflegschaft für Volljährige (Betreuungsgesetz) vom 12.09.1990.

Das Rechtsinstitut der Betreuung schaffte die seit dem In-Kraft-Treten des Bürgerlichen Gesetzbuches im Jahre 1900 geltende Gebrechlichkeitspflegschaft und die Vormundschaft über Volljährige ab, die mit einer Entmündigung (§ 1896 BGB a.F.) des Volljährigen einher ging und diesen geschäftsunfähig bzw. beschränkt geschäftsfähig machte und seinem Vormund unterstellte, selbst wenn er noch geschäftsfähig war. Die Entmündigung hatte auch Auswirkungen auf die Ehefähigkeit, die Testierfähigkeit und das Wahlrecht des Betroffenen[140].

Dies wurde als Verstoß gegen Art. 1 I, 2 I GG erkannt und es galt die Menschenwürde und die freie Entfaltung der Persönlichkeit des Betroffenen besser zu schützen, um eine menschenwürdige Hilfe zu gewährleisten[141]. Die Selbstbestimmung des Betreuten bedurfte mehr Beachtung. Dem Betreuten sollte es möglich bleiben, im Rahmen seiner Fähigkeiten, sein Leben nach seinen eigenen Wünschen und Vorstellungen zu gestalten (§ 1901 I 2 BGB). Rechtseingriffe sollten nur noch dort zugelassen sein, wo dies unausweichlich ist[142]. Auf die verschiedenen Arten und Schweregraden der Krankheiten oder

---

[137] Belling FuR 1990, 68 (75).
[138] Schellhammer FamR RN 1819; Staudinger/*Bienwald* § 1896 RN 1.
[139] Staudinger/*Bienwald* § 1896 RN 1.
[140] Staudinger/*Bienwald* Vorbem zu §§ 1896 ff RN 7.
[141] Schellhammer FamR RN 1819.
[142] Staudinger/*Bienwald* Vorbem zu §§ 1896 ff RN 38.

Behinderungen sollte besser als bisher eingegangen werden können. Die personale Bedeutung der Betreuung rückte in den Vordergrund. Das Wohl des Betroffenen war nunmehr Maßstab für das Verhalten des Betreuers und wurde als Grundziel des Betreuungsrechts verstanden[143].

Der Aufwand in zeitlicher, organisatorischer und finanzieller Hinsicht, der die Einhaltung der Verfahrensvorschriften des Betreuungsgesetzes mit sich brachte und der ungeahnte Anstieg, der für Aufwendungsersatz und Vergütung aus der Staatskasse erforderlichen Geldmittel, führte zum Gesetz zur Änderung des Betreuungsrechts (BtÄndG) vom 25.06.1998, welches vor allem eine Änderung bezüglich der Vergütungsregelungen brachte[144].

III. Ausgestaltung des Rechtsinstituts

1. Wahrung der Selbstbestimmung

Die Betreuung trägt dem Umstand Rechnung, dass viele alte, kranke oder behinderte Menschen „noch voll bei Sinnen" sind, manche Angelegenheiten aber nicht mehr aus eigener Kraft selbst besorgen können[145]. Die Bestellung eines Betreuers setzt daher nicht voraus und führt auch nicht dazu, dass der Betreute geschäftsunfähig ist bzw. wird. Sie belässt dem noch Geschäftsfähigen seine Geschäftsfähigkeit und beschränkt sich auf die unbedingt erforderlichen Hilfen (§ 1896 II 1 BGB).

2. Erforderlichkeitsgrundsatz

Das gesamte Betreuungsrecht ist geprägt von dem Erforderlichkeitsgrundsatz (§ 1896 I BGB). Die Anordnung einer Betreuung darf somit nur und insoweit erfolgen, wie der Betroffene seine rechtlichen Angelegenheiten selbst nicht mehr verantwortlich regeln kann. Die Aufgabenkreise des Betreuers sind dementsprechend eng zu fassen und auf die konkreten Belange des Betroffenen abzustimmen[146].

3. Prinzip der Subsidiarität

Darüber hinaus ist eine Betreuung nach dem Prinzip der Subsidiarität nicht erforderlich und unzulässig, soweit andere Hilfestellungen vorhanden sind, die die Tätigkeit eines Betreuers entbehrlich machen (§ 1896 II 2 BGB). Dies ist zum Beispiel dann der Fall, wenn der Betroffene, für die von ihm nicht mehr zu bewältigenden Aufgabenbereiche, eine Vorsorgevollmacht erteilt hat, oder andere soziale Einrichtungen vorhanden sind, die sich seiner annehmen, wie die eigene Familie, Nachbarn oder Bekannte, das Heimpersonal oder allgemeine soziale Dienste[147]. Es wird besonderer Wert darauf gelegt, dass der Wille und

---

[143] Staudinger/*Bienwald* Vorbem zu §§ 1896 ff RN 42.
[144] Rauscher FamR RN 1267; Staudinger/*Bienwald* Vorbem zu §§ 1896 ff RN 34.
[145] Gernhuber/Coester-Waltjen § 76 I1 S. 1231.
[146] Schlüter FamR RN 452.
[147] Schlüter FamR RN 451.

die Wünsche des Betroffenen beachtet werden und die einschränkenden Maßnahmen auf das Notwendige beschränkt bleiben[148].

4. Prinzip der Rehabilitation
Nach dem Prinzip der Rehabilitation ist eine Betreuung auch nur so lange erforderlich, wie der Betroffene für die konkreten Aufgabenbereiche die Hilfe eines Betreuers benötigt (§§ 1901 V, 1908d I BGB). Die Betreuung darf deshalb nur für eine Zeitspanne angeordnet werden, in der voraussichtlich eine Betreuungsnotwendigkeit besteht. Zudem hat der Betreuer innerhalb seines Aufgabenkreises alle Möglichkeiten zu nutzen, die die Krankheit des Betreuten beseitigen, ihre Verschlimmerung verhüten und ihre Folgen mildern (§ 1901 IV BGB). Ist eine Verbesserung des Krankheitszustandes eingetreten, so dass der Betroffene keiner oder nur einer eingeschränkten Betreuung bedarf, hat der Betreuer dies dem Vormundschaftsgericht mitzuteilen (§ 1901 V BGB). Damit stellt das Gesetz klar, dass eine Betreuung, soweit eben möglich, kein Dauerzustand sein soll. Der Betreuer hat deshalb alle Maßnahmen zu ergreifen, die diesem Ziel dienen, insbesondere ärztliche oder pflegerische Leistung im Sinne von Rechtsfürsorge zu organisieren.

Der Erforderlichkeitsgrundsatz und in seiner Ausprägung die Prinzipien der Subsidiarität und der Rehabilitation genießen dabei Verfassungsrang, so dass für ihre Verwirklichung erhebliche Anstrengungen zu unternehmen sind[149].

5. Freie Teilnahme am Rechtsverkehr
Die Teilnahme des Betroffenen am Rechtsverkehr soll, soweit es verantwortet werden kann, nicht eingeschränkt werden. Nur soweit dies zur Abwendung einer erheblichen Gefahr für die Person oder das Vermögen des Betroffenen erforderlich ist, ordnet das Vormundschaftsgericht an, dass der Betroffene zu einer Willenserklärung, die den Aufgabenkreis des Betreuers betrifft, dessen Einwilligung bedarf nach § 1903 I 1 BGB (sog. Einwilligungsvorbehalt). Im Übrigen hat die Bestellung des Betreuers, wie bereits dargetan, keine Auswirkungen auf Geschäfts-, Ehe- und Testierfähigkeit des Betroffenen.

IV. Entstehung der Betreuung
Die Betreuung ist in aller Regel nur auf Antrag des Betroffenen zulässig. Das Vormundschaftsgericht darf einen Betreuer von Amts wegen nur bestellen, wenn der Betreute krankheitsbedingt keinen freien Willen mehr bilden kann[150]. Bei einer nur körperlichen Behinderung scheidet eine Bestellung von Amts wegen gemäß § 1896 I 3 BGB grundsätzlich aus.

---

[148] Schlüter FamR RN 448.
[149] BT-Drucks 15/2494 S. 13.
[150] Schellhammer FamR RN 1823.

Die Anordnung der Betreuung und die Bestellung des Betreuers erfolgen in einem Akt (sog. Einheitslösung). Zum Betreuer kann eine Einzelperson gemäß § 1897 BGB oder auch ein Betreuungsverein oder eine Betreuungsbehörde nach § 1901 BGB bestellt werden, wobei zugunsten der natürlichen Person ein Vorrang besteht (§ 1900 I BGB).

Die Bestellung eines Betreuers setzt nach § 1896 I BGB voraus, dass ein Volljähriger aufgrund einer psychischen Krankheit (z.B. Alkoholismus, Drogenabhängigkeit) oder einer körperlichen, geistigen oder seelischen Behinderung seine Angelegenheiten ganz oder teilweise nicht besorgen kann.

Ist der Betreuungsbedarf durch Bevollmächtigung, in Betracht kommen insbesondere die Vorsorge- und Altersvollmachten, abgedeckt, so ist die Betreuung nicht erforderlich und für ihre Anordnung besteht damit keine Veranlassung mehr. Der Betroffene ist sogar vor der Bestellung des Betreuers nach § 68 I 3 FGG von dem Gericht auf die Möglichkeit einer solchen Vorsorgevollmacht als Alternative zur Betreuung hinzuweisen.

V. Geltungsbereich

1. Gesetzliche Beendigungsgründe

Aufgrund des Erforderlichkeitsprinzips ist die Betreuung gemäß § 1908d I BGB von Amts wegen aufzuheben oder zu beschränken, wenn ihre Voraussetzungen wegfallen. Zudem ist die Bestellung eines Betreuers nach § 69 I Nr. 5 FGG zu befristen. Ferner endet die Betreuung grundsätzlich mit dem Tod des Betreuten. Das Vormundschaftsgericht kann den Betreuer auch entlassen, wenn seine Eignung in Frage steht (§ 1908 b BGB).

2. Gesetzliche Beschränkungen

a) Nebeneinander der Kompetenzen

Der Betreuer vertritt den Betreuten in seinem Aufgabenkreis gerichtlich und außergerichtlich (§ 1902 BGB). Da die Betreuerbestellung aber ohne Einfluss auf die Geschäftsfähigkeit des Betreuten ist, bleibt dieser ebenfalls selbständig handlungsbefugt. Der Betreuer verdrängt den Betroffenen mit seiner ihm eingeräumten Rechtsmacht nicht. Es liegt ein Nebeneinanderbestehen zweier Kompetenzen vor[151].

Eine Vertretungsmacht in Angelegenheiten des religiösen Bekenntnisses besteht nicht. Auch der Geschäftsunfähige kann über sein religiöses Bekenntnis selbständig bestimmen (Art. 4 I GG). Im Zusammenhang der Eheschließung ist eine Vertretung ebenfalls ausgeschlossen, ebenso bei Errichtung von Verfügungen von Todes wegen. Der Betreuer ist auch nicht gesetzlicher Vertreter des

---

[151] Rauscher FamR RN 1288.

Betreuten bei Ausübung der elterlichen Sorge. Ist diese eingeschränkt, so ist insoweit ein Pfleger zu bestellen[152].

b) Aufgabenkreis und vormundschaftsgerichtliche Kontrolle

Grenzen erfährt die gesetzliche Vertretungsmacht des Betreuers zunächst einmal durch den gerichtlich bestimmten Aufgabenkreis und die eine Vertretung ausschließenden gesetzlichen Bestimmungen[153]. Des Weiteren bestehen Beschränkungen durch eine Reihe von vormundschaftsgerichtlichen Genehmigungsvorbehalten. Die meisten Vorschriften des Vormundschaftsrechts gelten gemäß § 1908i I 1 BGB entsprechend, auch was die Vermögensverwaltung im Allgemeinen und die Rechnungslegung betrifft (§§ 1803, 1805 ff, 1840, 1841 BGB). Hinzu kommen speziell für die Betreuung weitere genehmigungspflichtige Handlungen, wie die Einwilligung in eine Untersuchung des Gesundheitszustandes, einer Heilbehandlung oder eines ärztlichen Eingriffs unter bestimmten Voraussetzungen, § 1904 BGB, die Einwilligung in eine Sterilisation, § 1905 BGB, die Unterbringung und unterbringungsähnliche Maßnahmen, § 1906 BGB und die Kündigung einer vom Betreuten gemieteten Wohnung, § 1907 BGB.

c) Gesundheitsangelegenheiten

aa) Einwilligung in Heilbehandlungen

Die Befugnisse des Betreuers im Rahmen von Heilbehandlungen und ärztlichen Eingriffen haben in § 1904 BGB eine Ausgestaltung erfahren. Dabei geht es allerdings nur um die zur Rechtfertigung einer Heilbehandlung nötige Einwilligung in die Beeinträchtigung der körperlichen Unversehrtheit im Namen des Betreuten. Die schuldrechtlichen Arzt- und Krankenhausverträge kann der Betreuer soweit seine gesetzliche Vertretungsmacht reicht, genehmigungsfrei im Namen des Betreuten abschließen[154].

Eine Vertretungsbefugnis für die Einwilligung in eine ärztliche Heilbehandlung besteht für den Betreuer aufgrund des höchstpersönlichen Charakters aber nur, wenn der Betreute diese nicht selbst wirksam erklären kann[155]. Dann ist der Betreuer dazu befugt, diese zu erklären, bedarf aber, wie oben bereits erwähnt, in den Fällen des § 1904 BGB der Genehmigung des Vormundschaftsgerichts. Ist der Betroffene einwilligungsfähig, so kann nur er selbst einwilligen. Es kann also entweder nur der Betreuer oder nur der Betreute einwilligen.

Bezüglich der Einwilligungsfähigkeit kommt es auf die natürliche Einsichts- und Steuerungsfähigkeit an. Die Problematik wie im Zusammenhang der Minderjährigkeit stellt sich hier nicht. Die Bestellung eines Betreuers mindert

---

[152] Schwab FamR RN 826.
[153] Staudinger/*Bienwald* § 1902 RN 23.
[154] MüKo/*Schwab* § 1904 RN 2.
[155] MüKo/*Schwab* § 1902 RN 20.

die Handlungsfähigkeit und folglich auch die Einwilligungsfähigkeit des Betroffenen grundsätzlich nicht. Die Einwilligung in die Beeinträchtigung personaler Güter kann auch nicht unter Einwilligungsvorbehalt gestellt werden, so dass der Betreute auf diesem Gebiet grundsätzlich als selbständig handlungsfähig anzusehen ist, sofern ihm nicht bei der konkreten Entscheidung, aufgrund einer psychischen Krankheit oder geistiger oder seelischer Behinderung, die hinreichende Fähigkeit zur Selbstbestimmung fehlt.

Ist der Betreuer aufgrund fehlender Einwilligungsfähigkeit des Betroffenen zur Einwilligung in die medizinische Maßnahme befugt, so hat er auch insofern die Wünsche des Betreuten zu respektieren, soweit dies dem Wohl des Betreuten nicht zuwiderläuft[156]. Dabei ist fraglich, wie der Betreuer zu agieren hat, wenn der Betreute sich mit der getroffenen Behandlungsentscheidung nicht einverstanden erklärt. In diesem Zusammenhang sind Zwangsbehandlungen nicht als generell unzulässig anzusehen, denn dem Betreuten soll eine Behandlung nicht deshalb versagt werden, weil er deren Notwendigkeit, aufgrund seiner psychischen Krankheit oder seiner geistigen oder seelischen Behinderung, nicht erkennen kann[157].

bb) Organspende

Zur Organspende enthält das Betreuungsgesetz keine Regelung. Insoweit ist zwischen der Organentnahme bei toten und der bei lebenden Organspendern zu unterscheiden. Für die Entscheidung bei einem toten Betreuten ist der Betreuer nicht zuständig[158]. Einschlägig sind insoweit die Vorschriften des Transplantationsgesetzes, wonach entweder der Organspender selbst (§ 3 TPG) oder ein nach § 4 TPG Berufener in die Organentnahme eingewilligt hat. Das Transplantationsgesetz verlangt bei lebenden Spendern nach § 8 I 1 Nr. 1a) und b) die Einwilligung einer in bestimmter Hinsicht aufgeklärten Person, die volljährig und einwilligungsfähig ist. Es geht hervor, dass die, zum Zeitpunkt der Einwilligung, einwilligungsfähige Person, weder geistig noch seelisch behindert, noch psychisch krank sein darf[159]. Eine Stellvertretung ist hierbei nicht vorgesehen[160], so dass dem Betreuer insoweit die Befugnis fehlt[161]. Die Einwilligung in eine Lebendspende wird als absolut höchstpersönlich qualifiziert[162]. Eine solche Maßnahme wäre auch nicht auf das Wohl des Betreuten, sondern auf dasjenige eines Dritten gerichtet, so dass auch daher dem Betreuer, welcher zur Interessenwahrung der ihm anvertrauten Person eingesetzt

---

156 Staudinger/*Bienwald* § 1904 RN 28.
157 BT-Drucks 11/4528, 72; Staudinger/*Bienwald* § 1904 RN 28.
158 Staudinger/*Bienwald* § 1904 RN 40.
159 Staudinger/*Bienwald* § 1904 RN 40; BT-Drucks 13/4355 S. 20; MüKo/*Schwab* § 1904 RN 52.
160 Erman/*A. Roth* § 1904 RN 20; Staudinger/*Bienwald* § 1904 RN 40.
161 Höfling/*Esser* § 8 RN 27.
162 Walter FamRZ 1998, 201 (203).

ist, die Einwilligungskompetenz abzusprechen ist[163]. Ist der Betreute hingegen der Organempfänger kommt ein Handeln des mit der Gesundheitsfürsorge betrauten Betreuers natürlich in Betracht. Die Einwilligung des Betreuers bedarf dabei in der Regel, wegen der Erheblichkeit und Gefährlichkeit des Eingriffs, der vormundschaftsgerichtlichen Genehmigung[164].

cc) Schwangerschaftsabbruch

Eine besondere gesetzliche Regelung im Zusammenhang mit dem straflosen Schwangerschaftsabbruch fehlt, so dass es insoweit bei den allgemeinen Grundsätzen bei ärztlichen Eingriffen verbleibt. Ist die Schwangere einwilligungsfähig, so kommt es allein auf ihre Einwilligung an. Fehlt der Schwangeren die eigene Einwilligungsfähigkeit, so kann die Einwilligung durch den gesetzlichen Vertreter ersetzt werden[165]. Einer vormundschaftsgerichtlichen Genehmigung bedarf der Betreuer nach § 1904 BGB in aller Regel nicht, da der Schwangerschaftsabbruch üblicherweise nicht zu den besonders riskanten Eingriffen gehört.

VI. Rechtsfolgen

Aus Rechtsgeschäften des Betreuers im zugewiesenen Aufgabenkreis wird der Betreute berechtigt und verpflichtet (§ 164 I 1 BGB). Tritt der Betreuer nicht als solcher im Rechtsverkehr auf und bestehen Zweifel, dass er für den Betreuten handelt, so wird der Betreuer selbst unmittelbar verpflichtet und berechtigt (§ 164 II BGB).

VII. Zusammenfassung

Das Institut der Betreuung zeichnet sich insbesondere durch die Wahrung der Selbstbestimmungsrechte des Betroffenen aus. Der trotz bestehender Krankheit durchaus noch bestehenden Handlungsfähigkeit des Betroffenen wird Rechnung getragen. Die Betreuung ist als Unterstützungsleistung und nicht als Bevormundung ausgestaltet. Dass sie, zum Teil, doch so verstanden und von den Betroffenen so empfunden werden kann, ist ein jedem staatlichen Eingriff immanentes Problem. Für einen erwachsenen Menschen, der stets für sich selbst Verantwortung trug, ist es schwer einzusehen, gewisse Aufgabenkreise nicht mehr selbstverantwortlich ausführen zu können. Um im Rechtsverkehr verlässliche Grundregeln und eine gewisse Sicherheit unter den Beteiligten zu gewährleisten, auch zum Schutz des Betroffenen selbst, ist ein solches Rechtsinstitut jedoch unerlässlich.

---

[163] BtKomm/*Roth* C RN 157; Höfling/*Esser* § 8 RN 22.
[164] Erman/*A. Roth* § 1904 RN 20.
[165] Schönke/Schröder/*Eser* § 218a RN 61.

Das dieses, ja noch in den Kinderschuhen steckende, Rechtsinstitut noch weiterer Ausgestaltung und Konkretisierung in Einzelbereichen bedarf, ist selbstverständlich und sollte nicht als Mangel der Konzeption missverstanden werden.

3. Kapitel: Die Einführung einer gesetzlichen Vertretungsmacht für nahe Angehörige als Alternative zur Betreuung? – eine grundsätzliche Betrachtung

A. Gegenwärtige Rechtslage

Wie im 2. Kapitel dargestellt, unterliegt die gesetzliche Vertretungsbefugnis bestimmten Anknüpfungspunkten und folgt nicht allein daraus, dass ein Verwandtschafts- oder Näheverhältnis besteht. So existiert für Ehegatten ein Vertretungsrecht nicht aus der Tatsache, verheiratet zu sein oder der Kinder für ihre pflegebedürftig werdenden Eltern aufgrund der Tatsache, Kind zu sein. Das BGB kennt somit keine kraft gesetzlicher Regelung eintretende Vertretungsmacht Angehöriger für Volljährige.

Die Angehörigen sind rechtlich nicht befugt, auch wenn sie sich aus familiärer Solidarität um das erkrankte volljährige Familienmitglied kümmern, ihm in der Haushaltsführung zur Hand gehen, die medizinische Versorgung organisieren und sich der Erledigung seines Schriftverkehrs annehmen, mit dieser Hilfe verbundene Geschäfte zu erledigen. Auch ist den Angehörigen eine rechtfertigende Einwilligung in eine ärztliche Heilbehandlung nicht möglich. Daraus kann allenfalls auf einen mutmaßlichen Willen des Erkrankten zu einer bestimmten medizinischen Vorgehensweise geschlossen werden.

Zur Erledigung der Angelegenheiten ist vielmehr eine rechtsgeschäftliche Ermächtigung durch eine Bevollmächtigung erforderlich bzw. ein Betreuer zu bestellen.

I. Vorsorgevollmacht

Falls und soweit durch eine Bevollmächtigung die notwendigen Angelegenheiten wahrgenommen werden können, kommt das Betreuungsrecht aufgrund seiner Subsidiarität (§ 1896 II BGB) nicht zur Anwendung[166]. Hierfür stellt die Vorsorgevollmacht das einzig geeignete Rechtsinstitut dar, worauf auch der angesprochene Gesetzesentwurf eingeht[167]. Die Vorsorgevollmacht ermöglicht, das Selbstbestimmungsrecht für den Fall einer psychischen Erkrankung sowie einer geistigen oder seelischen Behinderung, umfassend zu sichern. Die Vorsorgevollmacht vermeidet im Falle einer Handlungsunfähigkeit „staatliche Eingriffe" in die private Lebensgestaltung durch die Bestellung eines Betreuers und steht für die Führung eines eigenbestimmten Lebens.

Die gegenwärtige Ausgestaltung dieses Rechtsinstituts vermag jedoch diesen Ansprüchen nur partiell gerecht zu werden. Denn bei der rechtsgeschäftlichen

[166] Schlüter FamR RN 451.
[167] BT-Drucks 15/2494 S. 14.

Einsetzung eines Bevollmächtigten bestehen in der Praxis noch vielfältige Probleme.

Die Vorsorgevollmachten sind oftmals inhaltlich nicht ausreichend, so dass für manche Teilbereiche die Bestellung eines Betreuers doch wieder erforderlich wird. Auch werden privatschriftliche Vollmachten wegen fehlender Überprüfbarkeit nicht ohne weiteres akzeptiert; so bestehen viele Bankinstitute auf der Verwendung ihrer eigenen diesbezüglichen Vordrucke. Es besteht somit bezüglich der Praxistauglichkeit der Vorsorgevollmacht noch Handlungsbedarf.

II. Betreuungsverfahren

Wurde keine Vorsorge getroffen und besteht eine Handlungsunfähigkeit des Betroffenen, so ist ein Betreuungsverfahren durchzuführen. Der handlungsunfähigen Person wird dann zur Erledigung ihrer Angelegenheiten ein Betreuer zur Seite gestellt. Zur weiteren Ausgestaltung wird auf die Ausführungen im 2. Kapitel[168] verwiesen.

B. Reformüberlegungen

Diese gegenwärtige Rechtslage ist jedoch nicht zwingend und im Rahmen des Gesetzesentwurfs zu einem 2. Betreuungsrechtsänderungsgesetz war eine entsprechende Änderung dieser Gesetzeslage angedacht worden[169]. In Erwägung gezogen wurde eine gesetzliche Vertretungsbefugnis für nahe Angehörige.

Im Jahre 1992 zu seinem In-Kraft-Treten noch als Fortschritt in Richtung Humanität gegenüber dem alten Vormundschafsrecht begrüßt, sieht sich das Betreuungsrecht gut ein Jahrzehnt später aus mehreren Richtungen der Kritik ausgesetzt. Justiz- und Finanzminister der Länder beklagen steigende Betreuungszahlen und steigende Ausgaben[170].

Ausgelöst durch die steigenden Betreuungszahlen wurde allseits nach Alternativen gesucht. Ein Ansatzpunkt bildete dabei die Tatsache, dass selbst nahe Angehörige, ohne von den Betroffenen erteilte Vollmacht, nicht für diese handeln können. Zur Betreuungsvermeidung bzw. -reduzierung wurden daher Möglichkeiten der Einführung gesetzlicher Vertretungsbefugnisse für Angehörige untersucht.

I. Gesetzliche Vertretungsbefugnisse Angehöriger als Alternative zur Betreuung?

Die Einführung einer gesetzlichen Vertretungsmacht für Angehörige war aber nicht uneingeschränkt populär. Nach Alternativen befragt, stand für viele

---

[168] 2. Kapitel D.
[169] BT-Drucks 15/2494.
[170] Probst BtPrax 2002, 7.

Praktikerinnen und Praktiker des Betreuungsrechts die Sorge um den Schutz des Schwächeren im Vordergrund[171]. So konnten sich viele Vormundschaftsrichterinnen und -richter zwar gewisse Erleichterungen im Betreuungsverfahren oder im Verfahren auf Beantragung von Sozialleistungen vorstellen, nicht aber die generelle Rücknahme des Betreuungsrechts zugunsten gesetzlicher Vertretungsbefugnisse für Angehörige[172]. Auch die damalige Bundesregierung[173] sprach sich gegen die Einführung einer gesetzlichen Vertretungsbefugnis für Angehörige aus, die einen Ehegatten unter Verzicht auf die Schutzvorkehrungen des Betreuungsrechts unter die gerichtlich nicht kontrollierbare Entscheidungsgewalt seines Partners stelle. Es seien Missbräuche zum Nachteil des Vertretenen zu befürchten. Auch könne der Rechtsverkehr die Voraussetzungen für den Eintritt des Vertretungsfalles nicht zuverlässig beurteilen. Allenfalls sei eine gesetzliche Vertretungsmacht für gegenständlich eng umgrenzte Bereiche, wie etwa die Beantragung sozial-versicherungsrechtlicher Leistungen, denkbar.

Auf dem 7. Vormundschaftsgerichtstag im Oktober 2000 waren die skeptischen Stimmen jedoch schon weniger geworden. In Betracht gezogen wurde eine Vertretungsbefugnis für genau definierte Sachbereiche und Lebenssituationen, die sich am zu vermutenden Näheverhältnis zwischen Vertretenen und Angehörigen zu orientieren habe und Risikogeschäfte unter die Kontrolle des Vormundschaftsgerichts stelle[174].

1. Gesetzgebungsvorschlag Probst/Knittel

Probst und Knittel[175] beschäftigten sich mit der Einführung einer gesetzlichen Vertretungsbefugnis für Angehörige und erarbeiteten im Jahre 2001 erste bereichsspezifische Vorschläge[176].

a) Ausgangspunkt der Regelung

In dem Aufsatz wird ausgeführt, die Einführung einer gesetzlichen Vertretungsmacht bedeute nicht mehr und nicht weniger, als den Grundsatz der Subsidiarität des *§ 1896 BGB* ernst zu nehmen. Im Falle unwirksamer oder unzureichender Vorsorgevollmachten fehle es im Bürgerlichen Recht selbst an einem „Zwischenstück" auf dem Weg zur Betreuung, also an einer der gesetzlichen Erbfolge bei Fehlen eines Testamentes vergleichbaren Notordnung, die zumindest den Versuch erlaube, das Defizit an Handlungskompetenz des Betroffenen zunächst innerhalb dessen Privatsphäre auszugleichen, also etwa

---

[171] Probst/Knittel ZRP 2001, 55 (57).
[172] Probst/Knittel ZRP 2001, 55 (57).
[173] BT-Drucks 13/7158 Anl. 2 S. 43 (Stellungnahme des Bundesrates); BT-Drucks 13/7158 Anl. 3 S. 54 (Gegenäußerung der Bundesregierung).
[174] Probst/Knittel ZRP 2001, 55 (57).
[175] Probst/Knittel ZRP 2001, 55-60.
[176] Anhang I.

innerhalb des Kreises der nächsten Angehörigen. Diese würden derartige Befugnisse sowieso als eigentlich selbstverständlich vermuten, was auch der Gesetzgeber in sein Begründungsmodell aufgenommen hat[177].

Die Autoren begreifen die Vertretungsbefugnis damit nicht als Mittel zur Betreuungsvermeidung, sondern als bisher fehlendes Zwischenglied zwischen rechtsgeschäftlicher Vollmacht und Betreuung, mithin als eine sinnvolle Ergänzung.

Andrea Diekmann[178] gibt insoweit zutreffend zu bedenken, dass es zwar einer solchen Notordnung mangels anderweitiger Regelungsmöglichkeiten beim Erbfall bedürfe. Hingegen sei der „Notfall" für die hier in Rede stehende Handlungsunfähigkeit einer volljährigen Person schon bedacht. Denn das Gesetz sehe dann gerade die Bestellung eines Betreuers vor. Unter Berücksichtigung der derzeitigen Regelungen, insbesondere vor dem Hintergrund der Möglichkeit, Vertrauenspersonen zu bevollmächtigen, gebe es jedenfalls keine zwingende Notwendigkeit, gesetzliche Vertretungsbefugnisse für Angehörige einzuführen. Selbst dann, wenn keine Vollmachten erteilt worden oder diese unwirksam seien, bestünden Bedenken gegen die Annahme der Notwendigkeit einer „Notordnung". Denn es greife insoweit stets die Möglichkeit der Betreuerbestellung. Ein ungeregelter und insoweit Regelungen bedürfender „Freiraum" sei folglich nicht ersichtlich.

b) Einräumung einer im Außenverhältnis unbeschränkten Rechtsmacht

Im Rahmen des Vorschlags von Probst/Knittel wird die Vertretungsmacht nicht an den Eintritt der Voraussetzungen einer Betreuerbestellung, mithin an die Handlungsunfähigkeit des Betroffenen, gekoppelt. Hierzu, so die Autoren, bestünde keine generelle Notwendigkeit und so könne eine möglichst praktikable Regelung gewährleistet werden[179]. Zwar könnten mit einer Konstruktion, die an die Handlungsunfähigkeit anknüpft, Missbrauchsmöglichkeiten außerhalb des zeitlich und situativ auf den „Defektfall", also die Handlungsunfähigkeit des Betroffenen, begrenzten Vertretungsfalles verhindert werden. Jedoch sei bereits kaum vorstellbar, welches Verfahren, etwa bei einem psychischen Leiden, die Feststellung des Vertretungsfalls in einer im Vergleich zum Betreuungsverfahren wesentlich einfacheren Weise ermöglichen würde. Jedenfalls sei das Schutzbedürfnis des Vertretenen geprägt von Fall zu Fall sehr unterschiedlichen Interessen- und Kräftefeldern. Im Vollbesitz seiner Kräfte werde ein gegen seinen Willen Vertretener sich zu wehren wissen. Ist der Vertretene nicht mehr handlungsfähig, hänge sein Schutzbedürfnis sowohl von der Risikoträchtigkeit des Vertretungsgegenstandes für die Wahrung seiner Interessen als auch davon ab, welcher Grad an Loyalität diesen gegenüber von

[177] BT-Drucks 15/2494 S. 16.
[178] Diekmann BtPrax 2003, 200 (201).
[179] Probst/Knittel ZRP 2001, 55 (58).

der Person des Vertreters zu erwarten ist, wobei bei Ehegatten von einer größeren gegenseitigen Solidarität ausgegangen werden könnte, was ja auch die in § 1357 BGB vorgesehene wechselseitige Verpflichtungsbefugnis zum Ausdruck bringe. Die gerichtliche Kontrolle solle demnach funktional beschränkt auf eine situationsbezogene Problemlösung ausgerichtet werden.

c) Anforderungen an eine künftige Gesetzgebung

Insgesamt wurden von den Autoren folgende erste Anforderungen an die künftige Gesetzgebung formuliert[180]:

- Werden gesetzliche Vertretungsbefugnisse zu Gunsten Angehöriger erwogen, so hat die Gesetzgebung das Spannungsfeld aufzulösen, das zwischen den erzielbaren Vorteilen, nämlich dem Respekt vor der Privatsphäre der Vertretenen und der Vermeidung nicht erforderlicher Betreuungen, sowie der Gefahr eines Missbrauches der Vertretungsmacht besteht.
- Um einen Ausgleich zwischen Chancen und Risiken gesetzlicher Vertretungsbefugnisse herzustellen, ist eine bereichsspezifische Analyse von Interessen und Gefährdungen notwendig.
- Aufbauend auf diese Analyse werden Vertretungsbefugnisse nicht generell, sondern nur bereichsspezifisch vorgesehen werden können.
- Solange der Vertretene noch handlungsfähig ist, muss möglichst sichergestellt werden, dass sein Wille, und nicht der Wille seines gesetzlichen Vertreters, maßgeblich ist. Je nach betroffenem Sach- und Lebensbereich, kann der Handlungsbedarf insoweit unterschiedlich ausfallen.
- Bei der Auswahl des für die gesetzliche Vertretung in Betracht kommenden Personenkreises sind das bereichsspezifische Missbrauchsrisiko und die zu vermutende Loyalität des Vertreters gegenüber dem Vertretenen in Beziehung zu setzen. Eine Beziehung zwischen Loyalitätsgrad und Nähegrad der Angehörigeneigenschaft darf vermutet werden.
- Zur weiteren Minimierung des Missbrauchsrisikos kommen – je nach dessen Art und Grad – punktuelle Eingriffsbefugnisse des Vormundschaftsgerichts in Betracht, etwa in Gestalt spezifischer Genehmigungserfordernisse.
- Gesetzliche Vertretungsbefugnisse stellen eine unterhalb der Interventionsschwelle des Betreuungsrechts angesiedelte „Notordnung“ für den Fall dar, dass rechtsgeschäftliche Vollmachten nicht oder in nicht hinreichendem Umfang vorliegen. Sie ersetzen derartige Vollmachten ebenso wenig, wie auch die Einrichtung einer Betreuung möglich bleiben muss. Grundsätzlich stehen daher Betreuung, gesetzliche Vertretungsbefugnisse und Vollmacht zueinander im Verhältnis der abgestuften Subsidiarität.

[180] Probst/Knittel ZRP 2001, 55 (58).

d) Gesetzesvorschlag

Zur Verdeutlichung werden erste Überlegungen zur Einführung einer gesetzlichen Vertretungsbefugnis ausformuliert.

aa) Gesundheitsangelegenheiten

Von den Autoren vorgeschlagen, wird eine Vertretungsbefugnis im Bereich der Gesundheitssorge für nahe Angehörige, wobei hierbei das Missbrauchsrisiko geringer als im Bereich der Vermögenssorge eingestuft wird, da für einen Missbrauch ein kollusives Zusammenwirken mit dem behandelnden Arzt erforderlich wäre[181].

bb) Wohnungsangelegenheiten

Weiter wird eine Vertretungsbefugnis für Wohnungsangelegenheiten und Heimverträgen vorgesehen[182]. Da insoweit elementare Interessen des Vertretenen an der Bestimmung seines Aufenthaltsortes und seines Lebenszuschnittes betroffen würden, sollte ein Genehmigungsvorbehalt des Vormundschaftsgerichts vorgesehen werden. Darüber hinaus sollte zumindest dem handlungsfähigen Vertretenen eine Widerspruchsmöglichkeit eingeräumt werden.

cc) Vermögenssorge

Auf anderen Feldern der Vermögenssorge sei eine generelle Vertretungsbefugnis für den weiten Angehörigenkreis, also Eltern und Kinder, derzeit nur schwer vorstellbar. Für nicht getrennt lebende Ehegatten wird jedoch eine generelle Vertretungsbefugnis in Vermögensangelegenheiten festgeschrieben, die Elemente des Minderjährigenrechts (wie lediglich rechtlich vorteilhaftes Geschäft) als auch des Vormundschaftsrechts (wie unwirksame und genehmigungsbedürftige Rechtsgeschäfte) aufweist[183]. Dies rechtfertige sich aus der im Rechtsverkehr anzutreffenden Solidargemeinschaft, was die Reglung des § 1357 BGB zeige. Erkannt wird von den Autoren die diesbezügliche Progressivität der vorgeschlagenen Regelung[184]. Betont wird, dass diese gesetzlichen Vertretungsbefugnisse die güterrechtliche Zuordnung der Vermögensmassen der Ehegatten aber unberührt lasse. Zudem könne eher vom Leitbild des Vertrauens unter den Ehegatten und nicht von ihrem Misstrauen ausgegangen werden, auch wenn der Wandel familienpolitischer und -rechtlicher Betrachtungsweisen vom Status zum Vorrang privatautonomer Dispositionen nicht übersehen werden soll.

---

[181] Probst/Knittel ZRP 2001, 55 (59).
[182] Probst/Knittel ZRP 2001, 55 (59).
[183] Probst/Knittel ZRP 2001, 55 (59).
[184] Probst/Knittel ZRP 2001, 55 (60).

e) Kritikpunkte

aa) Zur unbeschränkten Vertretungsbefugnis

Der Vorschlag, die zu schaffenden Vertretungsbefugnisse im Außenverhältnis unabhängig von der Handlungsfähigkeit des Betroffenen bestehen zu lassen, wurde kontrovers aufgenommen.

Befürwortet wird dies von Dieckmann und Jurgeleit[185], welche ebenfalls die Auffassung vertreten, die gesetzliche Vertretungsmacht müsse ohne Bedingungen, unabhängig von der Feststellung der Handlungsunfähigkeit des Betroffenen, begründet werden, um betreuungsvermeidend wirken zu können. Eine Vertretungskompetenz für Ehepartner (in Teilbereichen) solle deshalb grundsätzlich mit der Eheschließung begründet werden. Die Einschränkung, nur im Fall der Erkrankung und nur im erforderlichen Umfang von der Vertretungsmacht Gebrauch zu machen, ergebe sich aus dem Innenverhältnis, insbesondere aus der ehelichen Lebensgemeinschaft (§ 1353 BGB). Die daraus resultierende Gefahr des Missbrauches der gesetzlichen Vertretungsmacht und die Möglichkeit von Sicherungsmaßnahmen müsse deshalb in die Überlegung mit einbezogen werden. Die Möglichkeit eines Missbrauchs wird von den Autoren im Rahmen bereichsspezifischer Regelungen aber als gering eingestuft. Gesetzliche Sozialversicherungen und private Versicherungen prüften, ob der Betroffene tatsächlich pflegebedürftig, erwerbsunfähig usw. sei. Entscheidungen der Gesundheitssorge stünden unter der Kontrolle der Ärzteschaft. Die Auflösung der Wohnung und der Abschluss eines Heimvertrages könnten unter die Aufsicht des Vormundschaftsgerichts gestellt, Unterbringungsmaßnamen von einer Genehmigung abhängig gemacht und Zugriffe auf das Girokonto auf ein monatliches Höchstmaß beschränkt werden. Einer stärkeren Absicherung durch die Normierung von Widerspruchsrechten und einer entsprechenden Anwendung der §§ 1795, 1821, 1822 BGB wird die umfassende Vertretungsmacht der Ehegatten für den Bereich der Vormögenssorge unterworfen.

Zuzugeben ist, dass hierdurch dem Dilemma Rechnung getragen wird, dass eine von der Handlungsunfähigkeit des Vertretenen abhängige Vertretungsbefugnis und der damit verbundenen Feststellungslast des Eintritts dieser Voraussetzungen des Rechtsverkehrs, praktisch wertlos wäre, da ein außenstehender Dritter zu einer solchen Feststellung, aus nahe liegenden Gründen, nicht in der Lage wäre. Sähe man für die Feststellung des Vertretungsfalls wiederum ein gerichtliches Verfahren vor, wäre, verglichen mit dem gegenwärtigen Rechtszustand, ebenfalls wenig gewonnen, da dies auf ein Betreuungsverfahren in anderem Gewand hinausliefe[186].

Zur Ausräumung dieser Schwierigkeiten wird dem Rechtsverkehr also erspart, die Voraussetzungen einer Vertretungsbefugnis zu prüfen, jedoch nur zum Preis

---

[185] Dieckmann/Jurgeleit BtPrax 2002, 197 (198).

[186] Vossler BtPrax 2003, 6 (7); Diekmann BtPrax 2003, 200 (202).

anderweitiger Bedenken, welche bei genauerem Hinsehen aber schwerer wiegen[187]. Von Andrea Diekmann wird insoweit ein erkennbares Bedürfnis für die Einräumung einer so weitgehenden Vertretungsbefugnis zu Recht in Abrede gestellt[188]. Bezweifelt werden müsse auch das Vorhandensein einer gesellschaftlichen Vorstellung über derart weitreichende Regelungsmöglichkeiten. Nicht unterschätzt werden darf zudem die aus der Einräumung einer im Außenverhältnis grundsätzlich unbeschränkten Rechtsmacht resultierende Missbrauchsgefahr.

Die Vertretungsbefugnis kraft Gesetzes für handlungsfähige Personen zuzulassen, stellt darüber hinaus einen erheblichen und nicht zu rechtfertigenden Eingriff in das verfassungsrechtlich geschützte individuelle Selbstbestimmungsrecht nach Art. 2 I i.V.m. 1 I GG dar. Dieses gewährleistet die eigene Gestaltung der Rechtsverhältnisse durch den Einzelnen nach seinem Willen und die Freiheit, eigene Angelegenheiten selbst zu regeln oder eben ungeregelt zu lassen[189]. Eingriffe in den Normbereich des Selbstbestimmungsrechts nach Art. 1 I, 2 I GG sind nicht unbeschränkt gestattet, sondern bedürfen der Rechtfertigung[190]. Im Rahmen der Einschränkbarkeit, ist eine Abwägung zwischen dem Gewicht und dem Belang des staatlichen Eingriffsinteresses im Verhältnis zu dem individuellen Abwehrinteresse unter Wahrung des Verhältnismäßigkeitsgrundsatzes vorzunehmen[191]. Die von Prost/Knittel erwogene Regelung würde bewirken, dass auch voll handlungs- und geschäftsfähige Personen, die nicht aufgrund einer psychischen Krankheit oder einer körperlichen, geistigen oder seelischen Behinderung daran gehindert sind, ihre Angelegenheiten ganz oder teilweise zu besorgen, einer gesetzlichen Vertretung unterlägen. Jeder voll Geschäftsfähige wäre demnach bis zu seinem Tode einer gesetzlichen Vertretung unterworfen. Ein solcher Eingriff kann nicht mit einer notwendigen Kosteneinsparung gerechtfertigt werden[192]. Erforderlich wären vielmehr weitere Allgemeinwohlzwecke. Nur wenn natürliche Personen ganz oder teilweise nicht in der Lage sind, die ihnen zustehende Privatautonomie selbst auszuüben, steht eine gesetzliche Vertretungsmacht nicht im Widerspruch zu dem Grundsatz der Privatautonomie. Denn insoweit sorgt die Rechtsordnung nur für einen erforderlichen Ersatz der ihnen fehlenden Handlungsfähigkeit durch einen gesetzlichen Vertreter, der für sie handeln kann. Die „gesetzliche Vertretung“ rechtfertigt sich damit nur in diesen seltenen Ausnahmesituationen, so dass die von Probst/Knittel vorgesehene Regelung klar im Widerspruch zu dem Verhältnismäßigkeitsgrundsatz steht[193]. Unter diesem Gesichtspunkt ist die

[187] So auch Vossler BtPrax 2003, 6 (7).
[188] Diekmann BtPrax 2003, 200 (202).
[189] BVerfGE 72, 155 (170).
[190] Dreier/*Dreier* Art. 2 I RN 86.
[191] Dreier/*Dreier* Art. 2 I RN 87.
[192] So auch Vossler BtPrax 2003, 6 (8).
[193] Vossler BtPrax 2003, 6 (8).

Regelung daher als zu weitgehend und verfassungswidrig einzustufen. Unterstützt wird diese Einschätzung durch die Heranziehung einer vergleichbaren betreuungsrechtlichen Sachlage. Die Betreuerbestellung führt zwar nicht zwingend zur Geschäftsunfähigkeit des Betroffenen, doch steht dieser gemäß § 1902 BGB dennoch unter „gesetzlicher Vertretung". Damit ist der Betreute selbst, aber auch der Betreuer, aufgrund seiner gesetzlichen Vertretungsbefugnis, handlungsberechtigt. Mithin kann der Betreuer von Gesetzes wegen auch für eine vollständig geschäftsfähige Person handeln. Diese vergleichbare Konstellation aus dem Betreuungsrecht wird vom Gesetzgeber allerdings als umfassende Entrechtung und wesentliche Einschränkung der persönlichen Handlungsfreiheit des Betroffenen qualifiziert[194].

bb) Zur Vermögenssorge

Ebenfalls kritisch aufgenommen wurde die generelle Vertretungsmacht für Vermögensangelegenheiten der Ehegatten. Von Vossler wird insoweit schon eine Akzeptanz des Rechtsverkehrs bezweifelt, was die Regelung im Ergebnis wertlos mache[195]. Um bei der umfassenden Vertretungsbefugnis die Missbrauchsgefahr einzuschränken, gilt die Regelung nur für nicht getrennt lebende Ehegatten. Dies aber sei für den Rechtsverkehr nur schwer überschaubar. Während dies bei § 1357 BGB grundsätzlich hinnehmbar sei, da dem Geschäftspartner zumindest der handelnde Ehegatte als Haftungspartner verbleibe, sei dies bei der vorgesehenen Regelung gerade nicht der Fall. Verpflichtet werden soll nur der andere Ehegatte. Da der Umfang der gesetzlichen Vertretungsmacht nicht eingeschränkt ist, führe dies für den Rechtsverkehr zu unkalkulierbaren Risiken.

Das vorgesehene Widerspruchsrecht des Ehegatten führt dazu, dass die getätigten Rechtsgeschäfte zunächst schwebend unwirksam sind, was für den Rechtsverkehr, gerade bei einseitigen Rechtsgeschäften wie Kündigung, kaum zumutbar sei[196].

Auch die Möglichkeit des Ausschlusses im Güterrechtsregister, so Bühler, erscheine problematisch, da sich dieses in der Praxis nicht bewährt habe, denn das Register werde von Geschäftspartnern so gut wie nie eingesehen. Auf der anderen Seite erscheine es auch nicht geeignet, der möglichen Missbrauchsgefahr zu begegnen, da Ehegatten kaum davon Gebrauch machen würden, da dies als Ausdruck des Misstrauens empfunden werde, der dann auch noch in die Öffentlichkeit getragen werde[197].

---

[194] BT-Drucks 15/2494 S. 14.
[195] Vossler BtPrax 2003, 6 (8).
[196] Vossler BtPrax 2003, 6 (9).
[197] Bühler FamRZ 2002, 76 (78); Vossler BtPrax 2003, 6 (9)

Gegen die Regelung wird weiter vorgebracht, das vorgeschlagene befristete Widerspruchsrecht beuge auch nur eingeschränkt der Missbrauchsgefahr vor, da ein handlungsunfähiger Ehegatte davon kein Gebrauch machen könne und damit dem unkontrollierten Zugriff des Vertretungsberechtigten ausgesetzt wäre. Doch auch im Falle der Handlungsfähigkeit sei zur Ausübung Voraussetzung, dass der Ehegatte rechtzeitig Kenntnis erlange. Die Autoren setzen dies für eine intakte Ehe voraus, im Falle des Missbrauchs werde dies aber wohl kaum der Fall sein, was die Effektivität der Regelung doch sehr bezweifeln lasse[198].

Insgesamt, so Bühler[199], sei ein verheirateter Betreuungsbedürftiger, im Rahmen der vorgeschlagenen gesetzlichen Vertretungsbefugnis seines Ehegatten, weit weniger geschützt, als ein lediger Betreuungsbedürftiger bei einer Betreuerbestellung, was sowohl nach Art. 2 I GG als auch nach Art. 6 I GG bedenklich sei. Der Vorschlag müsse deshalb in dieser Form entschieden abgelehnt werden.

Darüber hinaus würde die Einführung einer umfassenden Vermögensbetreuungsbefugnis klar der Regelung des § 1364 BGB, wonach jeder Ehegatte sein Vermögen selbständig verwaltet, zuwider laufen[200]. Bei dem Güterstand der Gütertrennung, für welchen die Regelung aufgrund seiner systematischen Stellung auch Geltung hätte, wäre der Widerspruch noch größer, denn in diesem Falle dürften die Ehegatten erkennbar kein Interesse daran haben[201]. Zudem kann schwerlich davon ausgegangen werden, dass es den Vorstellungen durchschnittlicher Eheleute entspricht, ohne ausdrückliche Vollmacht, jederzeit alle Vermögensangelegenheiten des Partners wahrzunehmen[202]. Eine umfassende Verwaltungsbefugnis des Ehegatten würde auch Elemente des früheren gesetzlichen Güterstandes (Verwaltung des Vermögens der Ehefrau durch den Ehemann) wieder aufleben lassen, was den von den Autoren vorgegebenen Rahmen einer Notordnung doch bei weitem überschreiten würde[203] und auch als überholt qualifiziert werden muss.

cc) Zum Rangverhältnis der Angehörigen

Ferner ist der Vorschlag dahingehend zu kritisieren, dass aus der in §§ 1904 III, 1907 IV und 1358 I BGB-E gewählten Formulierung „unbeschadet der Befugnisse eines Betreuers oder eines Bevollmächtigten“ sich nicht klar erschließen lässt, ob eine Betreuung oder eine Vollmachterteilung gegenüber der

198 Vossler BtPrax 2003, 6 (9).
199 Bühler FamRZ 2002, 76 (78).
200 Vossler BtPrax 2003, 6 (10).
201 Vossler BtPrax 2003, 6 (10).
202 Stellungnahme des Vormundschaftsgerichtstag e.V. vom 24.02.04 Seite 5 unter „http://www.vgt-ev.de/Themen/Stellungnahmen/Ref0402.pdf“; Bühler FamRZ 2002, 76 (77); Vossler BtPrax 2003, 6 (10).
203 Bühler FamRZ 2002, 76 (78).

gesetzlichen Vertretungsbefugnis der Angehörigen vorrangig sein soll[204]. Um die Befugnisse klar abgrenzen zu können, sollte ein Rangverhältnis aufgenommen werden. In Betracht kommt, die gesetzliche Vertretungsbefugnis in den Katalog des § 1896 II 2 BGB aufzunehmen. Dann wäre sie gegenüber einer Betreuerbestellung vorrangig, wenn dadurch die Angelegenheiten des Betroffenen ebenso gut besorgt werden können wie durch einen Betreuer, was ja die Absicht des Vorschlages ist. Wird die gesetzliche Vertretungsbefugnis durch Angehörige als Notordnung verstanden, so ist festzuschreiben, dass sie gegenüber einer Bevollmächtigung zurückzutreten hat, was schon wegen des grundrechtlich geschützten Selbstbestimmungsrechts des Vertretenen geboten ist[205].

dd) Zum Innenverhältnis

Darüber hinaus sehen die Autoren keine Regelung des Innenverhältnisses zwischen dem Vertretenen und seinem Vertreter vor. Bühler[206] schlägt insoweit vor, für das Innenverhältnis § 1901 II bis IV BGB (Wahrung des Wohls des Vertretenen und Berücksichtigung seiner Wünsche) sowie die Auftragsvorschriften für anwendbar zu erklären, da die Vertretungsbefugnis eine Betreuung ersetzen soll.

2. Gesetzgebungsvorschlag Winterstein

a) Gesetzesvorschlag

Winterstein[207] unterbreitete ebenfalls Vorschläge zur Einführung einer gesetzlichen Vertretungsbefugnis von Angehörigen für die Personen- und Vermögenssorge. Winterstein knüpft im Gegensatz zu Probst/Knittel seine Regelungen jedoch an die Unfähigkeit des Betroffenen, seine Angelegenheiten selbst zu besorgen. Darüber hinaus bildet die Vertretungskompetenz in sozialrechtlichen Verfahren einen weiteren Schwerpunkt seiner Regelung.

Zur Begründung führt Winterstein an, die Regelung trage der in der Bevölkerung weit verbreiteten Überzeugung, ein Ehegatte könne wirksam für den anderen handeln, Rechnung. Von den mehr als 800.000 Betreuungen würden etwa 500.000 Betreuungen von Angehörigen geführt. Die Vorschrift könne daher Betreuungen in großer Zahl überflüssig machen und insbesondere die starke Zunahme von Betreuungen entscheidend eingrenzen.

b) Kritikpunkte

Eine dahingehende Vorstellung in der Bevölkerung wird allerdings nicht näher belegt. Worauf sich diese Annahme stützt, bleibt ungeklärt. Zudem handelt es sich nicht bei den Angehörigen-Betreuern um die kostenintensiven Betreuungs-

[204] Bühler FamRZ 2002, 76 (78).
[205] Bühler FamRZ 2002, 76 (78).
[206] Bühler FamRZ 2002, 76 (78).
[207] Anhang II.

verfahren. Vielmehr stellt die Vergütung der Berufsbetreuer einen erheblichen Kostenfaktor dar. Werden schon überwiegend Angehörige zu Betreuern eingesetzt, so ist zu befürchten, dass das Sparpotential im Übrigen sehr gering ausfallen wird. Denn in den anderen Fällen wird wiederum die Einsetzung eines Berufsbetreuers mit der entsprechenden Kostenfolge erforderlich werden.

Zu begrüßen ist die vorgesehene Antragsbefugnis gegenüber Sozialleistungsträgern. Denn ein Betreuungsverfahren nur bezüglich einer Antragstellung einzuleiten, erscheint in der Tat überflüssig.

3. Gesetzgebungsvorschlag Klie

a) Prüfkriterien

Im Jahre 2002 arbeitete Klie[208] folgende Prüfkriterien für Reformüberlegungen im Zusammenhang mit dem Vertretungsrecht für nicht einwilligungsfähige Personen aus:

- **Autonomie der Person**
  Die Einführung eines gesetzlichen Vertretungsrechts für Angehörige dürfe nicht der Restauration vormoderner familiärer Fremdbestimmung dienen, für die es angesichts demographischer Veränderungen, veränderter Haushaltsgrößen und Familienstrukturen, bei alten Vorbildern neue Gefahren zu bedenken gelte. Artikel 2 Abs. 1 GG müsse eine normative Leitbildfunktion behalten, die jedoch auch Voraussetzungen kenne: Entscheidungsfähigkeit könne nicht immer unterstellt werden, sie müsse z.T. hergestellt werden, durch Unterstützung durch selbstbestimmte oder eine an der Persönlichkeit orientierte Entscheidung ermöglichen.
- **Kulturell und sozial verankerte Solidarität und Vertretung im Dienste der Würde des Einzelnen**
  Das Dilemma der gegenwärtigen Rechtslage bestehe u.a. darin, dass die eher justizförmigen Prozeduren der Entscheidungsfindung für nicht Einwilligungsfähige von den Beteiligten eher weniger akzeptiert würden sowie, dass das rechtlich angebotene Instrument der Vollmachten bislang in der Kultur und dem sozialen Miteinander kaum verankert sei. Gleichzeitig stehe das in den Sozialnormen eher verankerte Vertretungsrecht von Angehörigen für Angehörige nicht unbedingt im Dienste der Würde des Einzelnen, zumal diese in Entscheidungssituationen ganz häufig überfordert seien. Dies gelte im Übrigen auch für bestellte gesetzliche Betreuer, die sich allerdings der Hilfe etwa des Vormundschaftsgerichts bedienen könnten. Die gesetzlichen Regelungen zur Einführung eines gesetzlichen Vertretungsrechts für Angehörige und generell zur Weiterentwicklung des Betreuungsrechts müssten dieses Dilemma mit beherzigen und neue Formen der konsensorientierten

[208] Klie BtPrax 2002, 91 (94).

Entscheidungsfindungen bedenken, die in der Lage seien, die gespürte Solidarität mit einer an dem jeweils Einzelnen orientierten und seine Interessen berücksichtigenden Entscheidungsfindung zu verbinden. Gerade im Zusammenhang mit ärztlichen Heilbehandlungsfragen erschienen hier etwa Modelle des Konsils und auch Methoden des Case-Managements als in hohem Maße angemessen.

- **Leistungsfähigkeit staatlicher Institutionen**
  Weiteren gesellschaftlichen Wandel vorausgesetzt, der die Inanspruchnahme staatlicher Institutionen in privaten Kontexten wahrscheinlicher mache, müssten Reformüberlegungen zudem prüfen, ob die angebotenen staatlichen Institutionen, wie etwa das Betreuungswesen sowie die Justiz, auch in der Lage seien, die ihnen übertragenen Aufgaben zu übernehmen. Dabei sei vorweg zu bedenken, dass ein nicht in jeder Hinsicht integriertes soziales Sicherungssystem und Sozialrecht und eine darauf beruhende Praxis eine unangemessene intensive Nutzung des Betreuungswesens provoziere. Unter den Bedingungen eines sehr funktionalen Sozialrechtes und einer darauf basierenden Praxis bedürfe das Betreuungswesen einer entsprechenden Infrastruktur und vor allen Dingen auch der Bereitschaft der Akteure, die Kontroll- und Entlastungsfunktion zu übernehmen, die ihnen zugedacht werde. Die Rolle müsse von den Beteiligten akzeptiert und qualifiziert wahrgenommen werden. Vom Mengengerüst her müssten die Aufgaben leistbar sein. Dabei würden in der Zukunft sicherlich Überlegungen angestellt werden, inwieweit andere Institutionen und andere Regelsysteme neben die justiziellen treten könnten und müssten, sowohl unter Qualitätsgesichtspunkten als auch unter dem Gesichtspunkt eines verantwortlichen Umgangs mit Justizressourcen.
- **Europäische Anschlussfähigkeit**
  Gesellschaftlicher Wandel und die Notwendigkeit rechtlicher Reformen im Bereich des Rechts der „guardian-ship" sei nicht nur ein Thema der Bundesrepublik Deutschland, sondern beschäftige viele andere Länder auch. In der Schweiz werde seit Jahren an der Revision des Vormundschaftsrechts gearbeitet, im Übrigen mit deutlichen Bezügen zum deutschen Betreuungsrecht. In den Niederlanden und in Belgien wurde/ werde die Regelung zum Behandlungsabbruch und zum assistierten Selbstmord diskutiert. Auch in Frankreich und anderen Ländern sei man mit Novellierungen der entsprechenden Rechtsgebiete befasst. Nicht nur in Europa, auch etwa in Japan, in den Provinzen Kanadas stünden Fragen auf der Tagesordnung, wie in Deutschland auch. Angesichts zunehmender Mobilität innerhalb der Gesellschaft, der gebotenen Harmonisierung, auch der Zivilrechtssysteme in der Europäischen Union, werde man Rechtsreformen in zweifacher Hinsicht „auf die europäische Anschlussfähigkeit" hin prüfen: Zum einen verfügten Mitgliedstaaten der Europäischen Union

über interessante Regelungen und Erfahrungen, zum anderen müsse die deutsche Rechtslage auch im Ausland „auf Akzeptanz“ stoßen.

b) Gesetzesvorschlag

Klie befürwortet insbesondere die Einführung einer Vertretungsmacht in Gesundheitsangelegenheiten, da eine fehlende Entscheidungskompetenz des Ehepartners in Notsituationen in der Praxis zu kaum vertretbaren Situationen führe[209]. Ein Vertretungsrecht in Vermögensangelegenheiten lehnt Klie hingegen ab. Insoweit gebe es genügend gesellschaftlich akzeptierte Wege, für den Vertretungsfall Vorsorge zu treffen und auch im Notfall, etwa über die Geschäftsführung ohne Auftrag, handeln zu können.

c) Erfordernis von Analysen

Für die Befassung mit einem weitergehenden gesetzlichen Vertretungsrecht für Angehörige, fordert Klie auf unterschiedlichen Ebenen Analysen[210]. Es seien bereichsspezifische, etwa im Verwaltungs- und Sozialrecht sinnvolle situationsspezifische Vertretungsoptionen für Angehörige zu untersuchen. Ferner sei die Akzeptanz und die Qualität familiärer Entscheidungen in der gesellschaftlichen Wirklichkeit zu analysieren. Diesbezüglich sei das Wissen noch zu gering, um gesetzlich verantwortungsvolle Entscheidungen treffen zu können. Zur Sicherstellung einer Anschlussfähigkeit deutscher Rechtsregelungen, sei auch die Rechtssituation im Ausland zu bedenken.

4. Gesetzgebungsvorschlag Bund-Länder-Arbeitsgruppe (BLA)

a) Zwischenbericht

Um die Prinzipien des Betreuungsrechts weiter zu stärken, wurde im Jahre 2001 die Bund-Länder-Arbeitsgruppe „Betreuungsrecht“ (BLA) unter dem Vorsitz des Justizministeriums des Landes Nordrhein-Westfalen eingesetzt, die weitere Lösungsansätze prüfen sollte. Aufgabe dieser Arbeitsgruppe war es, unter Auswertung der bisher in den Ländern gewonnenen Erfahrungen konkrete Lösungsvorschläge zur Änderung des Betreuungsrechts zu erarbeiten, die dazu beitragen, die Zahl der Betreuungsfälle zu reduzieren, fehlgeleitete Ressourcen im Interesse der eigentlichen Betreuungsarbeit zu bündeln und die Eingriffe in das Selbstbestimmungsrecht der Betroffenen auf das Notwendige zu beschränken[211]. Die eingesetzte Bund-Länder-Arbeitsgruppe „Betreuungsrecht“ (BLA) hat die Überlegungen von Probst/Knittel aufgegriffen und zur 73. Konferenz der Justizministerinnen und Justizminister im Juni 2002 ihren ersten Zwischenbericht vorgelegt und einen ersten Gesetzesentwurf ausgearbeitet[212]. Die BLA hält die Einführung einer gesetzlichen Vertretungsmacht naher Angehöriger, insbesondere für Ehegatten und Lebenspartner, zumindest in

---

[209] Klie BtPrax 2002, 91 (95).
[210] Klie BtPrax 2002, 91 (96).
[211] BT-Drucks 15/2494 S. 12.
[212] Anhang III.

Teilbereichen, für grundsätzlich geeignet, um belastende Betreuungsverfahren zu vermeiden und den kranken Menschen den von ihnen gewollten gesetzlichen Vertreter an die Seite zu stellen.

aa) Ausgangspunkt der Regelung

Hierbei räumt die BLA der gesetzlichen Vertretungsbefugnis den Vorrang vor einer Betreuerbestellung ein und übernimmt den Ansatz von Probst/Knittel, wonach die Vertretungsmacht ohne Bedingungen, d.h. unabhängig von der Feststellung der Handlungsunfähigkeit des Betroffenen, gewährt wird. Eine gesetzliche Vertretungsmacht für Ehegatten solle deshalb grundsätzlich mit der Eheschließung begründet werden. Die Einschränkung, nur im Fall der Erkrankung im erforderlichen Umfang von der Vertretungsmacht Gebrauch zu machen, ergebe sich aus dem Innenverhältnis, insbesondere aus der ehelichen Lebensgemeinschaft. Zudem wird das Innenverhältnis durch eine entsprechende Anwendung des § 1901 II bis IV BGB (Orientierung am Wohl und an den Wünschen und Vorstellungen des Vertretenen, Besprechungspflicht usw.) konkretisiert.

bb) Ausgestaltung

Vertretungsbefugt im Rahmen von Gesundheits- und Wohnungs- bzw. Heimangelegenheiten sind Ehegatten bzw. Lebenspartner, Eltern und Kinder, für letzteres sogar Enkelkinder. Im Bereich von Vermögensangelegenheiten übernimmt der Gesetzesentwurf den Vorschlag von Probst/Knittel, wonach für Ehegatten und Lebenspartner, die nicht getrennt leben, eine gesetzliche Vertretungsbefugnis unabhängig von der Handlungsunfähigkeit für die gesamte Vermögenssorge gegeben sein soll. Mit diesem Vorschlag werde die in § 1357 BGB bereits für Alltagsangelegenheiten enthaltene Handlungskompetenz auf den Bereich der gesamten Vermögenssorge ausgedehnt, wobei sich Kritik an einer zu weitreichenden Befugnis des Ehegatten oder Lebenspartners durch umfassende Sicherungsvorkehrungen gegen Missbrauch begegnen lasse.

cc) Kritikpunkte

Die BLA hebt in ihrem Bericht selbst hervor, dass noch erheblicher Diskussionsbedarf vorhanden ist und ihre Ausführungen daher nur eine Bestandsaufnahme von Überlegungen darstellen. Dennoch sieht sich der Entwurf bezüglich der im Außenverhältnis unbeschränkten Vertretungsmacht und der unbeschränkten Vermögensverwaltungsbefugnis der gleichen wie bei Probst/Knittel erörterten Kritik ausgesetzt. Bemängelt werden muss zudem, die fehlende Nachweispflicht der Vertretungsberechtigung einhergehend mit der fehlenden Rechtsscheinsvertretungsmacht. Ohne diese Regelung ist eine Akzeptanz im Rechtsverkehr schwer vorstellbar, denn der Vertretungsgegner ist nicht in der Lage, die Voraussetzungen zu überblicken. Die Vertretungsbefugnis von Eltern bzw. Kindern/Enkeln im Rahmen von Wohnungs- und Heimangelegenheiten ist zwar, bezogen auf die Betreuungsvermeidung, konsequent, muss aber als zu weitgehend eingestuft werden. Ebenfalls fehlt insoweit ein Rangverhältnis der Vertretungsberechtigten. Es ist sicherlich nicht so zu verstehen, dass die Eltern des Betroffenen trotz des Vorhandenseins eines Ehegatten dessen Heimunterbringung beschließen können. Insoweit ist der Entwurf als Diskussionsanregung zu verstehen, als gesetzliche Regelung wegen seiner fehlenden Praxisnähe jedoch nicht zu befürworten.

b) Abschlussbericht

Auf der 74. Konferenz der Justizministerinnen und Justizminister im Juni 2003 legte die BLA ihren Abschlussbericht vor[213]. Dieser enthält Gesetzesvorschläge[214] und Handlungsempfehlungen, deren Umsetzung das vorgestellte 2. BtÄndG dient, u.a. zu folgenden Themen:

- Stärkung der Vorsorgevollmacht
- Gesetzliche Vertretungsmacht
- Erforderlichkeit
- Verfahrensrecht
- Pauschalierung der Vergütung und des Aufwendungsersatzes
- Überwachung im jetzigen System
- Stärkung der Aufsicht im Betreuungsrecht
- Übertragung richterlicher Aufgaben auf den Rechtspfleger.

Es wird hervorgehoben, dass es hilfreich sein könne, wenn insbesondere Ehegatten oder Lebenspartner gesetzlich eine begrenzte Befugnis eingeräumt werde, den anderen zu vertreten. Damit dürfte der Wille der Menschen und die von ihnen gelebte familiäre Realität abgebildet werden.

aa) Ausgestaltung

Vorgeschlagen wird die Normierung einer gesetzlichen Vertretungsmacht für Ehegatten und Lebenspartner im Bereich der Gesundheitssorge, der Sozialleistungen, des Abschlusses eines Heimvertrags, der Abgabe von Einkommensteuererklärungen und des beschränkten Zugriffs auf ein Girokonto. Eltern und Kindern wird eine gegenüber Ehegatten und Lebenspartnern nachrangige Vertretungsbefugnis im Bereich der Gesundheitssorge eingeräumt. Von einer alle Bereiche umfassenden gesetzlichen Vertretungsmacht ist die BLA abgekommen, da sie nicht generell dem Willen der Menschen entspreche und kaum praktikabel sei. Ebenso soll die gesetzliche Vertretungsmacht nicht mehr, wie im Jahr zuvor noch vorgeschlagen, mit der Eheschließung/ Begründung der Lebenspartnerschaft entstehen. Dies sichere zwar die Unabhängigkeit der Vertretungsmacht von einer Bedingung, führe aber zu erheblichen Vorbehalten bei den Bürgerinnen und Bürgern. Die Wirksamkeit der Vertretungsmacht nach außen wird deshalb an die Vorlage eines ärztlichen

---

[213] BT-Drucks 15/2494 S. 12.
[214] Anhang IV.

Attests geknüpft, aus dem sich die krankheitsbedingte Handlungsunfähigkeit des Ehegatten oder Lebenspartners ergibt.

bb) Kritikpunkte

Dieser Entwurf entspricht im Wesentlichen dem hier zur Diskussion gestellten Bundestagsentwurf[215]. Er sieht sich damit ebenfalls noch einigen Kritikpunkten ausgesetzt. Insoweit wird auf die nachfolgenden Ausführungen verwiesen[216].

5. Stellungnahme

In der weiteren Diskussion hat sich demnach ein Konsens herausgebildet, der sich wie folgt darstellt[217]:

- Vertretungsbefugnisse sind für Angehörige nicht generell, sondern nur für genau definierte Sachbereiche und Lebenssituationen zu schaffen,
- ihre Reichweite ist am zu vermutenden Näheverhältnis und Loyalitätsgrad zwischen Vertretenen und Angehörigen zu orientieren und
- Risikohandlungen sollen auch künftig unter die -punktuelle- Kontrolle des Vormundschaftsgerichts gestellt werden.

Probst führt insoweit an, eine umfassende Vertretungsbefugnis bärge ein derart hohes Risikopotential, dass die Entscheidung zugunsten einer derartigen Rechtsmacht nur privatautonom getroffen werden sollte, also durch Erteilung einer Vorsorgevollmacht. Auch sei das apostrophierte Näheverhältnis zwischen Angehörigen und Betroffenen zwar kein Allheilmittel gegenüber einem Vertretungsmissbrauch, wohl aber ein Kriterium, an welches der Gesetzgeber im Rahmen zulässiger Typisierung zunächst einmal anknüpfen dürfe[218].

Wie gezeigt, werden unterschiedliche Regelungsansätze und Umfang der Vertretungsmacht für Angehörige ausgearbeitet und vertreten, abhängig vom Grad des Vertrauens bzw. Misstrauens in familiäre Bindungen und gesellschaftlicher Akzeptanz. Offenbar wird hierdurch, dass entscheidendes Kriterium die Ausgestaltung der Familie innerhalb der Bevölkerung ist; wie viel Loyalität heutzutage in familiären Beziehungen noch zu finden ist. Ausgangspunkt hat damit, wie Klie[219] bereits dargelegt hat, eine Analyse der gegebenen Strukturen und Familienbanden zu sein, um darauf aufbauend, eine adäquate Regelung zu erarbeiten. Denn wird in der Bevölkerung ein Verfall familiärer Bindungen festgestellt, so hat die gesetzliche Vertretungsbefugnis von Angehörigen um so vorsichtiger auszufallen bzw. ist zu verwerfen. Wird die Familie jedoch als hohes Gut mit hohem Loyalitätsgrad und Aufopferungsbereitschaft verstanden,

---

[215] BT-Drucks 15/2494.
[216] Siehe die Ausführungen zu den Kritikpunkten im 5. Kapitel.
[217] Probst BtPrax 2004, 163 (164).
[218] Probst BtPrax 2004, 163 (164).
[219] Klie BtPrax 2002, 91 (96).

so kann die Einführung einer gesetzlichen Vertretungsmacht durchaus überlegt werden.

II. Gesetzesentwurf zur Einführung einer gesetzlichen Vertretungsbefugnis für Angehörige – BT-Drucks 15/2494

Der Bundestagsentwurf eines zweiten Betreuungsrechtsänderungsgesetzes[220] sieht u.a. die Einführung einer gesetzlichen Vertretungsmacht für Angehörige zumindest in bestimmten Teilbereichen der Vermögens- und Personensorge vor.

1. Motive

Initiiert wurden die Reformbestrebungen, wie bereits angesprochen, durch den erheblichen Anstieg der Betreuungsfallzahlen und den damit verbundenen hohen Kosten. Die in das zum 01.01.1992 in Kraft getretene Betreuungsgesetz gesetzten Erwartungen, so die Entwurfsbegründung, hätten sich insoweit nicht vollständig erfüllt[221]. Während vor dem 01.01.1992 noch ca. 250.000 Erwachsenenvormundschaften und –pflegschaften bestanden hätten, sei zum 31.12.2002 für mehr als eine Million Menschen ein Betreuer bestellt worden, was ca. 655 Mio. Euro an Aufwendungsersatz und Vergütungen beanspruche[222].

Gründe für diese Entwicklung werden dabei viele ins Feld geführt. Wie der immer größer werdende Anteil älterer Menschen an der Gesamtbevölkerung, die zunehmende Lebensdauer, die Lockerung traditioneller Sozialstrukturen und die Zunahme der Vereinzelung gerade in Ballungsgebieten, der Zuwachs an Komplexität der Lebensbewältigung im bürokratisierten Sozialstaat oder die Ausdünnung anderer sozialer Hilfesysteme[223]. Dem Gesetzesentwurf zufolge, könne die Zunahme der Betreuungsfälle allein durch die demografischen Veränderungen und das Zerbrechen familiärer Strukturen jedoch nicht erklärt werden. Vielmehr widerspreche sie dem Erforderlichkeitsprinzip, das geschaffen worden war, um der Bestellung eines Betreuers und der damit verbundenen Entrechtung enge Grenzen zu ziehen[224]. Wie zumeist sind die Gründe vielschichtig und komplex und können nicht auf eine einzelne Ursache zurückgeführt werden.

Des Weiteren setzten sich viele Menschen, so der Gesetzesentwurf, auch nicht, ähnlich wie beim Testament, mit den Möglichkeiten privatautonomer Vorsorge durch Vollmacht auseinander. Dies hänge unter anderem damit zusammen, dass die meisten Bürgerinnen und Bürger davon ausgingen, dass nahe Angehörige,

---

[220] BT-Drucks 15/2494; Anhang V.
[221] BT-Drucks 15/2494 S. 12.
[222] BT-Drucks 15/2494 S. 12; Siehe auch Tabelle bei Seichter BtPrax 2003, 91 und „http://www.aerzteblatt.de/v4/archiv/artikel.asp?id=41056“ am Ende.
[223] Probst/Knittel ZRP 2001, 55; Probst BtPrax 2002, 7 (9); Klie BtPrax 2002, 91.
[224] BT-Drucks 15/2494 S. 12.

insbesondere Ehegatten, berechtigt seien, im Krankheitsfall die notwendigen Maßnahmen zu ergreifen[225]. Die Betroffenen und nahe Angehörigen seien deshalb häufig überrascht und verunsichert, wenn im Fall einer psychischen Erkrankung, geistigen oder seelischen Behinderung oder Altersdemenz ein Betreuungsverfahren eingeleitet werde, was mit erheblichen Belastungen für den Betroffenen und seinen Ehegatten verbunden sei, die das Geschehen oft nur mit Angst und Unverständnis verfolgten. Für die kranken Menschen und ihre Angehörigen könne es hilfreich sein, wenn insbesondere Ehegatten gesetzlich die Befugnis eingeräumt werde, den anderen zu vertreten. Damit könne der Wille der Menschen und die von ihnen gelebte familiäre Realität abgebildet werden[226].

2. Gang der Gesetzgebung des zweiten Betreuungsrechtsänderungsgesetzes

Um die Prinzipien des Betreuungsrechts weiter zu stärken und Missstände zu beseitigen, wurde im Jahre 2001 die Bund-Länder-Arbeitsgruppe „Betreuungsrecht“ (BLA) unter dem Vorsitz des Justizministeriums des Landes Nordrhein-Westfalen eingesetzt, die weitere Lösungsansätze prüfen sollte[227]. Die BLA legte zur 73. Konferenz der Justizministerinnen und Justizminister im Juni 2002 ihren ersten Zwischenbericht und auf der 74. Konferenz der Justizministerinnen und Justizminister im Juni 2003 ihren Abschlussbericht vor.

Im November 2003 beschloss die Justizministerkonferenz, den Entwurf eines zweiten Gesetzes zur Änderung des Betreuungsrechts über den Bundesrat beim Deutschen Bundestag einzubringen. Daraufhin wurde ein entsprechender Gesetzesantrag der Länder Nordrhein-Westfalen, Bayern und Sachsen dem Bundesrat zugeleitet. Der Bundesrat beschloss im Dezember 2003 über den Entwurf und leitete ihn mit geringen Modifikationen als Bundesratsentwurf[228] der Bundesregierung zu. Seit Februar 2004 liegt der Entwurf dem Deutschen Bundestag[229] zur Entscheidung vor. Am 04.03.2004 fand die erste Lesung des Entwurfs statt. Die zweite und dritte Lesung des Entwurfs erfolgten am 18.02.2005[230]. Das Zweite Betreuungsrechtsänderungsgesetz[231] wurde am 18.02.2005 vom Bundestag, am 18.03.05 vom Bundesrat verabschiedet und trat zum 1. Juli 2005 in Kraft.

---

[225] BT-Drucks 15/2494 S. 16.
[226] BT-Drucks 15/2494 S. 16.
[227] BT-Drucks 15/2494 S. 12.
[228] BR-Drucks 865/03.
[229] BT-Drucks 15/2494.
[230] Fassung der Beschlussempfehlung BT-Drucks 15/4874.
[231] Bundesgesetzblatt Jahrgang 2005 Teil I Nr. 23, ausgegeben zu Bonn am 26.04.2005, S. 1073.

3. Geplante Änderungen

Der Gesetzesentwurf, so die Begründung, diene dazu, die aufgezeigten Missstände zu beseitigen. Dazu sei es notwendig, den Prinzipien der Reform von 1992 hinreichend Geltung zu verschaffen, den bürokratischen Aufwand auf das Notwendige zu minimieren und das Vergütungsrecht zu reformieren. Ziel der Reform sei es, die Betreuung weiterhin zu ermöglichen, den drastischen Anstieg der Kosten aber in Grenzen zu halten. Der Entwurf solle dazu beitragen, die Betreuungsfälle zu reduzieren, die Eingriffe in das Selbstbestimmungsrecht der Betroffenen auf das Notwendige zu beschränken und die Justizlastigkeit des Verfahrens zu verringern, um damit fehlgeleitete Ressourcen, im Interesse der eigentlichen Betreuungsarbeit, zu bündeln[232].

Der Gesetzesentwurf des 2. BtÄndG sah daher im Wesentlichen folgende Änderungen vor:

- Die Vorsorgevollmacht als privatautonome Regelung zu stärken.
- Eine gesetzliche Vertretungsmacht, insbesondere für Ehegatten, einzuführen.
- Der Vorrang des freien Willens eines jeden Menschen als Ausdruck seiner Würde und seines Selbstbestimmungsrechts soll klargestellt werden.
- Das Prinzip der Rehabilitation zu konkretisieren.
- Die Vergütung von Berufsbetreuerinnen und Berufsbetreuer soll pauschaliert werden.

Am 18.02.2005 verabschiedet wurde jedoch nur eine Pauschalierung der Vergütungsregelungen. Die vorgesehenen gesetzlichen Vertretungsregelungen für Angehörige wurden hingegen wegen nicht auszuräumender Differenzen nicht übernommen[233].

Nichts desto trotz soll in der vorliegenden Arbeit, aufgrund der schon lange währenden und noch nicht endgültig abgeschlossenen Diskussion um ein gesetzliches Vertretungsrecht von Angehörigen, eine Auseinandersetzung mit den im Gesetzesentwurf vorgeschlagenen Vertretungsregelungen erfolgen.

4. Gesetzliche Grundlage

Als Ausgangspunkt der Neuregelung zieht der Gesetzesentwurf den Gedanken des § 1357 I BGB, der gemäß § 8 II LPartG entsprechend für Lebenspartner gilt, heran. Dieser enthält die Berechtigung jedes Ehegatten, mit Wirkung auch für den anderen Ehegatten Geschäfte zur angemessenen Deckung des Lebensbedarfs der Familie zu besorgen. Aus solchen Geschäften werden dann grundsätzlich beide Ehegatten berechtigt und verpflichtet. Diese Regelung

---

[232] BT-Drucks 15/2494 S. 14.

[233] Soeren Bartol Pressemitteilung unter „http://www.bartol.de/pressedetail.php?RECORD_KEY%28bartol_presse%29=id&id(bartol_presse)=146".

enthält, aufgrund der fehlenden konstitutiven Offenlegung und Bindungswirkung beider Ehegatten und nicht nur des Vertretenen, zwar kein Vertretungsrecht, sei, so die Entwurfsbegründung, in seinen Rechtsfolgen aber mit den Regeln der Stellvertretung und der Vermögensverwaltung vergleichbar[234], so dass die Normen des Vertretungsrechts und die Grundsätze der Vermögensverwaltung ergänzend herangezogen werden könnten. § 1357 BGB gestalte das Rechtsinstitut der Ehe in wirtschaftlicher Sicht. Darin komme die gegenseitige Verantwortung der Ehegatten zum Ausdruck. Für eine gesetzliche Vertretungsmacht, die den Zugriff auf das laufende Girokonto und die Beantragung und Entgegennahme von Sozialleistungen ermögliche, könne dieser Gedanke unmittelbar herangezogen werden. Sei der kontoführende Ehegatte nicht in der Lage, auf das Girokonto zuzugreifen, entspreche es der ehelichen Verantwortung und Wirtschaftsgemeinschaft, dass der andere Ehegatte zur Deckung des Lebensbedarfs das Konto in Anspruch nehmen könne[235].

Aus der sich aus der dem § 1353 I 2 BGB zu entnehmenden gegenseitigen Verpflichtung, so die Entwurfsbegründung weiter, könne darüber hinaus in vielfacher Weise eine Grundlage für eine gesetzliche Vertretungsmacht abgeleitet werden[236]. Für den Bereich der Gesundheitsfürsorge folge aus § 1353 BGB die Verpflichtung, einen psychisch kranken Ehegatten in einem psychiatrischen Krankenhaus unterzubringen und Hilfe für einen süchtigen Partner zu organisieren. Es bestünde die Pflicht zur Unterstützung bei der Wahrnehmung berechtigter Interessen und Rechtsangelegenheiten. Zusammenfassend ergebe sich, dass im Ehe- und Lebenspartnerschaftsrecht die Grundlage zu sehen sei, eine gesetzliche Vertretungsmacht zu normieren.

§ 1358 BGB-E schaffe, so die Gesetzesbegründung, für Ehegatten eine gesetzliche Vertretungsmacht für bestimmte Bereiche der Vermögenssorge, wenn der andere Ehegatte hierfür keine rechtsgeschäftliche Vollmacht habe. Aufgrund der Vertretungsmacht werde der andere Ehegatte lediglich berechtigt, für den verhinderten Ehegatten in dem gesetzlich bestimmten Rahmen zu handeln. Damit werde keine über die bisherige beiderseitigen Rechte und Pflichten der Ehegatten hinausgehende neue Verpflichtung begründet, weshalb es, hinsichtlich des Innenverhältnisses zwischen den Ehegatten, keiner neuen Regelungen bedürfe.

Aber nicht nur für Ehegatten und Lebenspartner seien im Familienrecht vielfache Pflichten und Rechte begründet. Auch Eltern und Kinder seien nach § 1618 a BGB einander Beistand schuldig. Die Familie sei daher in allen

234 BT-Drucks 15/2494 S. 16; siehe auch MüKo/*Wacke* § 1357 RN 10.
235 BT-Drucks 15/2494 S. 16.
236 BT-Drucks 15/2494 S. 16.

Lebenslagen zur Unterstützung und Hilfeleistung verpflichtet[237]. Das volljährige Kind müsse befugt sein, mit den Ärzten die notwendigen Maßnahmen zu besprechen und für den alleinstehenden Elternteil in die Behandlung einzuwilligen. Aber auch die Eltern müssten dazu berufen sein, für das volljährige, unverheiratete Kind, in eine ärztliche Behandlung einzuwilligen.

Der Entwurf zielt damit auf die Schaffung einer genuinen und statusbezogenen gesetzlichen Vertretungsmacht ab. Dabei ist man um eine stärker familienrechtliche und weniger betreuungsrechtliche Begründung des neuen Rechtsinstituts bemüht[238].

5. Ergebnis

Die Einführung einer gesetzlichen Vertretungsbefugnis für Angehörige wird als Alternative zur Betreuung propagiert. Damit, so u.a. die Begründung des Gesetzesentwurfs, solle den Prinzipien des Betreuungsrechts hinreichend Geltung verschafft werden[239]. Der Erforderlichkeitsgrundsatz des Betreuungsrechts und die Wahrung der Selbstbestimmung von handlungsunfähigen Personen, solle hierdurch wieder ernst genommen werden.

---

[237] BT-Drucks 15/2494 S. 17.
[238] Probst BtPrax 2004, 163 (164).
[239] BT-Drucks 15/2494 S. 13.

4. Kapitel: Entwurf eines 2. Betreuungsrechtsänderungsgesetzes- BT-Drucks 15/2494

Im Folgenden sollen die vorgeschlagenen Neuregelungen zu einem gesetzlichen Vertretungsrecht für Angehörige im Rahmen des Entwurfs zu einem 2. BtÄndG im Einzelnen dargestellt und analysiert werden.

A. Vertretung durch Ehegatten für die Vermögenssorge- § 1358 BGB-E

I. Inhalt der Regelung

§ 1358 BGB-E hat die Vertretungsbefugnis durch nicht getrennt lebende Ehegatten und Lebenspartner für die Vermögenssorge zum Gegenstand, welche die gerichtliche und außergerichtliche Vertretung für festgelegte Teilbereiche beinhaltet, z.B. die Verfügung über das Girokonto bis zu einer Höhe von 3.000,-- €, Abgabe von Steuererklärungen und Kündigung eines Mietverhältnisses.

Insoweit nicht vertretungsberechtigt für Aufgaben der Vermögenssorge sind volljährige Kinder und Eltern. Hier wird die Gefahr von finanziellen Interessensgegensätzen zwischen den Generationen -zu Recht- als zu groß eingeschätzt[240] und eine diesbezüglich Akzeptanz in weiten Teilen der Bevölkerung verneint[241].

Normiert wird ferner eine Rechtsscheinsvertretungsmacht, auf die sich der Erklärungsempfänger, bei Vorliegen der Voraussetzungen, gegenüber dem verhinderten Ehegatten berufen kann und den Erklärungsempfänger von dessen Leistungspflichten befreit.

II. Entstehung der gesetzlichen Vertretungsmacht

Die gesetzliche Vertretungsmacht greift ein, wenn der Ehegatte infolge einer Krankheit oder Behinderung nicht mehr in der Lage ist, seine Rechte und Pflichten selbst wahrzunehmen und weder eine Bevollmächtigung noch eine Betreuerbestellung gegeben ist. Die gesetzliche Vertretungsmacht entsteht dabei allein aufgrund des Vorliegens der normierten Voraussetzungen. Eines konstitutiven Hoheitsaktes, wie z.B. einer Bestellung zum gesetzlichen Vertreter, bedarf es nicht.

Daraus können im Einzelfall Unsicherheiten über das Bestehen gesetzlicher Vertretungsmacht resultieren[242]. So wird der Verzicht auf einen konstitutiven Hoheitsakt zumindest als ungewöhnlich angesehen[243], zumal mit dem staatlichen Bestellungsakt vor allem auch eine Kontrolle bezweckt wird. Verzichtet wird

---

240 Probst BtPrax 2004, 163 (167).
241 BT-Drucks 15/2494 S. 17.
242 Gödicke FamRZ 2003, 1894 (1895).
243 Gödicke FamRZ 2003, 1894 (1896).

auf einen solchen Bestellungsakt nur bei der gesetzlichen Vertretungsbefugnis der Eltern gegenüber ihren Kindern, während bei der Vormundschaft und auch bei der Betreuung ein solcher gefordert wird. Insoweit bildet die Befugnis der Eltern aber eine berechtigte Ausnahme, denn für ihre Kinder Sorge zu tragen, ist das natürliche Recht und die Pflicht der Eltern. Es würde schon befremdlich anmuten, würden die Eltern in diese Rechtsstellung förmlich eingewiesen werden.

Insoweit könnte man argumentieren, die gesetzliche Vertretungsbefugnis für Angehörige ähnele diesem Verhältnis, so dass es eines Bestellungsaktes nicht bedürfe. Doch auch bei der Betreuerbestellung eines Angehörigen, was insoweit damit vergleichbar wäre, wird auf einen solchen nicht verzichtet. Das mag primär auf die Ausgestaltung des Rechtsinstituts der Betreuung zurückzuführen sein, wonach eine Ausnahme für Angehörige insoweit nicht vorgesehen ist. Dies zeigt aber auch, dass die gesetzliche Vertretungsmacht für Angehörige nicht ebenso selbstverständlich ist wie das Elternrecht und die Einführung eines Bestellungsaktes damit keinesfalls abwegig erscheint.

Würde man bei der vorgesehenen gesetzlichen Vertretungsbefugnis für Angehörige jedoch einen Bestellungsakt vorsehen, so wäre wiederum ein Verfahren geschaffen, das ja gerade vermieden werden soll. Bezweckt wird die Ermöglichung einer Vertretung ohne das Eindringen von Außen. Gödicke[244] führt hierzu aus, einen allgemeinen Rechtssatz, wonach die Begründung gesetzlicher Vertretungsmacht eines konstitutiven Hoheitsaktes bedürfe, gebe es freilich nicht, so dass es dem Gesetzgeber anheim gestellt bleibe, das Entstehen gesetzlicher Vertretungsmacht allein vom Vorliegen bestimmter Tatsachen abhängig zu machen. Dass hierdurch die Praxis unübersehbaren Unsicherheiten und Risiken ausgesetzt wäre, denen man nicht begegnen könnte, sei nicht zu erkennen. Damit könnten gegen die Entstehung der gesetzlichen Vertretungsmacht ipso iure keine durchgreifenden Einwände erhoben werden. Demnach stehe es im Ermessen des Gesetzgebers, ob er die gesetzliche Vertretungsmacht an Angehörige verleihe oder sie ipso iure entstehen lasse.

Dabei wird jedoch die einem Verfahren innewohnende Kontrollfunktion vernachlässigt. Ein Verfahren schafft insoweit die Möglichkeit, die Interessen des zu betreuenden Menschen, seine Wünsche und Vorstellungen zu prüfen und mögliche Interessenkonflikte zu beseitigen[245]. Möchte der Gesetzgeber auf ein Verfahren verzichten und die Vertretungsbefugnis ipso iure zuerkennen, so ist er gehalten, diese Kontrolle durch geeignete andere Maßnahmen zum Schutze des Betroffenen sicherzustellen. Ohne diese anderweitigen Schutzmechanismen

---

[244] Gödicke FamRZ 2003, 1894 (1896).
[245] Crefeld BtPrax 2003, 239; Hoffmann BtPrax 2003, 94 (95).

hingegen, kann eine ipso iure eintretende Vertretungsmacht nicht befürwortet werden[246].

III. Rechtsscheinsvertretungsmacht

Durch die Einführung einer Rechtsscheinsvertretungsmacht, versucht der Gesetzesentwurf möglichen Unsicherheiten in Bezug auf das Vorliegen einer gesetzlichen Vertretungsmacht, ob die jeweiligen Tatsachen hierfür schon ausreichen oder noch nicht, zu begegnen[247].

Damit liegt bei Vorlage des ärztlichen Zeugnisses und bei Abgabe der weiteren in § 1358 III BGB-E genannten Erklärungen in jedem Fall eine Vertretungsmacht vor, nämlich entweder aufgrund dieser Handlungen eine Rechtsscheinsvertretungsmacht oder unabhängig davon, weil die Voraussetzungen für die gesetzliche Vertretungsmacht ohnehin vorliegen[248].

Der Vertretungsgegner wird hierdurch hinreichend geschützt. Problematisch bleibt die Erkennung eines Defektzustandes aber für den Angehörigen. Nicht angesprochen wird, was geschieht, wenn sich der Angehörige über die Handlungsunfähigkeit irrt, im Grunde aber nur zum Besten für den Betroffenen handeln wollte, worauf weiter unten noch einmal eingegangen werden soll[249].

Nach § 1358 III BGB-E ist für die Rechtsscheinsvertretungsmacht im Einzelnen nötig:

1. schriftliche Erklärung

Der Ehegatte muss schriftlich erklären, mit dem Betroffenen verheiratet zu sein, nicht getrennt zu leben und keine Kenntnis vom Vorliegen einer anderweitigen Bevollmächtigung, Betreuung oder einer entgegenstehenden Willensäußerung zu haben.

Damit soll, so die Entwurfsbegründung, zum einen im Rechtsverkehr eine Akzeptanz für die gesetzliche Vertretungsmacht geschaffen, zum anderen aber der Ehegatte nicht übermäßig eingeschränkt werden[250]. Ein urkundlicher Nachweis hingegen würde für den Ehegatten einen unverhältnismäßig hohen Aufwand bedeuten. Der Erklärungsempfänger sei durch die einfache schriftliche Erklärung hinreichend geschützt.

Für jedes der festgelegten Geschäfte die Abgabe der Erklärungen zu fordern, so die Entwurfsbegründung weiter, verhindere letztlich auch den Eintritt einer gewissen Routine bei den Vertretergeschäften und sorge somit dafür, dass der

---

[246] Nähere Ausführungen hierzu im 5. Kapitel A. I. 1. b) cc) (1).
[247] BT-Drucks 15/2494 S. 26.
[248] So auch Gödicke FamRZ 2003, 1894 (1896).
[249] 5. Kapitel A. I. 1. b) cc) (1).
[250] BT-Drucks 15/2494 S. 26.

Ehegatte bei der Vornahme der Geschäfte sich ausreichend über das Vorliegen der Voraussetzungen seiner Vertretungsbefugnis Gedanken mache[251].

Sieht der Gesetzgeber darin ein Mittel, einem Missbrauch vorzubeugen, so kann dem nicht gefolgt werden. „Schriftlich" in diesem Sinne bedeutet nicht, dass die Erklärungen jeweils gesondert handschriftlich abzugeben sind. Vielmehr kann und wird die Erklärung einmal schriftlich aufgesetzt und dann kopiert werden. Ist die Erklärung damit schriftlich fixiert, so braucht sie nicht noch einmal aufgesetzt zu werden und kann immer wieder verwendet werden. Der Ehegatte wird dann aber ohne sich viele Gedanken zu machen, die vorgefertigte Erklärung nutzen. Eine Reflektion findet nicht mehr statt.

In dieser schriftlichen Erklärung kann somit nicht mehr gesehen werden, als ein Schutz des Rechtsverkehrs und Schaffung der Voraussetzungen einer Rechtsscheinsvertretungsmacht.

2. ärztliches Zeugnis

Weiter muss der Ehegatte ein Zeugnis über eine längstens vor sechs Monaten vorgenommene ärztliche Untersuchung über die Handlungsunfähigkeit des anderen Ehegatten vorlegen.

Da einem ärztlichen Zeugnis, so die Begründung zum Gesetzesentwurf, ein besonderes Vertrauen entgegengebracht wird, soll dadurch die Anerkennung der gesetzlichen Vertretungsbefugnis im Rechtsverkehr erreicht werden[252].

Inhaltlich entspreche das Zeugnis im Wesentlichen dem des § 68b I 2 FGG, müsse also nicht so ausführlich wie das Gutachten eines Sachverständigen sein, jedoch die für die Beurteilung der Handlungsunfähigkeit des Ehegatten erheblichen Gesichtpunkte enthalten. Hierzu gehörten jedenfalls knappe Angaben zum Sachverhalt, zur Vorgeschichte und zu den Untersuchungsergebnissen sowie zur Beurteilung.

Die Gültigkeitsdauer des Zeugnisses beträgt sechs Monate. Indem der Ehegatte immer für eine gewisse Aktualität zu sorgen habe, solle das Vertrauen des Rechtsverkehrs in das ärztliche Zeugnis noch verstärkt werden. Die Vertretungsbefugnis des Ehegatten werde dadurch nicht erschwert, da die Verhinderungsfälle des Absatzes 1 ohnehin regelmäßig eine dauerhafte ärztliche Versorgung des betroffenen Ehegatten bedingten, so dass letztlich keine zusätzlichen ärztlichen Untersuchungen erforderlich würden.

Bezüglich der 6-Monatsfrist ist aber anzumerken, dass dies einen langen Zeitraum darstellt. Zwar ist dem Gesetzgeber zuzustimmen, dass sich ständige

---

[251] BT-Drucks 15/2494 S. 26.
[252] BT-Drucks 15/2494 S. 26.

ärztliche Untersuchungen als unpraktikabel darstellen und die Ausübung der gesetzlichen Vertretungsmacht erschweren. Doch darf hierbei der Schutz des Betroffenen, der durch die gesetzliche Vertretungsmacht einen erheblichen Eingriff in sein Selbstbestimmungsrecht hinnehmen muss, nicht außer Acht gelassen werden. Vorliegend geht es darum, jemandem, der bestimmte Angelegenheiten nicht mehr selbst besorgen kann, die erforderliche Hilfe zu gewähren. Es geht demnach um seine Person und seine Bedürfnisse. Dann aber hat die Wahrung dieser Bedürfnisse im Vordergrund zu stehen und nicht das Anliegen des anderen Ehegatten an einer möglichst unkomplizierten Ausführung der gesetzlichen Vertretung. Im Rahmen der Krankengeschichte können sich im Verlauf von sechs Monaten erhebliche Veränderungen ergeben. Hiervon betroffen sind auch komatöse Zustände, die nur von kurzer Dauer sein können und nicht nur, was der Gesetzgeber wohl eher im Blick hatte, anhaltende und schlimmer werdende Demenzerkrankungen.

Beachtet wird bei der Ausgestaltung des ärztlichen Zeugnisses ebenfalls nicht, dass durch die Preisgabe der Gesundheitsgeschichte des betroffenen Ehegatten gegenüber Außenstehenden erheblich in dessen Persönlichkeitsrechte eingegriffen wird[253]. Zwar ist ein ärztliches Zeugnis über die Handlungsunfähigkeit zu fordern, doch geht die Offenlegung der Gründe, die ein Außenstehender ohne medizinische Kenntnisse ohnehin nicht überprüfen kann, und für ihn letztlich auch unerheblich sind, zu weit. Es kann nicht im Interesse des erkrankten Ehegatten liegen, sein gesundheitliches Empfinden mehr als nötig nach Außen zu tragen.

Weiter sieht sich das ärztliche Zeugnis auch inhaltlich gesehen erheblicher Kritik ausgesetzt. Wie dargelegt, ist im Rahmen des ärztlichen Zeugnisses, die Unfähigkeit festzustellen, infolge Krankheit oder Behinderung die in § 1358 II Nr. 1-4 BGB-E aufgeführten Angelegenheiten nicht mehr selbst besorgen zu können. Dann aber sind die Voraussetzungen davon abhängig, um welche Angelegenheit es sich im konkreten Fall handelt. Ohne Kenntnis der jeweiligen Angelegenheit kann der Arzt überhaupt nicht beurteilen, ob der Betroffene dazu in der Lage ist oder nicht. Für die gesetzliche Vertretungsbefugnis hat letztlich nichts anderes zu gelten wie im Rahmen der Betreuung, wo der Betreuer nur für ganz bestimmte Aufgabengebiete eingesetzt wird. So gehandhabt, wäre das Zeugnis entweder nur mit einem großen Aufwand zu erstellen, was die Praktikabilität des Instituts beeinträchtigen würde, oder aber es stellte nichts weiter als eine bloße Förmlichkeit dar, die keinen Schutz gegen Missbrauch bieten würde[254].

---

[253] Dreier/*Dreier* Art. 2 I RN 83.

[254] Stellungnahme des Vormundschaftsgerichtstag e.V. vom 24.02.04 Seite 7 unter „http://www.vgt-ev.de/Themen/Stellungnahmen/Ref0402.pdf".

3. entgegenstehende Kenntnis
Des Weiteren darf der Vertretungsgegner keine Kenntnis oder fahrlässige Unkenntnis von dem Fehlen der Voraussetzungen für die gesetzliche Vertretungsmacht haben. Dies entspricht insoweit der Regelung des § 173 BGB. Somit stellt diese keine neuen, übermäßigen Prüfungspflichten des Erklärungsempfängers dar. Mit dieser Konstruktion, so die Entwurfsbegründung, werde einerseits dem Ehegatten mit relativ einfachen Mitteln ermöglicht, für den verhinderten Ehegatten zu handeln. Andererseits würden die berechtigten Interessen des Erklärungsempfängers hinreichend abgesichert[255].

4. Stellungnahme
Um die gesetzliche Vertretungsmacht im Rechtsverkehr zu etablieren und den Ehegatten handlungsfähig zu machen, bedarf es durchaus einer Rechtsscheinsvertretungsmacht. Denn es kann nicht Sache des Vertretungsgegners sein, die Voraussetzungen einer gesetzlichen Vertretungsmacht zu überblicken und zu prüfen. Eine solche Regelung würde in der Praxis wenig Akzeptanz finden. Dennoch bedarf die Ausgestaltung der Neuregelung noch einer Verfeinerung und ist lange nicht so ausgereift und unangreifbar wie die Entwurfsbegründung glauben machen will. Insbesondere das Erfordernis eines ärztlichen Zeugnisses bedarf noch eingehender Überarbeitung.

IV. Voraussetzungen der Regelung
Nach § 1358 I BGB-E tritt die gesetzliche Vertretungsmacht ein, wenn ein Ehegatte infolge einer Krankheit oder einer Behinderung verhindert ist, selbst seine Rechte und Pflichten wahrzunehmen. Diese Voraussetzungen sind an die gesetzlichen Anforderungen einer rechtlichen Betreuung (§ 1896 I 1 BGB) angenähert. Der Gesetzesentwurf sieht in der gesetzlichen Vertretungsmacht ein Notverwaltungsrecht wie bei der Gütergemeinschaft (§§ 1429, 1454 BG)[256].

Weiter dürfen die Ehegatten nicht getrennt leben, was entsprechend der Regelung in § 1357 III BGB zu beurteilen ist. Die Ehegatten dürfen also nicht dauerhaft ohne Aussicht auf ein Zusammenleben die häusliche Gemeinschaft aufgelöst haben.

Zudem darf der Ehegatte keinen entgegenstehenden Willen geäußert haben, wofür keine Geschäftsfähigkeit gefordert wird. Es handelt sich um einen natürlichen Willen, der keiner bestimmten Person gegenüber erklärt werden muss. Nach der Entwurfsbegründung sei damit in jedem Falle das Selbstbestimmungsrecht des verhinderten Ehegatten gewahrt[257]. Durch einseitige Erklärung gegenüber dem Erklärungsempfänger kann der handlungsunfähige Ehegatte die Vertretungsmacht des anderen Ehegatten somit ausschließen. Die

---

[255] BT-Drucks 15/2494 S. 26.
[256] BT-Drucks 15/2494 S. 24.
[257] BT-Drucks 15/2494 S. 24.

von dem Entwurf als Sicherungsmittel ausgewiesene Widerspruchsmöglichkeit[258], vermag dem Schutzbedürfnis des Betroffenen jedoch nicht hinlänglich gerecht zu werden[259], da es dem Ehegatten kaum möglich sein wird, gegenüber allen eines Tages in Betracht kommenden Vertretungsgegnern, die Vertretungsbefugnisse des Ehegatten auszuschließen[260], so dass die Widerspruchsmöglichkeit im Ergebnis in der Mehrzahl der Fälle leer laufen wird.

V. Umfang

§ 1358 II BGB regelt den Umfang der Vertretungsmacht in den dort abschließend aufgezählten Bereichen der Vermögenssorge.

1. § 1358 II Nr. 1 BGB-E

a) Verfügungsrahmen

§ 1358 II Nr. 1 BGB-E enthält die Vertretungsbefugnis für den Girovertrag. Dieser muss von dem verhinderten Ehegatten abgeschlossen worden sein und der andere Ehegatte darf hierfür keine rechtsgeschäftliche Vollmacht haben. Andere Konten wie Spar-, Festgeld- oder Darlehenskonten werden nicht erfasst. Der Vertreter darf innerhalb von jeweils 30 Tagen über 3.000,-- € verfügen, wobei dieser Verfügungsrahmen für jedes Girokonto gesondert gilt. Dadurch sollen Abgrenzungsprobleme innerhalb eines oder zwischen verschiedenen Kreditinstituten verhindert werden[261].

Damit soll, so die Begründung zum Gesetzesentwurf, dem anderen Ehegatten die Möglichkeit zur Deckung des täglichen Lebensbedarfs für den verhinderten Ehegatten und für sich selbst gegeben werden. Regelmäßig würden allein mit einem solchen Girokonto die alltäglichen Bankgeschäfte geregelt[262].

Dagegen vorgebracht wird, die gegebene Befugnis reiche überaus weit, denn der vorgesehene Höchstbetrag von 3.000,-- € dürfte vielfach das monatliche Haushaltsbudget von Paaren übersteigen[263].

Daneben wird die Befugnis bezüglich der Forderungen gegen Krankenversicherer und ähnliche Leistungen auf einmalige Geldleistungen erfasst. Die Begrenzung auf 3.000,-- € gilt insoweit jedoch nicht, welche ja bei Verfügungen über Guthaben auf Girokonten einem Missbrauch vorbeugen soll. Dies sei bei Leistungen von Krankenversicherern u.Ä. nicht erforderlich, da diese regelmäßig zweckgebunden erfolgten und eine gewisse Kontrolle durch den

---

[258] BT-Drucks 15/2494 S. 26.
[259] Siehe auch Ausführungen 5. Kapitel A. I. 1. b) dd) (1) bbb).
[260] Probst BtPrax 2004, 163 (167).
[261] BT-Drucks 15/2494 S. 25.
[262] BT-Drucks 15/2494 S. 24.
[263] Gödicke FamRZ 2003, 1894 (1896); Probst BtPrax 2004, 163 (167); Chiusi ZRP 2004, 119 (120).

Leistungsträger bestehe[264]. Gegen eine Begrenzung spreche auch, dass der Ehegatte dann möglicherweise gehindert wäre, das Guthaben zweckgerichtet zu verwenden. Müsse ein aufwändiges Hilfsmittel (z.B. ein Bett) angeschafft werden und werde hierfür ein Guthaben zur Verfügung gestellt, so könnte der Ehegatte dieses im Falle einer Betragsbegrenzung nicht auf einmal bezahlen, was nicht gewollt sei[265].

b) Prüfungspflicht der Bank

Der Entwurfsbegründung ist hierbei zu entnehmen, dass der Bank im Rahmen der Verfügungen über das Konto eine Prüfungspflicht auferlegt wird[266]. Aufgrund der Vorlagepflicht der Zeugnisse könnten die Bankgeschäfte nur am Schalter getätigt werden, was der Bank eine Eingriffsmöglichkeit eröffne. Übersteige der angeforderte Betrag die Höchstgrenze, so habe die Bank die Auszahlung zu verweigern bzw. den Verwendungszweck zu prüfen, denn einmalige Geldleistungen von Krankenversicherern oder ähnliche Leistungen unterlägen nicht der Begrenzung auf 3.000,-- €. Die Höchstgrenze solle einem Missbrauch vorbeugen, was bei Geldleistungen von Krankenversicherern aufgrund ihrer Zweckgebundenheit und diesbezüglichen Kontrolle, wie oben ausgeführt, aber nicht zu befürchten sei.

Worauf sich diese Prüfungspflicht gründet, gibt die Entwurfsbegründung jedoch nicht an. Es wird lediglich davon ausgegangen, dass der Aufwand nicht zu hoch sei und den Kreditinstituten vergleichbare Prüfungen wie z.B. in § 55 SGB I oder § 850 k ZPO auferlegt seien. Es mag zutreffend sein, dass dem Kreditinstitut eine Überwachung, aufgrund seiner Unterlagen, möglich ist. Dies rechtfertigt, für sich gesehen, aber noch keine Prüfungspflicht.

Es könnte daran gedacht werden, diese auf § 1358 II 2 BGB-E zu stützen, wonach bei Kenntnis bzw. fahrlässiger Unkenntnis die Rechtsscheinsvertretungsmacht entfällt und die Bank gegenüber dem verhinderten Ehegatten von ihrer Leistungsverpflichtung nicht befreit wird. Allerdings bezieht sich diese Vorschrift nur auf die Voraussetzungen der gesetzlichen Vertretung, auf die Erkrankung des verhinderten Ehegatten und die abgegebenen Erklärungen des anderen Ehegatten, nicht jedoch auf den Umfang der gesetzlichen Vertretung.

Fraglich ist somit, ob die insoweit bestehende Beschränkung der Vertretungsmacht sich auch auf den Umfang der Rechtsscheinsvertretungsmacht erstreckt, von der Bank also doch zu prüfen ist. Allerdings kann es nicht Sache der Bank sein, die Einhaltung der gesetzlichen Vertretungsmacht zu prüfen. Ob sich der Vertreter auch im Rahmen seiner Vertretungsbefugnis hält, ist für den Vertretungsgegner zunächst einmal nicht von Interesse und auch nicht ohne weiteres

---

[264] BT-Drucks 15/2494 S. 25.
[265] BT-Drucks 15/2494 S. 25.
[266] BT-Drucks 15/2494 S. 25.

ersichtlich. Denn in dem Verfügungsrahmen des vertretenen Ehegatten ist auch die Änderung oder Errichtung von Daueraufträgen enthalten. Erfasst werden des Weiteren Leistungen von Krankenversicherern und ähnliche Leistungen, welche aber nicht der Beschränkung eines Höchstrahmens unterliegen. Die von Krankenversicherern stammenden auf dem Girokonto befindlichen Geldmittel können unbeschränkt abgehoben werden. Dies zu überblicken und zu überprüfen wäre für das Kreditinstitut äußerst schwierig. Zudem würde es das Geldinstitut zu einer Kontrollinstanz erheben, was ersichtlich nicht dessen Aufgabe sein kann.

Doch auch für den verfügenden Ehegatten wäre darin eine erhebliche Belastung zu sehen. Im Falle einer Abhebung müsste sich dieser erst mit der Bank auseinander setzen. Auch die von der Entwurfsbegründung geforderte Überprüfung des Verwendungszwecks stößt auf Bedenken. Dabei ist ungeklärt, wie der andere Ehegatte die Verwendung nachzuweisen hat, ob hierbei ebenfalls eine schriftliche Erklärung ausreichend ist, bei dem Versicherer nachzuforschen ist oder die Kaufbelege einzureichen sind.

Ist von der Bank eine Prüfungspflicht gefordert, darf nicht außer Acht gelassen werden, dass diese durchaus weitreichende Konsequenzen für die Haftung mit sich bringen kann. Insoweit wäre aber eine ausdrückliche Regelung erforderlich, welche sich der Vorschrift vorliegend nicht entnehmen lässt.

Somit spricht vieles gegen die Annahme einer Prüfungspflicht der Bank.

c) Handhabung

Der Entwurf enthält ferner keine Regelung zur Frage, wie der Ehegatte mit Giroguthaben verfahren soll, die nicht in vollem Umfang zur Bestreitung von Ausgaben bereit gehalten werden brauchen[267]. Ob etwa in Anlehnung an § 1908i II BGB i.V.m. § 1806 BGB eine Verpflichtung zu verzinslicher Anlage besteht oder falls nicht, für diesen Bereich der Vermögensbetreuung doch ein Betreuer zu bestellen ist. Fraglich ist auch die Handhabung, wenn eine Verfügung von über 3.000,-- €, etwa zum behindertengerechten Ausbau von Wohnraum, nötig wird[268]. Falls der Entwurf diesbezüglich die höchstgrenzenfreie Verwendung von Versicherungsleistungen im Blick hat, so ist dem entgegenzuhalten, dass solche Leistungen nicht in jedem Fall gegeben sind. In einem solchen Fall könnte der Ehegatte diese Angelegenheit dann aber nicht mehr ebenso gut wie ein Betreuer besorgen, so dass damit die Einrichtung einer Betreuung erforderlich würde. Fraglich ist, ob dies im Interesse der Entwurfsverfasser liegt oder ein Versehen darstellt[269]. Ferner muss bemängelt werden, dass die Zweckbindung der Verwendung entgegengenommener Leistungen für den

---

267 Gödicke FamRZ 2003, 1894 (1896).
268 Probst BtPrax 2004, 163 (167).
269 Gödicke FamRZ 2003, 1894 (1897).

verhinderten Ehegatten im Gesetzeswortlaut nicht sichergestellt wird, womit die Missbrauchsgefahr gesteigert wird, was auch die Bundesregierung in ihrer Stellungnahme thematisiert[270].

d) Stellungnahme
Demzufolge kann die vorgeschlagene gesetzliche Vertretungsbefugnis für Ehegatten bezüglich des Zugriffs auf das Girokonto nicht befürwortet werden. So werden manche Fallgestaltungen nicht berücksichtigt oder unzulänglich geregelt. Auch entspricht der gestattete Verfügungsrahmen von 3.000,-- € nicht dem dargelegten Regelungszweck. Ermöglicht werden sollte die Deckung des täglichen Lebensbedarfs der Ehegatten. Dann aber sollte der Verfügungsrahmen an das jeweilige Einkommen und den Lebenszuschnitt der Ehegatten gekoppelt werden.

2. § 1358 II Nr. 2 BGB-E
Von § 1358 II Nr. 2 BGB-E erfasst wird die Antragsbefugnis in Bezug auf Sozialleistungen. Über die Antragstellung hinaus, ist der Ehegatte auch zur Entgegennahme der Leistungen berechtigt[271].

3. § 1358 II Nr. 3 BGB-E
§ 1358 II Nr. 3 BGB-E ermächtigt den Ehegatten, steuerliche Angelegenheiten für den handlungsunfähigen Ehegatten zu regeln[272]. Der Ehegatte kann die erforderlichen Erklärungen abgeben und die Erstattungen entgegennehmen. Er ist damit zur gerichtlichen und außergerichtlichen Vertretung hinsichtlich der Einkommenssteuer, Kirchensteuer, dem Solidaritätszuschlag und damit im Zusammenhang stehender steuerlicher Nebenleistungen befugt.

Auch hierdurch wird dem Ehegatten eine weitreichende Vertretungsmacht eingeräumt[273]. Versäumt es der Ehegatte, Anträge generell oder fristgerecht zu stellen, so kann dies für das Vermögen des Erkrankten durchaus empfindliche Konsequenzen haben, ohne dass etwa die zuständigen Stellen ausreichend Sorge tragen könnten.

4. § 1358 II Nr. 4 BGB-E
a) Handlungsrahmen
§ 1358 II Nr. 4 BGB-E enthält die Berechtigung zur Regelung der Wohnverhältnisse des verhinderten Ehegatten[274]. Der andere Ehegatte kann das Mietverhältnis kündigen und für den verhinderten Ehegatten einen Heimvertrag abschließen. Der Entwurfsbegründung zufolge, bestünde häufig die Notwendig-

---

[270] BT-Drucks 15/2494 S. 46.
[271] BT-Drucks 15/2494 S. 25.
[272] BT-Drucks 15/2494 S. 25.
[273] Gödicke FamRZ 2003, 1894 (1897).
[274] BT-Drucks 15/2494 S. 25.

keit, das Mietverhältnis aufzulösen. So könne der verhinderte Ehegatte darauf angewiesen sein, in eine Wohnung mit behindertengerechter Ausstattung zu wechseln oder dieser müsse in ein Heim umziehen und die bisherige Wohnung könne für den anderen Ehegatten allein zu groß sein[275].

b) Vormundschaftsgerichtliche Genehmigung
Diese Erklärungen hat der Ehegatte vom Vormundschaftsgericht genehmigen zu lassen (§ 1907 I, III BGB). Die Anzeigepflichten nach § 1907 II BGB obliegen dem anderen Ehegatten aber nicht. Dies wird damit begründet, dass der Ehegatte zur Vertretung des verhinderten Ehegatten lediglich berechtigt, nicht jedoch verpflichtet sei[276].

Das Erfordernis einer vormundschaftsgerichtlichen Genehmigung ist im Hinblick der einschneidenden Auswirkungen, insbesondere bzgl. der Heimunterbringung, nicht zu beanstanden, sondern durchaus nötig. Ein ausreichender Schutz kann darin jedoch nicht gesehen werden, denn oftmals werden die Ehegatten von der Genehmigungsbedürftigkeit überhaupt keine Kenntnis haben und mit der Auflösung des Hausstandes werden dann zudem endgültige Tatsachen geschaffen[277]. Eine entsprechende Aufklärung der Ehegatten über ihre Rechte und Pflichten als gesetzliche Vertreter im Krankheitsfall außerhalb eines Verfahrens erscheint hierbei kaum realisierbar[278]. Zwar ist die Ausdehnung einer Beratungskompetenz der entsprechenden Stellen vorgesehen und auch begrüßenswert, setzt aber eine Eigeninitiative des Ehegatten voraus, was vielfach nicht der Fall sein wird, sich aber zumindest einer Überwachung entzieht. Von einer Vertretungsregelung in diesem Bereich sollte daher Abstand genommen werden.

Auch wird dem Ehegatten durch diese Vertretungsregelung praktisch ein Aufenthaltsbestimmungsrecht zugesprochen, da er anders als ein familienfremder Betreuer die bisherige Wohnung im Falle einer Neuanmietung oder Heimunterbringung nicht in jedem Falle kündigen muss, sondern weiter bewohnen kann, wobei dann aber auch keine Genehmigungspflicht entsteht. Damit aber kann der Ehegatte praktisch den Aufenthalt des Betroffenen frei bestimmen. Dass dies jedoch der Überzeugung der Bevölkerung entspricht, kann wohl kaum angenommen werden, so dass sich diese Befugnis besonderen Bedenken ausgesetzt sieht[279].

---

[275] BT-Drucks 15/2494 S. 25.
[276] BT-Drucks 15/2494 S. 26.
[277] Gödicke FamRZ 2003, 1894 (1897).
[278] Gödicke FamRZ 2003, 1894 (1897).
[279] Sabine Bätzing (SPD) bei der ersten Beratung des Gesetzesvorschlags am 04.03.2004, Protokoll S. 9, unter „http://www.bdb-ev.de/v-reform/BtaendG040304.pdf"; Stellungnahme des Vormundschaftsgerichtstag e.V. vom 24.02.04 Seite 5 unter „http://www.vgt-ev.de/Themen/Stellungnahmen/Ref0402.pdf".

So wird vorgebracht, dies führe auch zu erheblichen Wertungswidersprüchen, denn eine solche weitreichende Befugnis wie das Aufenthaltsbestimmungsrecht müsse entweder vom Vormundschaftsgericht angeordnet oder vom Betroffenen selbst ausdrücklich und schriftlich eingeräumt werden (§ 1906 BGB). Demgegenüber könne sich der Ehegatte diese einfach so nach § 1358 II Nr. 4 BGB-E verschaffen[280]. Auch bestehe kein praktisches Bedürfnis für eine Vertretungsbefugnis in Wohnungs- und Heimangelegenheiten, denn für die Wirksamkeit tatsächlich abgeschlossener Heimverträge mit Geschäftsunfähigen sei bereits durch die Änderung des Heimgesetzes im Jahre 2002 (§§ 5 Abs. 12 und 8 Abs. 10 HeimG) Sorge getragen worden[281]. So sieht die Bundesregierung[282] in ihrer Stellungnahme ebenfalls die Gefahr, dass die Regelung des Heimgesetzes unterlaufen werde.

c) Sicherungsvorkehrungen

Die vom Entwurf eingebauten Sicherungen vor einer Fremdbestimmung sind insoweit nicht ausgereift[283]. Das Widerspruchsrecht aus § 1358 III 2 BGB-E bietet zwar Schutz vor einer Kündigung des Mietverhältnisses, weil der Betroffene dort seinen Widerspruch gegenüber dem Vermieter erklären kann, doch nützt dies im angesprochenen Fall, wo es zu einer Kündigung des Mietverhältnisses nicht kommt, weil der vertretende Ehegatte in der Wohnung bleibt, nichts. Das Widerspruchsrecht des Betroffenen gegen den Abschluss eines Heimvertrages bietet ebenfalls keinen Schutz, denn der Betroffene kann vor Eintritt seiner Pflegebedürftigkeit nicht wissen, welche Heime in Zukunft einmal infrage kommen und wo er überall widersprechen müsste. Dabei hilft ihm auch das Genehmigungserfordernis für Heimverträge entsprechend § 1907 I und III BGB (§ 1358 II Nr. 4 S. 2 BGB-E) nicht weiter. Davon erfasst werden nämlich nur Heimverträge mit einer Laufzeit von mehr als 4 Jahren, die in der Praxis aber eher selten vorkommen dürften[284]. Würde man die Genehmigungspflicht auf alle Heimverträge erstrecken, würde dies wiederum zu einer großen Zahl von Genehmigungsverfahren und damit zu einer hohen Kostenbelastung führen, denn genehmigungspflichtig wären in diesem Falle auch alle Formen der Kurzzeitpflege, z.B. während eines Urlaubs der pflegenden Angehörigen.

[280] Stellungnahme des Vormundschaftsgerichtstag e.V. vom 24.02.04 Seite 6 unter „http://www.vgt-ev.de/Themen/Stellungnahmen/Ref0402.pdf".

[281] Stellungnahme des Vormundschaftsgerichtstag e.V. vom 24.02.04 Seite 6 unter „http://www.vgt-ev.de/Themen/Stellungnahmen/Ref0402.pdf".

[282] BT-Drucks 15/2494 S. 46.

[283] Stellungnahme des Vormundschaftsgerichtstag e.V. vom 24.02.04 Seite 7 unter „http://www.vgt-ev.de/Themen/Stellungnahmen/Ref0402.pdf".

[284] Stellungnahme des Vormundschaftsgerichtstag e.V. vom 24.02.04 Seite 7 unter „http://www.vgt-ev.de/Themen/Stellungnahmen/Ref0402.pdf"; Probst BtPrax 2004, 163 (167).

VI. Ausschluss
Die gesetzliche Vertretungsmacht ist ausgeschlossen, wenn ein Bevollmächtigter -sei es der andere Ehegatte, der eine Kontovollmacht besitzt oder ein Vorsorgebevollmächtigter- vorhanden ist sowie wenn ein Betreuer für den Aufgabenkreis „Vermögenssorge" bestellt wurde. Ebenso hindert ein erklärter entgegenstehender Wille des Betroffenen oder ein Getrenntleben der Ehegatten die gesetzliche Vertretungsmacht[285].

B. Vertretung durch Ehegatten für die Gesundheitssorge- § 1358a BGB-E

I. Inhalt der Regelung
§ 1358a BGB-E regelt die Vertretung des verhinderten durch den anderen Ehegatten im Bereich der Gesundheitssorge. Ebenfalls besteht nach § 1358a II BGB-E eine Rechtsscheinsvertretungsmacht, auf die sich der behandelnde Arzt berufen kann.

II. Entstehung der gesetzlichen Vertretungsmacht
Die Vertretungsbefugnis im Rahmen der Gesundheitssorge entsteht ebenfalls allein bei Vorliegen der Voraussetzungen. Insoweit gelten dieselben Ausführungen wie bei § 1358 BGB-E entsprechend.

III. Rechtsscheinsvertretungsmacht
Ebenso verhält es sich bei der Rechtsscheinsvertretungsmacht. Bis auf das Erfordernis des ärztlichen Attestes gelten dieselben Voraussetzungen wie bei § 1358 BGB-E ausgeführt.

Da es sich um eine ärztliche Behandlung handele, könne, so die Entwurfsbegründung, jedoch auf ein gesondertes ärztliches Zeugnis über die Handlungsunfähigkeit des Betroffenen verzichtet werden[286]. Warum die Entwurfsbegründung eine entsprechende Untersuchung für gewährleistet ansieht, erschließt sich indes nicht. Denn Maßnahmen der Gesundheitssorge mögen zwar überwiegend, jedoch nicht ausschließlich in ärztlicher Verantwortung durchgeführt werden[287]. Zudem ist es durchaus ein Unterschied, ob der behandelnde Arzt allein und nur für sich über die Handlungsunfähigkeit des Patienten entscheidet oder ob die Überprüfung durch die Stellungnahme eines weiteren Arztes begleitet wird[288]. So kritisiert in seiner Stellungnahme auch der Bundesverband Psychiatrie-Erfahrener (BPE)[289] diese Vorgehensweise als selbstreferenzielle Legitimation. In der Praxis bedeute dies, „der Arzt diagnostiziert die

---

[285] BT-Drucks 15/2494 S. 24.
[286] BT-Drucks 15/2494 S. 27.
[287] Gödicke FamRZ 2003, 1894 (1899).
[288] Gödicke FamRZ 2003, 1894 (1899).
[289] Nachzulesen unter „http://www.psychiatrie.de/recht/betreuungsrecht/article/Betreuungsrecht_I.html" unter der Überschrift *Gesetzliche Vertretungsmacht*.

Krankheit und wenn der designierte Patient anderer Meinung ist, beweist er, in den Augen des Arztes, lediglich seine Handlungsunfähigkeit und damit die Schwere seiner Erkrankung". Ärzte und insbesondere auch Psychiater, dies müsse dem Gesetzgeber bewusst sein, seien geschult im Erkennen von Krankheiten bzw. psychischen Störungen, aber keinesfalls im Erkennen von Rechtsgütern.

IV. Voraussetzungen der Regelung

Bezüglich der Voraussetzungen lehnt sich § 1358a BGB-E an § 1358 BGB-E an und legt dieselben Voraussetzungen fest. Der Ehegatte muss demnach infolge einer Krankheit oder Behinderung nicht in der Lage sein, selbst Erklärungen abzugeben, die sich auf eine Untersuchung, eine Heilbehandlung oder einen ärztlichen Eingriff beziehen.

V. Umfang

Die Vertretung umfasst dabei sowohl die Befugnis, im Namen des handlungsunfähigen Ehegatten die erforderlichen Behandlungsverträge abzuschließen, als auch die Einwilligung an Stelle des handlungsunfähigen Ehegatten in eine ärztliche Behandlung zu erklären[290].

Bei einer besonders gefährlichen Maßnahme hat der andere Ehegatte entsprechend § 1904 I BGB eine vormundschaftsgerichtliche Genehmigung einzuholen. Damit soll sichergestellt werden, dass der Ehegatte als gesetzlicher Vertreter bei der Gesundheitssorge nicht weitergehende Befugnisse als ein gerichtlich bestellter Betreuer oder ein rechtsgeschäftlich Bevollmächtigter hat[291].

Der Entwurf lässt dabei ausdrücklich offen, ob gesetzgeberische Konsequenzen aus der neueren Rechtsprechung des Bundesgerichtshofs zur Berücksichtigung des Patientenwillens zu lebenserhaltenden oder –verlängernden Maßnahmen, insbesondere der Verbindlichkeit von Patientenverfügungen, zu ziehen sind[292]. Insoweit soll den Arbeiten der vom Bundesministerium der Justiz eingesetzten Arbeitsgruppe „Patientenautonomie am Lebensende" nicht vorgegriffen werden.

Im Unklaren bleibt auch, wie sich das Vertretungsrecht in Bezug zu Eingriffen höchstpersönlicher Natur bzw. mit sehr großer Tragweite, wie Sterilisation und Schwangerschaftsabbruch verhält. Fraglich ist, ob die Befugnis im Rahmen von medizinischen Heileingriffen auch die Zustimmung zu solchen Eingriffen erfasst oder im Blick auf das Persönlichkeitsrecht des Betroffenen ausgeschlossen ist[293].

---

[290] BT-Drucks 15/2494 S. 27.
[291] BT-Drucks 15/2494 S. 27.
[292] BT-Drucks 15/2494 S. 27.
[293] Sieh hierzu auch die Ausführungen 2. Kapitel A. IV. 3. b); 5. Kapitel C. III. 1.; 6. Kapitel D. III.

Eine gesetzliche Klarstellung in diesem Punkt ist mit Blick auf das Selbstbestimmungsrecht des Betroffenen zu fordern.

VI. Ausschluss

Von der Vertretung ausgeschlossen ist der Ehegatte, wenn der Betroffene einen anderen Willen gegenüber dem behandelnden Arzt, der Klinik oder auch gegenüber dem Ehegatten erklärt hat. Die gesetzliche Vertretungsmacht ist ferner ausgeschlossen, wenn ein Bevollmächtigter vorhanden oder ein Betreuer für den Aufgabenkreis „Gesundheitssorge" bestellt ist. Ein Getrenntleben der Ehegatten führt ebenfalls zum Ausschluss der gesetzlichen Vertretungsmacht.

C. Vertretung durch Angehörige für die Gesundheitssorge § 1618 b BGB-E

I. Inhalt der Regelung

§ 1618 b BGB-E erweitert den Kreis der Personen, die berechtigt sind, für einen handlungsunfähigen Angehörigen Erklärungen abzugeben, auf volljährige Kinder und Eltern. Die Berechtigung ist auf den Bereich der Gesundheitssorge beschränkt.

In Anlehnung an die Regelung des § 1358a II BGB-E, besteht auch hier ein Rechtsscheinstatbestand, auf den sich der behandelnde Arzt berufen kann.

II. Entstehung der gesetzlichen Vertretungsmacht

Die gesetzlichen Vertretungsrechte entstehen, wie bei den vorausgegangenen Regelungen, bei Vorliegen ihrer Voraussetzungen. § 1618 b I 1 BGB-E legt ein Rangverhältnis der Angehörigen fest. Danach hat ein Ehegatte oder Lebenspartner, mit der Einschränkung, dass diese nicht getrennt leben dürfen, Vorrang vor Eltern oder volljährigen Kindern. Die Entwurfsbegründung geht dabei von der Annahme aus, zwischen nicht getrennt lebenden Ehegatten oder Lebenspartnern bestünde regelmäßig eine engere Bindung als zu volljährigen Kindern oder Eltern und die Ehegatten bzw. Lebenspartner deshalb die Wünsche des anderen am besten kennen würden[294]. Volljährige Kinder wiederum haben Vorrang vor den Eltern.

Gegen die Einführung eines Rangverhältnisses der in die Pflicht genommenen Angehörigen bestehen keine Bedenken, vielmehr ist dieses zur Handhabung der gesetzlichen Vertretungsbefugnis durchaus von Nöten. Die Einschränkung, dass die Ehegatten und Lebenspartner nicht getrennt leben dürfen, könnte jedoch zu Problemen in der Praxis führen. Die Angehörigen könnten von einem Getrenntleben keine Kenntnis haben und von ihrer Verpflichtung überrascht werden oder ein Getrenntleben und darauf gegründet, ihre Verpflichtung irrtümlich annehmen, obwohl dieses nicht gegeben ist, was zu Unsicherheiten in der Ver-

[294] BT-Drucks 15/2494 S. 27.

tretungsbefugnis führen könnte. Allerdings sind diese, doch eher als geringwertig einzustufenden, praktischen Schwierigkeiten hinzunehmen. Auf das Merkmal des Getrenntlebens kann, mit Blick auf das Persönlichkeitsrecht, nicht verzichtet werden. Rechtfertigt sich die Vertretungsbefugnis doch aus der Verbundenheit der Angehörigen und Partner, die bei einem Getrenntleben nicht mehr existieren dürfte.

III. Rechtsscheinsvertretungsmacht

§ 1618b II BGB-E legt die Voraussetzungen einer Rechtsscheinsvertretungsmacht fest. Danach hat ein volljähriges Kind oder ein Elternteil des Betroffenen dem Arzt gegenüber schriftlich zu erklären, vor- bzw. gleichrangiger Angehöriger zu sein sowie, dass ihm weder das Vorliegen einer Vollmacht oder Betreuung noch ein entgegenstehender Wille des Betroffenen noch ein Widerspruch eines gleichrangigen Angehörigen bekannt ist. Für den Eilfall hat der nachrangige Angehörige zusätzlich zu erklären, nachrangiger Angehöriger des Betroffenen zu sein und dass ein vorrangiger Angehöriger innerhalb angemessener Zeit nicht erreichbar ist.

Auf die Vorlage eines ärztlichen Zeugnisses wird wiederum verzichtet, was sich den gleichen Bedenken, wie oben bei § 1358a BGB-E erörtert, ausgesetzt sieht.

Ebenso wie bei den vorherigen Regelungen, kann sich der behandelnde Arzt nicht auf den Rechtsschein berufen, wenn ihm bekannt oder infolge Fahrlässigkeit nicht bekannt ist, dass die Voraussetzungen nicht vorliegen.

IV. Voraussetzungen der Regelung

§ 1618b I BGB-E verweist auf die Voraussetzungen des § 1358a I BGB-E. Somit gilt auch im Verhältnis von Eltern und ihren volljährigen Kindern ein Vertretungsrecht, wenn infolge Krankheit oder Behinderung der Angehörige nicht in der Lage ist, selbst Erklärungen abzugeben, die sich auf eine Untersuchung, eine Heilbehandlung oder einen ärztlichen Eingriff beziehen.

Beachtlich ist allerdings, dass ein Nachweis über die Angehörigeneigenschaft nicht konstitutiv erforderlich ist. Dies, obwohl einem solchen Nachweis, angesichts der häufigeren Namensunterschiede, gesteigerte Bedeutung zukommen kann[295]. Relevant wird dies zum Beispiel dann, wenn der Arzt zu einer anderen Vorgehensweise als vom Angehörigen gewünscht rät. Für den Arzt ist es dann von entscheidendem Interesse, ob er an die Entscheidung seines Gegenübers gebunden ist, oder gestützt auf das Rechtsinstitut der mutmaßlichen Einwilligung, die aus seiner Sicht vernünftige Maßnahme wählen kann bzw. muss.

---

[295] Probst BtPrax 2004, 163 (166); Gödicke FamRZ 2003, 1894 (1899).

Praktikable Lösungen hierfür sind jedoch kaum vorstellbar. Daher versieht Gödicke[296] die Akzeptanz der Vertretungsmacht von Kindern und Eltern mit einem Fragezeichen. Aufgrund der Rechtsscheinsvertretungsmacht dürften die tatsächlichen Verwandtschaftsverhältnisse den behandelnden Arzt in der Praxis jedoch kaum interessieren und auf die Akzeptanz nur einen geringen Einfluss ausüben. Das Problem des Nachweises stellt sich ja auch unter Ehegatten. Nicht lebensfremd erscheint auch das Beispiel, dass der Ehemann ein gesundheitliches Problem bekommt, während er mit seiner Geliebten zusammen ist. Im Rahmen der ärztlichen Versorgung könnte sich diese dann als Ehefrau ausgeben. Doch wird man kaum verlangen können, ständig die Heiratsurkunde griffbereit dabei zu haben. Realistisch betrachtet, dürfte dieses Problem in der Praxis zu nicht allzu großen Schwierigkeiten führen. Es wird doch eher selten vorkommen, dass sich Personen für Angehörige ausgeben, ohne tatsächlich diese Eigenschaft aufzuweisen. Der Erklärungsempfänger wird hiergegen auch über die Rechtscheinsvertretungsmacht ausreichend geschützt.

V. Berechtigter Personenkreis

In § 1618 b I BGB wird die Rangfolge der Vertretungsberechtigten geregelt. Vorrang haben die Ehegatten und Lebenspartner. Volljährige Kinder wiederum gehen den Eltern vor. Im Fall der Eilbedürftigkeit einer Entscheidung gilt das Rangverhältnis ausnahmsweise nicht. Dann genügt die Erklärung eines nachrangigen, aber erreichbaren Angehörigen.

Sind mehrere gleichrangig Berechtigte vorhanden, so genügt zwar die Erklärung eines gleichrangig Berechtigten. Jedoch hindert der Widerspruch eines gleichrangig Berechtigten die Wirksamkeit der Erklärung, so dass bei Uneinigkeit ein Betreuer bestellt werden muss, um notwendige Erklärungen wirksam abgeben zu können.

VI. Ausschluss

Von der Vertretung ausgeschlossen sind die Angehörigen, wenn der Betroffene einen anderen Willen gegenüber dem behandelnden Arzt, der Klinik oder auch gegenüber den Angehörigen erklärt hat. Die gesetzliche Vertretungsmacht ist ferner ausgeschlossen, wenn ein Bevollmächtigter vorhanden oder ein Betreuer für den Aufgabenkreis „Gesundheitssorge“ bestellt ist.

---

[296] Gödicke FamRZ 2003, 1894 (1899).

5. Kapitel: Kritikpunkte der Neuregelungen bzgl. der Vertretungsmacht für Angehörige

A. Gesamtbetrachtung

Über die Einführung einer gesetzlichen Vertretungsbefugnis von Angehörigen ist eine heftige Debatte ausgebrochen. Es gibt entschiedene Gegner[297] aber auch Befürworter[298] der im Gesetzesentwurf zum 2. BtÄndG vorgeschlagenen Regelung. So wird die gesetzliche Vertretungsbefugnis als Heilmittel für viele Probleme gepriesen, aber auch als „der Anfang vom Ende" begriffen. Bezweifelt wird, dass dadurch die Rechte der Betroffenen gestärkt und deren Selbstbestimmung gefördert werden könne.

Nachstehend soll eine kritische Betrachtung der vorgeschlagenen Neuregelungen erfolgen.

I. Verfassungsmäßigkeit – Geschützte Rechtsposition des Betroffenen

1. Das allgemeine Persönlichkeitsrecht - Selbstbestimmungsrecht des Betroffenen

a) Betroffener Schutzbereich

Von der Einführung einer gesetzlichen Vertretungsmacht für Angehörige betroffen ist das verfassungsrechtlich geschützte individuelle Selbstbestimmungsrecht des Einzelnen nach Art. 2 I, 1 I GG.

Nach dem BVerfG[299] „gewährleistet die allgemeine Handlungsfreiheit (Art. 2 I GG) das Prinzip der eigenen Gestaltung der Rechtsverhältnisse durch den Einzelnen nach seinem Willen. Soweit es um eine umfassende Einschränkung der Privatautonomie geht, wie sie aus der gesetzlichen Vertretung folgt, ist nicht nur die allgemeine Handlungsfreiheit, sondern auch das allgemeine Persönlichkeitsrecht berührt (Art. 2 I i.V.m. Art. 1 I GG). Das allgemeine Persönlichkeitsrecht ergänzt als „unbenanntes" Freiheitsrecht die speziellen („benannten") Freiheitsrechte. Seine Aufgabe ist es, im Sinne des obersten Konstitutionsprinzips der „Würde des Menschen" (Art. 1 I GG) die engere persönliche Lebenssphäre und die Erhaltung ihrer Grundbedingungen zu gewährleisten, die

---

[297] Stellungnahme der Bundestagsabgeordneten Markus Kurth und Jerzy Montag (beide Bündnis 90/Grüne) zum Entwurf des 2. BtÄndG, derzeit unter „http://www.vfbev.de/-Nachrichten/Nachrichten_-_Aktuell/News_94_-_Stellungnahme_der_Bu/body_news_94_-_stellungnahme_der_bu.html"; Seichter BtPrax 2003, 91; Hoffmann BtPrax 2003, 94; Bündnis 90/Die Grünen (hessischer Landtag) BtPrax 2004, 21; Chiusi ZRP 2004, 119.

[298] Probst BtPrax 2004, 163; Dieckmann/Jurgeleit BtPrax 2002, 197; Bühler FamRZ 2002, 76; Wolfgang Gerhards, Minister von Nordrhein-Westfalen bei der ersten Beratung des Gesetzesentwurfs am 04.03.2004, Protokoll S. 11, unter „http://www.bdb-ev.de/v-reform/BtaendG040304.pdf"; Gerhards/Lemken BtPrax Spezial, S3.

[299] BVerfGE 72, 155 (170).

sich durch die traditionellen Freiheitsgarantien nicht abschließend erfassen lassen".

Damit sichert das allgemeine Persönlichkeitsrecht die aktive Gestaltung der Lebensführung durch den Einzelnen selbst, die Respektierung eines geschützten Persönlichkeitsbereichs und die diesbezügliche Freiheit vor staatlichen Eingriffen. Die Privatautonomie gibt den Einzelnen die durch die Rechtsordnung gewährte und gesicherte Möglichkeit, ihre Beziehungen untereinander innerhalb bestimmter Grenzen durch Rechtsgeschäfte, insbesondere durch Verträge, zu regeln. Der Mensch, der in ständiger Kommunikation mit anderen lebt, bedarf ihrer, um in den ihn unmittelbar angehenden Angelegenheiten frei entscheiden, sie in eigener Verantwortung gestalten zu können. Denn nur, wenn er dazu in der Lage ist, vermag er sich als Person zu entfalten und zu behaupten[300]. Das BVerfG[301] misst dem Grundrecht auf individuelle Selbstbestimmung die Funktion zu, dem Einzelnen die Entscheidung über Handlungen und Unterlassungen und die Möglichkeit der eigenen Lebensgestaltung zu gewährleisten.

Zwar wird das Selbstbestimmungsrecht des Vertretenen auch bei der gewillkürten Vertretung berührt und während der Laufzeit der Vollmacht ist der Vertretene in gleicher Weise wie bei der gesetzlichen Vertretung der Gefahr ausgesetzt, dass seine Interessen durch einen anderen nicht in der gebotenen Weise wahrgenommen werden[302]. Doch beruht bei der rechtsgeschäftlichen Vertretung die „Fremdbestimmung" durch den Vertreter im Ergebnis auf dem eigenen Willen des Vertretenen und damit auf seinem Recht auf Selbstbestimmung[303]. Dagegen ist der Handlungsunfähige nicht in der Lage, auf die gesetzliche Vertretungsbefugnis einzuwirken.

Die gesetzliche Vertretung berührt daher nach dem Verständnis des BVerfG[304] eine engere persönliche Sphäre des Betroffenen.

b) Rechtfertigung

Dieser Eingriff in den Normbereich des Selbstbestimmungsrechts nach Art. 1 I, 2 I GG ist nicht unbeschränkt gestattet, sondern bedarf einer Rechtfertigung[305]. Hierbei ist die Gliederung des geschützten Persönlichkeitsbereichs nach Sphären mit abgestufter Schutzintensität von Bedeutung[306]. Die erste Sphäre, die Intimsphäre, betrifft den unantastbaren, der öffentlichen Gewalt schlechthin entzogenen Bereich privater Lebensführung. Eingriffe in die nächste Sphäre, der

---

[300] Fehnemann JZ 1986, 1055 (1056).
[301] BVerfGE 72, 155 (173).
[302] Müller-Freienfels, Die Vertretung beim Rechtsgeschäft, S. 104 f.
[303] BVerfGE 72, 155 (171).
[304] BVerfGE 72, 155 (171).
[305] Dreier/*Dreier* Art. 2 I RN 86.
[306] Degenhart JuS 1992, 361 (363); Dreier/*Dreier* Art. 2 I RN 88.

Privatsphäre, können durch überwiegende Interessen der Allgemeinheit unter Wahrung des Verhältnismäßigkeitsgebots gerechtfertigt sein. In die Sozialsphäre, innerhalb derer sich der einzelne von vornherein im Kontakt mit anderen entfaltet, kann unter weniger strengen Voraussetzungen eingegriffen werden. Eine strikte Trennung der einzelnen Sphären ist indes nicht immer möglich, als maßgebliche Richtlinie für die Abwägung der widerstreitenden Interessen bleibt eine sphärenmäßige Abstufung aber bedeutsam[307].

Im Wesentlichen betroffen von dem Institut der „gesetzlichen Vertretung" ist die Privatsphäre, so dass es im Rahmen der Einschränkbarkeit des allgemeinen Persönlichkeitsrechts um eine Abwägung zwischen dem Gewicht und dem Belang des staatlichen Eingriffsinteresses im Verhältnis zu dem individuellen Abwehrinteresse unter Wahrung des Verhältnismäßigkeitsgebots geht[308]. Dabei ist der Schutz des Persönlichkeitsrechts umso intensiver, je näher die Intimsphäre des Betroffenen tangiert ist, die als unantastbarer Bereich privater Lebensgestaltung gegenüber aller staatlichen Gewalt Achtung und Schutz beansprucht[309].

Das Institut der „gesetzlichen Vertretung" an sich unterliegt dabei keinen verfassungsrechtlichen Bedenken, wie in Kapitel 1 bereits ausgeführt wurde. Dieses rechtfertigt sich im Bedürfnis der Handlungsunfähigen nach Schutz und Hilfe[310]. Durch die Anordnung der gesetzlichen Vertretung soll insbesondere verhindert werden, dass Handlungsunfähige Verträge abschließen, die nicht in ihrem wohlverstandenen Interesse liegen. Soweit sich die Fremdbestimmung, insbesondere der Kinder durch ihre Eltern, danach als Minderjährigen- bzw. Unmündigenschutz erweist, entspricht dies dem Wohl des Kindes bzw. Betroffenen, so dass eine Verletzung des Persönlichkeitsrechts ausscheidet[311]. Die gesetzliche Vertretung eröffnet dem Handlungsunfähigen die Fähigkeit zur Selbstverwirklichung in Selbstbestimmung in Lebensphasen, in denen er nicht selbst darüber verfügen kann[312].

Die von Gesetzes wegen eingeräumten Rechte dürfen jedoch nicht als Herrschaftsrechte missverstanden werden. Vielmehr bildet ihre Pflichtengebundenheit einen wesensbestimmenden Bestandteil. Denn, so führt das BVerfG[313] aus, „eine Verfassung, welche die Würde des Menschen in den Mittelpunkt ihrer Gewährleistung stellt, kann bei der Ordnung zwischenmenschlicher Beziehungen grundsätzlich niemandem Rechte an der Person eines anderen einräumen,

---

[307] Degenhart JuS 1992, 361 (364); Dreier/*Dreier* Art. 2 I RN 88.
[308] Dreier/*Dreier* Art. 2 I RN 87.
[309] Dreier/*Dreier* Art. 2 I RN 87.
[310] BVerfGE 72, 155 (172); siehe auch die Ausführungen hierzu im 1. Kapitel.
[311] BVerfGE 72, 155 (172).
[312] Gernhuber/Coester-Waltjen § 7 I 3 S. 62.
[313] BVerfGE 72, 155 (172).

die nicht zugleich pflichtgebunden sind und die Menschenwürde des anderen respektieren".

Mit der Einräumung der gesetzlichen Vertretungsmacht, so stellt auch das BVerfG[314] fest, ist aber gleichzeitig die Gefahr verbunden, dass sich eine unkontrollierte Entscheidungsbefugnis nachteilig für den Betroffenen auswirken kann. Es kann nicht ausgeschlossen werden, dass die gesetzlichen Vertreter nicht fähig oder nicht bereit sind, den Anforderungen ihres „Rechts" zu entsprechen.

Insoweit ist der Gesetzgeber aufgerufen, in Wahrnehmung seiner Schutzpflicht[315], geeignete Gegenmaßnahmen zu ergreifen und den Schutz Handlungsunfähiger in Übereinstimmung mit dem Grundgesetz zu lösen[316]. Die Grundbedingungen für personale grundrechtliche Autonomie als Voraussetzung für freie Entfaltung sind zu wahren. Daran haben sich die Regelungen, die, sei es durch unmittelbaren staatlichen Eingriff, sei es durch die Ausgestaltung der Privatrechtsordnung, den einzelnen so umfassend in seiner Persönlichkeit ergreifen, dass sie ihm die Möglichkeit selbstbestimmter Existenz entziehen, messen zu lassen[317].

Die konkrete Ausgestaltung des „gesetzlichen Vertretungsrechts naher Angehöriger" hat demnach dem Verhältnismäßigkeitsgrundsatz zu genügen. Eingriffe in die Individual- und Privatsphäre zur Verfolgung gewichtiger verfassungsrechtlicher Zwecke unter strikter Beachtung des Verhältnismäßigkeitsgrundsatzes sind somit zulässig[318]. Das verfolgte Ziel muss verfassungslegitim und das zu seiner Erreichung gewählte Mittel unter Berücksichtigung der Bedeutung des einzuschränkenden Grundrechts geeignet, erforderlich und angemessen sein[319].

aa) legitimer Zweck

Der Gesetzesentwurf verfolgt im Wesentlichen[320] die Reduzierung der Beeinträchtigungen der Betroffenen und ihrer Familien durch das als erheblich bürokratisch qualifizierte Betreuungsverfahren, in welchem im Regelfall ein naher Angehöriger zum Betreuer bestellt wird. Angestrebt werden, eine Stärkung des Selbstbestimmungsrechts der Betroffenen und eine Entlastung der Landesjustizhaushalte.

---

[314] BVerfGE 72, 155 (173).
[315] Dreier/*Dreier* Art. 2 I RN 89; Fehnemann JZ 1986, 1055 (1056); Maunz/Dürig Art. 2 I RN 135.
[316] BVerfGE 72, 155 (174).
[317] Degenhart JuS 1992, 361 (368).
[318] Dreier/*Dreier* Art. 2 I RN 87.
[319] Dreier/*Dreier* Vorb. RN 146.
[320] BT-Drucks 15/2494 S. 1.

Diese Ziele stellen durchaus verfassungslegitime Zwecke dar.

bb) Geeignetheit
Ferner muss die Neuregelung bezüglich einer „gesetzlichen Vertretungsmacht Angehöriger“ auch geeignet sein. Unter der „Geeignetheit“ ist zu verstehen, dass das vom Staat gewählte Mittel zur Erreichung des konkreten Zwecks überhaupt tauglich, also dem gewünschten Erfolg förderlich, ist[321].

Durch die Einführung einer gesetzlichen Vertretungsmacht Angehöriger entfällt das Betreuungsverfahren, welches eine Belastung für die Betroffenen und deren Familien und einen hohen Kostenfaktor darstellen kann. Denkbar erscheint auch, dass die fehlende Mitwirkung von unbetroffenen Außenstehenden von den Betroffenen als Entlastung und Stärkung ihrer Selbstbestimmungsrechte empfunden wird.

Die Einführung einer gesetzlichen Vertretungsbefugnis von nahen Angehörigen ist damit prinzipiell geeignet, das angestrebte Ziel zu erreichen, so dass sich unter diesem Gesichtpunkt noch keine Einwände gegen die Neuregelung vorbringen lassen.

cc) Erforderlichkeit
Darüber hinaus ist im Rahmen der „Erforderlichkeit“ entscheidend, dass kein milderes Mittel gegeben ist, welches bei gleicher Effektivität eine weniger intensive Grundrechtseinschränkung nach sich ziehen würde[322].

(1) Handlungsunfähigkeit des Betroffenen
Das Entstehen der gesetzlichen Vertretungsbefugnis macht der Gesetzesvorschlag, wie oben ausgeführt[323], von einer Defektlage beim Betroffenen abhängig[324]. Die Vertretungsbefugnis entsteht bei Vorliegen der Handlungsunfähigkeit, ohne dass es noch weiterer Voraussetzungen bedarf.

Anknüpfungspunkt der gesetzlichen Vertretungsbefugnis ist damit die krankheits- oder behinderungsbedingte Unfähigkeit des Betroffenen, seine Angelegenheiten selbst zu besorgen. Die Zuerkennung von Vertretungsmacht ist mithin dann vorgesehen, wenn der Einzelne zur Wahrnehmung seiner Persönlichkeitsrechte der Unterstützung bedarf. Insoweit befindet sich der Entwurf demnach im Einklang mit der Wahrung der Persönlichkeitsrechte und Privatautonomie des Betroffenen[325].

---

[321] Dreier/*Dreier* Vorb. RN 147.
[322] Dreier/*Dreier* Vorb. RN 148.
[323] 4. Kapitel A. II.
[324] BT-Drucks 15/2494 S. 24.
[325] siehe dazu auch die Diskussion um den Vorschlag Probst/Knittel 3. Kapitel B. I. 1. e) aa).

aaa) Unsicherheit bei Bestimmung der Defektlage

[1] generelle Anforderungen

Fraglich bleibt aber, wie die Defektlage überhaupt festzustellen ist. Die Entwurfsbegründung enthält hierzu keine Angaben. Weder wird ein diesbezügliches Verfahren, eine sachverständige Begutachtung noch eine ärztliche Untersuchung festgeschrieben. Letztere wird nur für die Rechtsscheinsvertretungsmacht gefordert. Das geltende Betreuungsrecht hingegen fordert zur Bestimmung der Betreuungsbedürftigkeit des Betroffenen und Anordnung einer Betreuung eine Begutachtung durch den Sachverständigen (§ 68 b I 1 FGG). D.h., selbst ein Richter soll die Fachkunde eines Sachverständigen zur Entscheidung über die Betreuungsbedürftigkeit heranziehen. Das Gesetz trägt insoweit zu Recht dem mit einer Betreuerbestellung verbundenen tiefgreifenden Grundrechtseingriff Rechnung.

Vorliegend ist die fehlende Anordnung eines entsprechenden Verfahrens zwar vor dem Hintergrund des damit verbundenen erheblichen Aufwandes, der ja gerade durch die Regelung überflüssig gemacht werden soll, verständlich. Doch ist der Gesetzgeber aufgrund seiner Pflicht zur Wahrung des Selbstbestimmungsrechts des Betroffenen verpflichtet, ein Mindestmaß von Regelungen bezüglich der Feststellung einer Defektlage beim Betroffenen vorzugeben, nach welchen sich die Angehörigen richten können und zum Schutze des Erkrankten auch müssen. Es kann keinesfalls den Angehörigen allein überlassen werden, über die Defektlage beim Betroffenen und ihr damit verbundenes gesetzliches Vertretungsrecht zu befinden.

Gestützt wird diese Betrachtung durch die ständige Rechtsprechung des BVerfG[326], welches dem Persönlichkeitsschutz aus Art. 2 I, 1 I GG auch Verfahrensgarantien für einen effektiven Grundrechtsschutz entnimmt. Den Grundrechtsbestimmungen zugemessene Wirkung für Organisation und Verfahren beruht auf der Erkenntnis, dass sich grundrechtliche Schutzgüter vielfach nur dann wirksam garantieren lassen, wenn es bereits im Vorfeld zu organisatorischen und verfahrensmäßigen Vorkehrungen kommt, die Verletzungen der Grundrechte einzelner verhindern[327]. Für den Gesetzgeber ergeben sich damit unmittelbar aus der Verfassung abgeleitete Pflichten, für eine adäquate Ausgestaltung der Rechtsvorschriften über die Organisation und das Verfahren zu sorgen, wenn es für einen Rechtsbereich an einschlägigen Rechtsvorschriften fehlt oder wenn das vorhandene Normenmaterial auch bei verfassungskonformer Auslegung nicht ausreicht, um die Grundrechte in angemessener Weise zu schützen[328]. Erfülle, so das BVerfG[329], das vom Gesetzgeber

[326] Darstellung der Entwicklung der Rechtsprechung des BVerfG im Sondervotum von *Simon* und *Heußer* in BVerfGE 53, 30 (69 ff).

[327] BVerfGE 56, 216 (236) zum Asylverfahrensrecht; Sachs A4 RN 63.

[328] BVerfGE 99, 145 (162 f) – Bestellung eines Pflegers im familiengerichtlichen Verfahren zur Wahrung des Kindesinteresses; Sachs A4 RN 64.

geschaffene Verfahrensrecht seine Aufgabe nicht oder setzt es der Rechtsausübung so hohe Hindernisse entgegen, dass die Gefahr einer Entwertung der materiellen Grundrechtsposition entstehe, dann sei es mit dem Grundrecht, dessen Schutz es bewirken soll, unvereinbar. Das BVerfG[330] stellt klar, „dass die Grundrechte nicht nur die Ausgestaltung des materiellen Rechts beeinflussen, sondern zugleich Maßstäbe für eine den Grundrechtsschutz effektuierende Organisations- und Verfahrensgestaltung sowie für eine grund-rechtsfreundliche Anwendung vorhandener Verfahrensvorschriften setzen".

Damit ist der Gesetzgeber gehalten, zum Schutz des Selbstbestimmungsrechts geeignete Verfahrensvorschriften festzuschreiben.

Es scheint, als gehe der Gesetzgeber davon aus, dass aufgrund der geforderten Erkrankung immer ein Arzt beteiligt ist, welcher nach der Intention des Entwurfs dann die Handlungsunfähigkeit bescheinigt. Doch wäre auf der einen Seite auch hierfür eine Normierung im Gesetz diesbezüglich zu fordern. Auf der anderen Seite kann von einer ärztlichen Begleitung nicht in jedem Falle ausgegangen werden. Man denke nur an den altersverwirrten, „wunderlichen Opa", dem man eigene Entscheidungen nicht mehr zutraut, ohne dass eine ärztliche Betreuung bedürfende Erkrankung dahinter stünde.

Auch wenn man davon ausgeht, dass ein Arzt eingeschaltet wird, schon im Hinblick auf ein ärztliches Zeugnis für die Rechtsscheinsvertretungsmacht, mutet es dennoch sehr bedenklich an, dass dann allein die pauschale Aussage irgendeines Arztes im Rahmen eines ärztlichen Attestes für die Feststellung der Handlungsunfähigkeit ausreichend sein soll.

So spricht Probst[331] von einer „Begutachtung light", an deren Qualität ebenso wie an der Praktikabilität immer neuer Untersuchungen des Betroffenen, an der Bewältigung von Eilsituationen und an der Akzeptanz eines derartigen Verfahrens in der Rechtswirklichkeit, also bei den beteiligten Institutionen, aber auch bei den Ärzten selbst, ernste Zweifel bestünden. Schon aus Haftungsgründen dürften Ärzte, aber auch etwa Banken, im Zweifel eher auf eine Betreuung drängen.

Das gänzliche Fehlen von Vorgaben bezüglich der Feststellung der Defektlage stellt somit einen nicht gerechtfertigten Eingriff in das allgemeine Persönlichkeitsrecht des Betroffenen dar.

---

[329] BVerfGE 63, 131 (143) zum Gegendarstellungsrecht.
[330] BVerfGE 69, 315 (355) zur Versammlungsfreiheit.
[331] Probst BtPrax 2004, 163 (166).

[2] Schwierigkeiten für die Angehörigen
Darüber hinaus führt das Fehlen eines festgeschriebenen Verfahrens zur Feststellung der Handlungsunfähigkeit des Betroffenen bei den Angehörigen als gesetzliche Vertreter schnell zu Streit und Unsicherheiten. Denn der Entwurf gibt ihnen wie dargelegt kein verlässliches Kriterium an die Hand, wie sie das tatsächliche Vorhandensein der Defektlage feststellen können, sondern spricht nur generell von der Handlungsunfähigkeit des Betroffenen. Von der vorgeschlagenen Vertretungsregelung werden jedoch auch Menschen mit lebenslanger Behinderung, chronischer Krankheit und mit psychischen Beeinträchtigungen erfasst, bei denen Einschränkungen der Handlungs- und Entscheidungsfähigkeit zweifelhaft oder nur partiell vorhanden sind[332].

Wie dargetan, ist generell keine ärztliche Untersuchung erforderlich, die die Angehörigen zuvor durchführen müssten. Grundsätzlich ist damit möglich, die Handlungsfähigkeit unabhängig von einer ärztlichen Aussage anzunehmen, denn ein ärztliches Zeugnis ist nur im Rahmen der Rechtsscheinsvertretungsmacht von Nöten, die jedoch eher für den Vertretungsgegner von Interesse ist. Die Feststellung einer Defektlage ist daher vom Wahrnehmungsvermögen des Angehörigen abhängig. Offen bleibt, wie die Angehörigen Klarheit über ihr Vertretungsrecht erlangen können. Zu befürchten steht, dass sie erst im Nachhinein Gewissheit über die Rechtmäßigkeit ihres Handelns bekommen werden.

bbb) Haftungsfolgen
Dies hat auch Auswirkungen auf die Haftungsfragen. Im Rahmen des Betreuungsverfahrens stellt der Richter, mit Hilfe von Sachverständigen, die Handlungsunfähigkeit des Betroffenen bindend fest und gibt dem Betreuer damit Entscheidungskompetenzen an die Hand. Auch wenn dieses Verfahren als umständlich und belastend kritisiert wird[333], so hat es dennoch sichergestellt, dass der Betroffene hilfebedürftig ist und eines Betreuers zur Erledigung seiner Angelegenheiten bedarf. Insoweit sind die Haftungsfragen auch eindeutig geklärt. Bezüglich der Handlungsunfähigkeit trifft den Betreuer keine Verantwortung, lediglich in Bezug auf die Ausführung seiner Tätigkeit.

Ungeklärt ist, wie es sich im Falle der gesetzlichen Vertretungsbefugnis verhält. Der Gesetzesentwurf nimmt den Angehörigen bezüglich der Feststellung der Handlungsunfähigkeit in die Pflicht, ohne dass dieser jedoch qualifiziert wäre, diese sicher festzustellen. Denn selbst der Betreuungsrichter soll sich für diese Entscheidung der Unterstützung eines Sachverständigen bedienen (§ 68 b I 1 FGG).

Unterstellt man, dass die Angehörigen, obwohl dies als Voraussetzung von dem Entwurf gerade nicht vorgesehen wurde, dennoch Rat bei einem Arzt suchen,

---
[332] Crefeld BtPrax 2003, 239.
[333] BT-Drucks 15/2494 S. 16.

auch im Hinblick auf ein ärztliches Zeugnis für die Rechtsscheinsvertretungsmacht, so stellt sich dann die Frage, ob nun dem Arzt die volle Verantwortung obliegt. Insoweit wird man dem Angehörigen schon zugestehen müssen, dass er sich auf den Arzt mit der dahingehend besseren Qualifikation verlassen können muss. Doch kann den Ärzten diese Verantwortung mit einer doch durchaus hohen Haftungsfolge ebenfalls nicht ohne gesetzliche Regelung aufgebürdet werden. Unabhängig von der Frage, ob man will, dass die Handlungsunfähigkeit letztlich nur von einem ärztlichen Urteil abhängt. Zu befürchten steht in diesem Zusammenhang auch, dass die Ärzte diese vorgesehene Gesetzeslage, die ihnen quasi die Verantwortung bezüglich der Feststellung der Handlungsunfähigkeit des Betroffenen auferlegt, nicht annehmen und aufgrund der Verantwortung und des Haftungsrisikos auf einem Betreuungsverfahren bestehen werden, was die Regelung letztlich leer laufen lassen und keine nennenswerte Betreuungsvermeidung zur Folge haben würde[334].

(2) Stellungnahme

So verständlich im Hinblick auf eine Kostenreduzierung eine fehlende Normierung eines Verfahrens zur Feststellung der Handlungsunfähigkeit ist, auch um den Angehörigen eine möglichst unkomplizierte Regelung an die Hand zu geben, ist dies als unvereinbar mit dem Persönlichkeitsrecht des Betroffenen zu qualifizieren. Zur Sicherstellung der Rechte des Erkrankten, aber auch um den in die Pflicht genommenen Angehörigen verlässliche Kriterien zur Verfügung zu stellen, ist die Festlegung von Voraussetzungen bezüglich der Feststellung der Handlungsunfähigkeit des Betroffenen erforderlich und unverzichtbar. Die fehlende Transparenz bezüglich der Feststellung der Handlungsunfähigkeit des Betroffenen als entscheidendes Kriterium auch zur Wahrung des verfassungsrechtlich geschützten Selbstbestimmungsrechts (Art. 2 I i.V.m. 1 I GG) kann somit nicht akzeptiert werden. Ohne eine verbindliche Regelung zur Feststellung der Handlungsunfähigkeit des Betroffenen, ist die Vertretungsbefugnis als zu weitgehend und verfassungswidrig abzulehnen.

dd) Angemessenheit

Des Weiteren ist der Prüfung der „Angemessenheit" im Rahmen des Verhältnismäßigkeitsgrundsatzes besondere Beachtung zu schenken. Die „Angemessenheit"[335] fordert eine adäquate Zweck-Mittel-Relation und zielt auf einen angemessenen Ausgleich zwischen der Schwere der grundrechtlichen Beeinträchtigung und der Bedeutung des mit der Maßnahme verfolgten öffentlichen Belanges. Der Grundrechtseingriff muss in Maß und Umfang noch in einem vernünftigen Verhältnis zu den der Allgemeinheit erwachsenden Vorteilen stehen. Er muss demnach dem Einzelnen zumutbar sein, hinlängliches Gewicht haben und einer Gesamtabwägung standhalten.

---

[334] Probst BtPrax 2004, 163 (166).

[335] Dreier/*Dreier* Vorb. 149.

(1) Reduzierung staatlicher Eingriffe

Der Gesetzgeber bezweckt mit der Einführung einer gesetzlichen Vertretungsmacht für Angehörige und dem damit einhergehenden Verzicht auf ein gerichtliches Verfahren, dem Selbstbestimmungsrecht des Betroffenen mehr Geltung zu verschaffen. Eine in ein gerichtliches Verfahren eingebundene Betreuerbestellung bedeute, so die Entwurfsbegründung, eine hohe psychologische Belastung für den Betroffenen und seine Angehörigen. Umso mehr als in der Bevölkerung die Ansicht vorherrsche, dass Verwandte und Ehegatten zur gegenseitigen Besorgung der Angelegenheiten berechtigt seien. Erreicht werden soll demnach eine Reduzierung staatlicher Eingriffe in das Selbstbestimmungsrecht der Bürger und die Sicherung der Eigenvorsorge. Der Entwurfsbegründung zufolge, bestünde ein Interesse der Bevölkerung an der Vermeidung einer Betreuerbestellung und der damit verbundenen gesetzlichen Vertretung[336].

Diese Anliegen sind legitim und durchaus begrüßenswert[337]. Ausreichend für eine rechtliche Beurteilung und Begründung bzw. Rechtfertigung des Gesetzesentwurfs sind sie jedoch noch nicht[338]. An dem Eingriff in das Selbstbestimmungsrecht des Betroffenen ändert dies nichts, denn eine gesetzliche Vertretungsbefugnis ist nach wie vor Regelungsgegenstand. Mit der Verleihung einer gesetzlichen Vertretungsmacht aber greift der Staat tief in das verfassungsrechtlich geschützte Selbstbestimmungsrecht des Einzelnen ein, was grundsätzlich einer Rechtfertigung bedarf. Ein solcher Eingriff kann nur durch eine gesetzliche Regelung, die den Schutz des Selbstbestimmungsrechts hinlänglich berücksichtigt, gerechtfertigt werden[339].

Mit der Einführung einer gesetzlichen Vertretungsmacht für Angehörige wird der staatliche Eingriff aber nur scheinbar reduziert, denn eine Einschränkung der Selbstbestimmungsrechte des Betroffenen bleibt. Wiederum wird ein gesetzlicher Vertreter eingesetzt. „Im Kern“, so formuliert Bienwald[340] zutreffend, „ist es nicht mehr Freiheit vom Staat, sondern mehr Staat, der sich nämlich in das Privatleben hineindrängt, indem er den Partnern eine Regelung aufzwingt, anstatt den Partnern die freie Wahl zu lassen, eine Vollmacht zu erteilen, für deren Erteilung der Partner den Zeitpunkt wählen sowie Umfang und Wirksamkeit bestimmen kann“.

aaa) Keine Kontrollinstanz

Vorliegend sollen keine Einwände gegen den vom Gesetzesentwurf vorgesehenen vertretungsberechtigten Personenkreis erhoben werden, denn schon jetzt werden im Betreuungsverfahren bevorzugt Angehörige des Betroffenen zu

---

336 BT-Drucks 15/2494 S. 14.

337 Gödicke FamRZ 2003, 1894 (1895).

338 So auch Gödicke FamRZ 2003, 1894 (1895).

339 Gödicke FamRZ 2003, 1894 (1895).

340 Bienwald FamRZ 2002, 1453 (1454).

dessen Betreuer eingesetzt. Doch liegt in diesem Fall die Betonung auf „eingesetzt“. Durch das Betreuungsverfahren wird sichergestellt, dass der Angehörige auch geeignet und fähig ist sowie keine Interessenskollisionen bestehen. Der Angehörige wird in seine Aufgabe förmlich eingeführt und sich seiner Pflichten bewusst. Der Gesetzesentwurf hingegen gewährt die gesetzliche Vertretungsmacht den Angehörigen ohne eine vorgeschaltete Kontrollinstanz.

[1] Schutzvorkehrungen

Gerade, wenn der Einzelne in der Wahrnehmung seiner Rechte geschwächt ist, bedürfen geeignete Schutzvorkehrungen jedoch besonderer Beachtung. Eine krankheits- oder behinderungsbedingte Handlungsunfähigkeit kann durchaus lange währen und die Zuerkennung von gesetzlicher Vertretungsmacht kann, je nach betroffenem Lebensbereich, empfindliche Auswirkungen für den Betroffenen haben. Dem vertretungsbefugten Angehörigen wird im vorliegenden Gesetzesentwurf ein nahezu unkontrollierter und zeitlich unbefristeter Handlungsspielraum eröffnet, der so mit dem Selbstbestimmungs-recht und dessen Schutzbedürftigkeit unvereinbar ist. Die Reduzierung, der mit einer gerichtlichen Betreuerbestellung verbundenen Belastungen, und nicht zu vergessen, des damit einhergehenden staatlichen Aufwandes, mag gut gemeint sein, übersieht jedoch den in einem gerichtlichen Verfahren liegenden Schutz des Betroffenen und seines Selbstbestimmungsrechts.

[2] Interessensgegensätze

Nicht zu unterschätzen in diesem Zusammenhang sind auch auftretende Interessenskonflikte. Zu denken ist dabei an Konflikte in finanziellen Bereichen aber auch in emotionaler Hinsicht. Dies gilt beispielsweise für von Geburt an geistig behinderte Menschen. Für deren Eltern kann es mitunter schwer sein, ihre geistig behinderten Kinder als Erwachsene mit einem Recht auf ein eigenständiges Leben als Erwachsene mit eigenen Wünschen und Vorstellungen, auf eigene Partnerschaften und Sexualität, zu begreifen. Eine gesetzliche Vertretung geistig behinderter Kinder durch ihre Eltern kann eine Ablösung geistig behinderter Menschen von ihren Eltern zusätzlich erschweren[341]. Es soll nicht abgestritten werden, dass im Einzelfall die Eltern die idealen gesetzlichen Vertreter ihrer geistig behinderten Kinder sind, was sich daran zeigt, dass sie vielfach als Betreuer ihrer volljährigen Kinder bestellt werden. Allerdings gibt es auch Fälle, in denen es nicht im Interesse des geistig behinderten Erwachsenen liegt, dass seine Eltern zu seinen Vertretern bestellt werden. Auch umgekehrt, sind volljährige Kinder nicht in jedem Fall die geeigneten Vertreter für ihre Eltern[342]. So kann es Kindern schwerer als außen-stehenden Personen fallen, sich an den Wünschen ihrer altersverwirrten Eltern zu orientieren.

---

[341] Crefeld BtPrax 2003, 239 (242); Hoffmann BtPrax 2003, 94 (95).
[342] Hoffmann BtPrax 2003, 94 (95).

Ein weiteres Argument gegen die gesetzliche Vertretungsmacht Angehöriger stellt die Erkenntnis dar, dass „beim Geld bekanntlich die Freundschaft aufhört". Bemerkenswert ist, dass dieses von Probst/Knittel[343] geliefert wird, welche sich für die Einführung einer gesetzlichen Vertretungsbefugnis für Angehörige aussprechen. Sie führen an, in der Praxis seien häufig „Konfliktbetreuungen" gegeben, bei denen die Interessengegensätze zwischen dem Betreuten und seinen Angehörigen oder zwischen diesen untereinander derart groß seien, bisweilen werde der Betreuungsfall als Eintritt einer „vorweggenommenen Erbfolge" betrachtet, dass die Bestellung eines Angehörigen als Betreuer nicht in Betracht komme oder nach kurzer Zeit die Entlassung aus wichtigem Grund drohe.

Insoweit mag argumentiert werden, werden Kinder für ihre Eltern, Eltern für ihre Kinder oder ein Ehegatte für den anderen zum Betreuer bestellt, so sei das Ergebnis das gleiche wie bei einer gesetzlichen Vertretungsbefugnis. Dabei verkennt man jedoch, dass das Betreuungsverfahren insoweit die Möglichkeit geschaffen hat, die Interessen des zu betreuenden Menschen, seine Wünsche und Vorstellungen zu prüfen und mögliche Interessenkonflikte zu beseitigen[344]. Das Betreuungsverfahren ist somit auch ein Garant für eine gewisse Ergebnisqualität[345] und gibt klare Richtlinie für die Interessenwahrnehmung vor. Bei bestehenden Interessenskollisionen, die vielleicht ein Gesunder noch meistern könnte, lässt das Betreuungsrecht den Schwächeren aus gutem Grunde nicht schutzlos[346]. Dafür, so Hoffmann[347], sei auch in Kauf zu nehmen, dass das Betreuungsverfahren in einigen Fällen als überflüssig empfunden werde. Die Vorteile der bestehenden Regelung für den Betroffenen überwiegten die Nachteile für die Angehörigen. Es ließe sich schnell eine nicht geringe Zahl von Beispielen finden, bei denen Familienmitglieder bestehende Vollmachten oder einfach ihre reale Macht gegenüber zu betreuenden Menschen missbrauchen, die also das Missbrauchspotential gesetzlicher Vertretungsbefugnisse oder vermuteter Vollmachten aufzeigen würden.

Auch hilft insoweit die Argumentation, es bestünde ja die Möglichkeit einer Betreuerbestellung, wenn der Angehörige die Angelegenheiten nicht mehr ebenso gut wie ein Betreuer zu besorgen vermöge bzw. es werde die gesetzliche Vertretungsmacht von dem Nichtvorhandensein eines Betreuers oder Bevollmächtigten abhängig gemacht, nicht weiter. Denn im Falle gesetzlicher Vertretungsbefugnisse werden die hierfür zuständigen Stellen von der mangelhaften Wahrnehmung der Vertretungsrechte und der Interessenskonflikte nicht wie etwa im Falle eines gerichtlichen Betreuungsverfahrens Kenntnis erlangen.

---

[343] Probst/Knittel ZRP 2001, 55 (56).
[344] Crefeld BtPrax 2003, 239; Hoffmann BtPrax 2003, 94 (95).
[345] Hoffmann BtPrax 2003, 94 (96).
[346] Probst/Knittel ZRP 2001, 55 (56).
[347] Hoffmann BtPrax 2003, 94 (96).

bbb) Widerspruchsmöglichkeit

Die Entwurfsbegründung gibt ferner an, die Privatautonomie werde durch die gesetzliche Vertretungsmacht nicht weiter eingeschränkt, da bei einer der Vertretung widersprechenden Willensbekundung des verhinderten Ehegatten die Vertretung ausgeschlossen (§ 1358 III 2, § 1358a II 1 BGB-E) sei und eine durch Rechtsgeschäft erteilte Vertretungsmacht (Vollmacht, § 166 II 1 BGB) der gesetzlich zugewiesenen Vertretungskompetenz vorgehe[348].

Doch vermag dies den Schutz der Privatautonomie nicht ausreichend zu gewährleisten[349]. Nimmt man die Möglichkeit des Widerspruchs gegen die gesetzliche Vertretungsbefugnis wahr, so könnte dies vom Partner oder Angehörigen unter Umständen als Misstrauen verstanden werden, was diesen von der Wahrnehmung dieses Rechts abhalten könnte. Auch ist damit der Zwang verbunden, dem Geschäftsverkehr seinen Familienstand zu offenbaren, ob man verheiratet ist oder in einer Lebenspartnerschaft lebt.

Insbesondere hinsichtlich einer gesetzlichen Vertretungsbefugnis im Bereich der Gesundheitssorge von Eltern für ihre erwachsen werdenden behinderten Kinder mit rechtlichem Betreuungsbedarf werden insoweit erhebliche Bedenken vorgebracht[350]. Diesen Personen hilft die vorgesehene Widerspruchsmöglichkeit mangels Ausübungsmöglichkeit nicht weiter und vermag ihr Selbstbestimmungsrecht daher nicht zu wahren. Menschen mit einer geistigen Behinderung steht mit Eintritt der Volljährigkeit aber ebenso das Recht auf Privatautonomie als Ausfluss des grundgesetzlich geschützten Persönlichkeitsrechts zu. Es wäre in der deutschen Rechtsordnung einmalig, wenn in einem so persönlichen Bereich wie dem der Entscheidung in eigenen Gesundheitsangelegenheiten Vertretungsrechte durch Selbsterklärung derjenigen, die sie für einen anderen volljährigen Menschen ausüben möchten, zur Entstehung gebracht werden könnten, ohne dass eine Anhörung der Betroffenen oder eine Kontrolle der Ausübung solcher Vertretungsrechte vorgesehen ist. Für volljährige Menschen mit geistiger Behinderung würde damit die Wiedereinführung von Elementen (paternalistischer) Fremdbestimmung in das Zivilrecht drohen[351].

---

[348] BT-Drucks 15/2494 S. 17.

[349] Stellungnahme der Bundestagsabgeordneten Markus Kurth und Jerzy Montag (beide Bündnis 90/Grüne) zum Entwurf des 2. BtÄndG, derzeit unter „http://www.vfbev.de/-Nachrichten/Nachrichten_-_Aktuell/News_94_-_Stellungnahme_der_Bu/body_news_94_-_stellungnahme_der_bu.html".

[350] Bundesvereinigung Lebenshilfe, Parlamentarierabend 11.03.04, zu lesen unter „http://-www.lebenshilfe.de/content/stories/index.cfm?key=1301"; Stellungnahme des PARITÄTISCHEN Wohlfahrtsverbandes -Gesamtverband e.V.- zum Gesetzesentwurf unter „http://www2.paritaet-bw.de/news/stellungnahmen/2004/04/3169.php".

[351] Bundesvereinigung Lebenshilfe, Parlamentarierabend 11.03.04, zu lesen unter „http://-www.lebenshilfe.de/content/stories/index.cfm?key=1301"; Stellungnahme des PARITÄTISCHEN Wohlfahrtsverbandes -Gesamtverband e.V.- zum Gesetzesentwurf unter „http://www2.paritaet-bw.de/news/stellungnahmen/2004/04/3169.php".

ccc) Stellungnahme

Der Entwurfsbegründung zufolge, bedeute die gesetzliche Vertretungsmacht für Angehörige „mehr Freiheit vom Staat". Dieser Einschätzung kann jedoch nicht gefolgt werden. Vielmehr wird der Bürger einer durchaus weitreichenden Vertretungsregelung ausgesetzt, welcher er sich nicht so einfach zu entziehen vermag. Gerade behinderten Menschen wird dies oft überhaupt nicht möglich sein, da sie zu einer rechtsgeschäftlichen Erklärung nicht fähig sind und damit automatisch nach der vorgesehenen Vertretungsregelung unter gesetzlicher Vertretung ihrer Eltern stehen. Dies läuft der Entwicklung, die Rechte und die Freiheit zur Selbstbestimmung minderjähriger und kranker Personen auszubauen und zu stärken, entgegen. Als bedeutsame Errungenschaft zu qualifizieren, wurde das Kind im 20. Jahrhundert zunehmend als eigenständige Person mit eigenen Rechten und Interessen verstanden. Die pauschale Entmündigung kranker Menschen wurde als Verstoß gegen die Menschenwürde aus Art. 1 I GG aufgefasst und es galt, die Persönlichkeitsrechte mehr zu schützen. Nunmehr hatten sich die gesetzlichen Vertreter am Wohl des Kindes und des Betroffenen zu orientieren. Das gesetzliche Vertretungsrecht begründete kein „Herrschaftsverhältnis" mehr, sondern war pflichtgebunden und zum Wohle des Betroffenen auszuüben. Die vorgeschlagene gesetzliche Vertretungsbefugnis naher Angehöriger muss in diesem Zusammenhang als Rückschritt bewertet werden und ist daher nicht zu begrüßen. Angebracht wäre stattdessen ein weiterer Ausbau der Rechte und Freiräume vor Fremdbestimmung der minderjährigen und kranken Personen.

Die vorgesehene gesetzliche Vertretungsbefugnis naher Angehöriger hält somit dem Verhältnismäßigkeitsgrundsatz nicht stand. Sie schießt über das geforderte Ziel hinaus und stellt einen unangemessenen Eingriff in das Selbstbestimmungsrecht der Betroffenen dar.

Verfassungswidrig ist insbesondere die fehlende vorgeschaltete Kontrollinstanz als Garant für die Wahrung der Interessen des Betroffenen. Zum Schutze des Persönlichkeitsrechts des Handlungsunfähigen ist eine gewisse Einflussnahme bei der Einsetzung eines gesetzlichen Vertreters unerlässlich. Aufgrund des tiefgreifenden Eingriffs in das Selbstbestimmungsrecht des Betroffenen ist ferner die Einführung einer Widerspruchsmöglichkeit zur Wahrung der Rechte des Handlungsunfähigen als nicht ausreichend zu qualifizieren.

Die handlungsunfähigen Personen bedürfen bei der Teilnahme am Rechtsverkehr zu ihrem eigenen Besten der Unterstützung. Doch darf diese nicht so weit gehen, dass sich die Betroffenen einer von staatlicher Kontrolle freien Fremdbestimmung ausgesetzt sehen.

(2) Wille des Betroffenen

aaa) Bindung an den Willen des Betroffenen

Von Bedeutung im Rahmen der Angemessenheitsprüfung ist ferner die Bindung des gesetzlichen Vertreters an den Willen des Betroffenen. Der Einführung einer gesetzlichen Vertretungsbefugnis für Angehörige legt der Gesetzgeber den typischerweise bestehenden Willen des Betroffenen zugrunde, obwohl dahingehende empirisch gesicherte Daten nicht bestehen[352], dass der betreffende Angehörige im Falle einer Krankheit oder einer Behinderung seine Angelegenheiten erledigen und ihn dabei auch vertreten können solle[353].

Die Bindung des Vertreters an den Willen des Betroffenen ist, wie bereits angesprochen[354], im Entwurf aber weder ausdrücklich vorgesehen noch auf andere Weise gesichert. Dagegen sah der Zwischenbericht der Bund-Länder-Arbeitsgruppe „Betreuungsrecht" noch die Bindung der Vertretungsmacht an den Maßstab des § 1901 BGB (Orientierung am „Wohl" des Betreuten, Maßgeblichkeit von dessen „Wünschen", soweit dem „Wohl nicht zuwiderlaufend und dem Betreuer zumutbar") vor. Der Entwurf verzichtet bisher auf eine derartige Einschränkung. Lediglich für das „Ob" der Vertretung wird eine Bindung festgeschrieben, während die zentrale Frage der Ausübung der Befugnis bewusst offen gelassen wird. Beruht die Vertretungsmacht letztlich aber auf dem vermuteten Willen des Betroffenen, Angehörige könnten für ihn tätig werden, dann ist die Bindung an den Willen des Betroffenen unabdingbar, sowohl für den Schutz des Betroffenen als auch für die Akzeptanz des neuen Instituts in der Bevölkerung[355]. Dem Vertreter wird vorliegend letztlich eine inhaltlich ungebundene Vertretungsmacht eingeräumt. Die Befugnis dient nicht mehr dem Willen des Betroffenen, sondern führt zu einer unkontrollierten Fremdbestimmung, welche so mit dem Verhältnismäßigkeitsgrundsatz nicht mehr vereinbar ist.

bbb) Innenverhältnis

Geregelt wird die Vertretungsmacht des Vertreters nur im Verhältnis zu Dritten, während eine Regelung des Innenverhältnisses völlig fehlt. Die Entwurfsbegründung begnügt sich mit der Herleitung der Vertretungsbefugnis aus der Pflicht zur ehelichen Lebensgemeinschaft (§ 1353 BGB) bzw. zur verwandtschaftlichen Rücksichtnahme (§ 1618a BGB), wonach sich die Regelung des Innenverhältnisses erübrige, da keine über die bisherigen beiderseitigen Rechte und Pflichten der Ehegatten hinausgehende neue Verpflichtung begründet werde[356]. Jedoch hilft dies hier nicht weiter und gibt dem Vertreter bei der

---

352 Wird weiter unten ausgeführt 5. Kapitel A. II. 2. b).

353 BT-Drucks 15/2494 S. 16.

354 5. Kapitel A. I. 1. b) dd) (2).

355 Stellungnahme des Vormundschaftsgerichtstag e.V. vom 24.02.04 Seite 5 unter „http://www.vgt-ev.de/Themen/Stellungnahmen/Ref0402.pdf".

356 BT-Drucks 15/2494 S. 24.

Wahrnehmung seiner Befugnisse keine Leitlinie an die Hand[357]. Die genannten Pflichten beziehen sich auf die jeweilige Gemeinschaft und besagen daher nichts darüber aus, wie die Vertretungsmacht für den Betroffenen in dessen Angelegenheiten auszuüben ist. Es ist ungeklärt, ob auf dessen Willen einzugehen ist oder ob der Angehörige das nach seiner Ansicht Richtige für den Betroffenen zu unternehmen hat. Entscheidend ist dies insbesondere bei auftretenden Differenzen zwischen Vertreterwillen und erreichbarem Betroffenenwillen. Denn es stellt durchaus einen Unterschied dar, ob der Wille des Betroffenen ausschlaggebend oder lediglich in seinem Interesse zu handeln ist. Dies ist sowohl für den Betroffenen als auch für den handelnden Angehörigen, auch bzgl. haftungsrechtlicher Konsequenzen, von entscheidender Bedeutung.

ccc) Kontrollbefugnisse des Vormundschaftsgerichts

Auswirkungen hat die fehlende Bindung an den Betroffenenwillen auch auf die Kontrollbefugnisse des Vormundschaftsgerichts. Der Entwurf sieht die Genehmigung bestimmter Maßnahmen durch das Vormundschaftsgericht zum Schutz des Betroffenen vor (§§ 1358 II Nr. 4 S. 2, 1358a I S. 2 BGB-E). Da der Entwurf aber keine Leitlinie für die Ausübung festlegt, ist unsicher, anhand welcher Kriterien das Vormundschaftsgericht die Entscheidung des Angehörigen überhaupt überprüfen soll und kann. Der vermeintliche Schutz durch das Vormundschaftsgericht bleibt dann aber wirkungslos oder führt zu willkürlichen Eingriffen in die Familie und damit auch zu einer Missachtung des Willens des Betroffenen[358].

ddd) Stellungnahme

Wie aufgezeigt, ist eine Bindung der Vertretungsregelung an den Willen des Betroffenen und die Ausgestaltung des Innenverhältnisses unerlässlich. Dem Entwurf muss entgegengetreten werden, wenn er glaubt, dies durch den Hinweis auf die allgemeinen Regelungen getan zu haben. Diese reichen zur Konkretisierung und Wahrnehmung der Vertretungsbefugnisse keinesfalls aus, so dass die Regelung auch insoweit nicht den verfassungsrechtlichen Anforderungen genügt.

(3) Missbrauchsgefahr

Aufgrund der Betroffenheit eines engen Persönlichkeitsbereichs kommt der Verhinderung eines Missbrauchs der gesetzlichen Vertretungsmacht von nahen Angehörige entscheidende Bedeutung zu.

---

[357] Probst BtPrax 2004, 163 (165); Stellungnahme des Vormundschaftsgerichtstag e.V. vom 24.02.04 Seite 6 unter „http://www.vgt-ev.de/Themen/Stellungnahmen/Ref0402.pdf"; Diekmann BtPrax 2003, 200 (202).

[358] Stellungnahme des Vormundschaftsgerichtstag e.V. vom 24.02.04 Seite 6 unter „http://www.vgt-ev.de/Themen/Stellungnahmen/Ref0402.pdf".

aaa) Bereichsspezifische Vertretungsregelungen

Die Entwurfsbegründung vertritt insoweit die Ansicht, die Möglichkeit eines Missbrauchs sei im Rahmen bereichsspezifischer Vertretungsregelungen als gering einzustufen[359], denn gesetzliche Sozialversicherungen und private Versicherungen prüften, ob der Betroffene tatsächlich pflegebedürftig, erwerbsunfähig usw. sei. Entscheidungen der Gesundheitssorge stünden zudem unter der Kontrolle der Ärzteschaft. Die Auflösung der Wohnung und/oder der Abschluss eines Heimvertrages stünden unter der Aufsicht des Vormundschaftsgerichts. Der Zugriff auf das Girokonto sei auf monatliche Höchstbeträge beschränkt.

bbb) Fehlende Sicherungsvorkehrungen

Es muss jedoch bezweifelt werden, ob allein hierdurch der Missbrauchsgefahr vorgebeugt werden kann. Insoweit verbleibt immer noch ein weiter Handlungsspielraum für Missbrauchsmöglichkeiten ohne einhergehende Sicherungsvorkehrungen.

[1] Soziale Kontrolle

Bei der sozialen Kontrolle dürfte es sich nur um ein Konstrukt handeln. Das Interesse am Schicksal anderer ist in der heutigen Bevölkerung doch eher gering ausgeprägt. Insbesondere in Ballungsgebieten und Hochhaussiedlungen ist eine gegenseitige Entfremdung und Anonymität nicht abzustreiten.

Offen bleibt auch, wie die angeführten Leistungsträger die Handlungsunfähigkeit des Betroffenen überprüfen können, und welche Stellung ihnen im Rahmen der Kontrollmechanismen genau zugedacht wird. Ihre Kontrollmöglichkeiten dürften, verlangten sie nicht gerade ein Sachverständigengutachten, wovon aufgrund des Aufwandes eher nicht ausgegangen werden kann, doch sehr niedrig ausfallen und sich mehr auf das Nachfragen beschränken.

[2] Kontrolle der Ärzteschaft

Auch die Kontrolle der Ärzteschaft dürfte im Ergebnis nicht allzu eingehend ausfallen. Deren Handlungsspielraum wird durch die Einsetzung eines gesetzlich legitimierten Vertreters durch den Gesetzesentwurf ja auch gerade eingeschränkt.

Allenfalls bezüglich der Behandlungsoptionen wird man eine Kontrolle der Ärzteschaft annehmen können, wird sich der Angehörige doch in vielen Fällen von deren Rat leiten lassen. Diese Einflussnahme im Bereich der Behandlungsalternativen hatte wohl auch der Gesetzgeber im Blick, wenn er von einer Kontrolle der Ärzteschaft spricht.

---

[359] BT-Drucks 15/2494 S. 17.

Viel wichtiger in diesem Zusammenhang ist jedoch die Kontrolle bezüglich der Einwilligungsfähigkeit bzw. -unfähigkeit des Betroffenen. Wie sich die Kontrollbefugnisse der Ärzteschaft insoweit gestalten bleibt offen.

Zwar soll ohne Einwilligung der betroffenen Person die medizinische Maßnahme als Körperverletzung strafbar sein (§ 223 StGB), um so das Selbstbestimmungsrecht des Patienten und sein Interesse an der Wahrung seiner Gesundheit im Medizinbetrieb zur Geltung zu bringen. Der Patient soll nicht zum „Objekt ärztlicher Vernunfthoheit" werden[360]. Von Crefeld[361] wird in diesem Zusammenhang herausgearbeitet, dass die Medizin z.T. geprägt von der Allmachtvorstellung des Arztes, der mehr die Krankheit des Menschen als den kranken Menschen behandelt, wurde und wird. Oft werde auch heute noch die Arzt-Patienten-Beziehung durch eine überwertige Selbsteinschätzung des Arztes und die geringschätzige Bewertung des kranken Menschen nach dem Modell „Vorgesetzter – Untergebener", „Lehrer – Lehrender" charakterisiert. Der kranke Mensch werde manchmal nicht in erster Linie als der leidende Kranke mit seinem subjektiven Krankheitsbild angenommen, sondern als eine reparaturbedürftige Maschine. Hingewiesen wird auf eine verbreitete Tendenz des Arztes im Medizinbetrieb, zu einer paternalistisch-fürsorglichen Haltung zu neigen, der allein zu wissen glaubt, was für den Patienten gut ist. Die Aufgabe des Patienten sei es, den ärztlichen Behandlungsanweisungen Folge zu leisten. Entscheide nun dieser Arzt auch über die Einwilligungsfähigkeit des Erkrankten, werde er bei Krankheitsuneinsicht diese bestimmt in Abrede stellen. Dann aber laufe die Strafandrohung, dass eine Behandlung ohne Einwilligung als Körperverletzung gewertet wird, die dem Patienten als dem in der schwächeren Position mehr Gewicht geben und sein Selbstbestimmungsrecht stärken soll, leer. Die als positiv gewertete Kontrolle der Ärzteschaft verkehre sich dann in ihr Gegenteil und vermöge ein Korrektiv zur Missbrauchsgefahr nicht darzustellen.

Selbst wenn man die obigen Ausführungen als übertrieben bewertet, und grundsätzlich von der korrekten Feststellung der Einwilligungsfähigkeit durch den Arzt ausgeht, so bleibt doch die Frage offen, ob der Arzt die Einwilligungsfähigkeit im Falle des Auftretens eines gesetzlichen Vertreters überhaupt zu überprüfen hat oder nicht, und falls ja, wie dies zu geschehen hat. Ungeklärt ist auch, was im Fall von Uneinigkeit der Beteiligten zu geschehen hat. Angesichts dessen, kann dem Gesetzesentwurf, wenn er diesbezüglich von einer Kontrolle der Ärzteschaft spricht, nicht gefolgt werden. Ohne eine dahingehende gesetzliche Regelung kann insoweit nicht von einer Sicherungsvorkehrung gesprochen werden.

---

[360] Crefeld BtPrax 2003, 239.
[361] Crefeld BtPrax 2003, 239.

[3] Vormundschaftsgerichtliche Genehmigung
Die Genehmigungsbedürftigkeit von Wohn- und Heimangelegenheiten vermag der Missbrauchsgefahr ebenfalls nur eingeschränkt zu begegnen[362]. Diese ist aufgrund des sensiblen Bereichs der Aufenthaltsbestimmung zwingend zu fordern, sie ist als alleiniges Sicherungsmittel jedoch keinesfalls ausreichend. Vielfach werden Paare um die Genehmigungsbedürftigkeit solcher Angelegenheiten nicht wissen und durch die Haushaltsauflösung werden dann endgültige Tatsachen geschaffen, ohne dass eine gerichtliche Beteiligung oder Intervention hätte stattfinden können. Eine vormundschaftsgerichtliche Genehmigung ist auch nur im Falle der Kündigung des Mietverhältnisses einzuholen. Wird die Wohnung jedoch nicht gekündigt, weil z.B. der vertretungsberechtigte Ehegatte in der angemieteten Wohnung verbleibt, entsteht auch keine Genehmigungspflicht, der Ehegatte ist aber dennoch berechtigt, den betroffenen Ehegatten woanders unterzubringen. Dies kommt einem Aufenthaltsbestimmungsrecht des Ehegatten gleich[363]. So weitgehende Rechte durch eine ipso iure eintretende gesetzliche Vertretungsmacht einzuräumen, ist mit dem Persönlichkeitsrecht des Betroffenen jedoch nicht vereinbar. Sie gehen über die Gewährung von Hilfestellungen weit hinaus.

[4] Zugriffsbeschränkung
Der Zugriff des Ehegatten auf das Girokonto des betroffenen Ehegatten wird auf monatliche Höchstbeträge beschränkt, doch handelt es sich hierbei um einen Betrag, der das monatliche Haushaltsbudget von Paaren vielfach übersteigen wird und damit der Eingrenzung einer Missbrauchsgefahr kaum wird dienen können[364]. Der dem Ehegatten eingeräumte Handlungsspielraum ist daher als zu weitgehend zu qualifizieren.

ccc) Kontroll- und Eingriffsbefugnisse
Der Entwurf beschränkt sich auf die Möglichkeit einer Betreuerbestellung, wenn der Angehörige die Angelegenheiten nicht mehr ebenso gut wie ein Betreuer zu besorgen vermag bzw. macht die gesetzliche Vertretungsmacht von dem Nichtvorhandensein eines Betreuers oder Bevollmächtigten abhängig. Ob jedoch auf diese Weise Missbrauchsgefahren vorgebeugt werden kann, erscheint eher zweifelhaft[365]. Es fehlen Kontroll- und Eingriffsbefugnisse staatlicher Einrichtungen. Das Gericht sollte befugt sein, dem Ehegatten die Vertretungsbefugnis ganz oder teilweise zu entziehen, wenn er sie überschreitet oder sich als unfähig erweist, sie auszuüben, entsprechend der Regelung im Eltern-Kind-

---

362 Stellungnahme des Vormundschaftsgerichtstag e.V. vom 24.02.04 Seite 5 unter „http://www.vgt-ev.de/Themen/Stellungnahmen/Ref0402.pdf"; Gödicke FamRZ 2003, 1894 (1897).
363 So auch Sabine Bätzing (SPD) bei der ersten Beratung des Gesetzesvorschlags am 04.03.2004, Protokoll S. 9, unter „http://www.bdb-ev.de/v-reform/BtaendG040304.pdf".
364 Gödicke FamRZ 2003, 1894 (1896); Probst BtPrax 2004, 163 (167).
365 Probst BtPrax 2004, 163 (165).

Verhältnis gemäß § 1666 BGB, wonach bei ernster Gefährdung des Wohles des Betroffenen der Entzug der gesetzlichen Vertretungsmacht erfolgen kann[366]. Bei Streitigkeiten unter den Angehörigen oder mit Dritten über das Vorliegen der Voraussetzungen oder den Umfang des Vertretungsrechts sollte eine gerichtliche Entscheidung ermöglicht werden. Das Gericht sollte dabei von Amts wegen oder auf Antrag einer der urteilsunfähigen Person nahe stehenden Person tätig werden können. Aufgrund des Eingriffs in das individuelle Selbstbestimmungsrecht des Betroffenen, ist zu dessen Schutz ein Mindestmaß an staatlicher Aufsicht und Beteiligung zu fordern.

ddd) Stellungnahme

Es ist bemerkenswert, wie gering die Missbrauchsgefahr eingestuft und wie wenig Beachtung den Sicherungsvorkehrungen geschenkt wird, zumal es doch die Aufgabe des Gesetzgebers ist, eine allseits tragfähige Regelung zu finden und sich über deren Missbrauch bzw. dessen Verhinderung Gedanken zu machen. Doch auch bei bereichsspezifischen Vertretungsbefugnissen verbleibt immer noch ein weiter Handlungsspielraum mit erheblichen Missbrauchsmöglichkeiten, welchen der Gesetzgeber zu begegnen hat. Auch ohne nähere Angaben eine Kontrolle von anderen, insbesondere Ärzten und Nachbarn, anzunehmen, ohne diese geregelt oder festgeschrieben zu haben, kann nicht hingenommen werden. Zum Schutz des Betroffenen, ist daher die Schaffung weitergehender Einschränkungen und gerichtlicher Kontrollmöglichkeiten zu fordern. In der vorgesehenen Ausgestaltung genügt die Regelung den verfassungsrechtlichen Anforderungen nicht.

Einhergehend damit sieht die endgültige Fassung des 2. BtÄndG[367] eine gesetzliche Vertretungsmacht Angehöriger nicht mehr vor. Diese war auf erhebliche Kritik gestoßen[368]. Ein Konsens für die gesetzliche Vertretungsmacht für Ehegatten und Angehörige konnte nicht gefunden werden. Die dem vorgesehenen Vertretungsrecht innewohnende Missbrauchsgefahr und die Gefahr der Bevormundung älterer und behinderter Menschen wurden als zu groß eingestuft[369], so dass die vorgeschlagenen Regelungen zur gesetzlichen Vertretungsmacht im Bereich der Vermögens- und Gesundheitssorge nicht in den Gesetzestext übernommen wurden.

2. Ergebnis

Aufgrund der vorstehenden Ausführungen stellt sich die gesetzliche Vertretungsbefugnis von Angehörigen in dem Gesetzesentwurf aus dem Jahre 2004 (BT-Drucks 15/2494) als verfassungswidrig dar, da dem Schutz des

---

[366] Probst BtPrax 2004, 163 (165).

[367] BT-Drucks 15/4874.

[368] Gerhards/Lemken BtPrax Spezial, S3.

[369] Soeren Bartol Pressemitteilung unter „http://www.bartol.de/presse-detail.php?RECORD-_KEY%28bartol_presse%29=id&id(bartol_presse)=146“

individuellen Selbstbestimmungsrechts des Betroffenen aus Art. 2 I i.V.m. 1 I GG nicht hinreichend Rechnung getragen wird.

Die Missbrauchsgefahr der gesetzlichen Vertretungsmacht wird nicht hinlänglich berücksichtigt und es fehlen eingehende Sicherungsvorkehrungen. Bezüglich der Handlungsunfähigkeit des Betroffenen als Voraussetzung der gesetzlichen Vertretungsbefugnis versäumt der Gesetzgeber, ein eindeutiges Feststellungskriterium einzuführen. Was die Auswahl der Angehörigen angeht, so bleiben deren mögliche Unfähigkeit oder eventuell bestehende Interessenskonflikte unberücksichtigt. Insbesondere dem Willen des Betroffenen wird nicht ausreichend Beachtung geschenkt.

Das Rechtsinstitut „der gesetzlichen Vertretungsmacht von Angehörigen" ist nicht grundsätzlich verfassungswidrig, doch hat der Gesetzgeber insoweit den Verhältnismäßigkeitsgrundsatz zu beachten. Erforderlich ist, dass der Eingriff in das Selbstbestimmungsrecht des Betroffenen auf ein Minimum beschränkt wird. Die gesetzliche Vertretungsmacht sollte daher nur in eng beschränkten Ausnahmefällen zum Zuge kommen. Notwendig sind Kontrollfunktionen und Eingriffsbefugnisse, um der Missbrauchsgefahr zu begegnen. Unumgänglich ist die Einbindung der Feststellung der Handlungsunfähigkeit des Betroffenen und die Einsetzung eines gesetzlichen Vertreters in einem dafür vorgesehenen Verfahren.

Bei der gesetzlichen Vertretungsmacht handelt es sich um einen Akt der Fremdbestimmung einhergehend mit einem tiefgreifenden Eingriff in das Persönlichkeitsrecht des Betroffenen. Daher ist bei der Einführung und Ausgestaltung des Rechtsinstituts Zurückhaltung und besondere Sorgfalt seitens des Gesetzgebers zu fordern.

II. Motive des Gesetzgebers

Nach der Prüfung der Verfassungsmäßigkeit der vorgesehenen Regelung bezüglich eines „gesetzlichen Vertretungsrechts von Angehörigen" sollen auch die vorgebrachten Motive des Gesetzgebers diesbezüglich einer eingehenden Würdigung unterzogen werden.

1. Entlastung der Landesjustizhaushalte

Auch wenn sich der Gesetzgeber dagegen wehrt, die Diskussion als reine Spardiskussion zu führen, so ist nicht zu leugnen, dass die maßgebliche Triebfeder für die Gesetzesänderung in einer erhofften Entlastung der

Landesjustizhaushalte besteht[370]. Es wird erwartet, durch die Neuregelung eine Verringerung der Betreuungen und damit der Kosten zu erreichen[371].

a) Betreuungsvermeidung

Ob aber die vorgesehene Regelung zu wesentlichen Einspareffekten führen würde, ist fraglich[372]. Denn nur ca. 13 Prozent der Betreuten sind überhaupt verheiratet, was auch die Bundesregierung in ihrer Stellungnahme zu bedenken gibt[373]. Ein großes Sparpotential kann darin somit nicht gesehen werden.

Zwar, so hebt auch Probst[374] hervor, könne eine gesetzlich begründete Vertretungsmacht nicht der archimedische Punkt zur Lösung sämtlicher Struktur- und Finanzierungsprobleme des Betreuungsrechts sein, sondern nur ein Element unter vielen eines vielschichtig integrierten Betreuungsrechts. Doch kenne der Betreuungsalltag Situationen, in denen Betreuungsbedürftigkeit vor allem das Ergebnis institutioneller Absicherungsmechanismen sei. Damit aber würden Situationen produziert, in denen auch das Vormundschaftsgericht nicht mehr tun könne, als einen Betreuer zu bestellen, der dann die allein denkbare Entscheidung zur Vornahme eines medizinischen Eingriffs oder zur Stellung eines Antrags auf Rente treffe. Zudem laufe eine derartige Betreuerbestellung -von § 1897 V BGB so auch gewollt- häufig auf nichts anderes hinaus, als die Bestellung von Angehörigen zu Betreuern. Angehörige jedoch, die zuvor in Kliniken, Heimen oder Behörden häufig das Gefühl der Entrechtung und die Skepsis der Professionellen hätten erleben müssen, während sie als Pflegekräfte, empathiefähig und preiswert, gerne gesehen würden.

Die Überflüssigkeit mancher Betreuungsverfahren mag zutreffend sein, doch lässt sich deren Vermeidung auch auf anderem Wege als einer einschneidenden Gesetzesänderung erreichen. Etwa über die Reduzierung von Antragserfordernissen in verwaltungs- und sozialrechtlichen Verfahren. Auch wenn es häufig zur Bestellung von Angehörigen zu Betreuern kommt, was ja durchaus zu begrüßen ist, so hat das Betreuungsverfahren jedoch sichergestellt, dass Interessensgegensätze nicht vorhanden sind und dem Selbstbestimmungsrecht des Betroffenen Rechnung getragen wurde. Zur Wahrung der Rechte des Betroffenen ist es zumutbar, gewisse Unannehmlichkeiten in Kauf zu nehmen.

---

[370] So auch Vossler BtPrax 2003, 6 (7); Klie BtPrax 2002, 91 (96); Bienwald FamRZ 2002, 1453 (1454); Seichter BtPrax 2003, 91; Bundesverband Psychiatrie-Erfahrener unter „http://www.psychiatrie.de/recht/betreuungsrecht/article/Betreuungsrecht_I.html“.
[371] BT-Drucks 15/2494 S. 12.
[372] Seichter BtPrax 2003, 91 (92); Stolz BtPrax 2003, 20.
[373] BT-Drucks 15/2494 S. 46.
[374] Probst BtPrax 2004, 163.

b) Interne Kosten
Bei den justizinternen Aufwendungen für die Durchführung von Betreuungsverfahren handelt es sich ganz überwiegend um Personalkosten[375]. Inwieweit insofern ein Abbau dieser Stellen möglich wäre, ist schwer abzuschätzen, zumal mit der Überwachung der gesetzlichen Vertreter und den hierzu vorgesehenen Genehmigungsvorbehalten neue Aufgaben für die Vormundschaftsgerichte geschaffen würden, die den Einspareffekt zumindest zum Teil wieder zunichte machen dürften.

c) Externe Kosten
Auch bei den externen Kosten, die im Wesentlichen aus der an Berufsbetreuer zu zahlenden Vergütung besteht, ist kaum mit Einsparungen zu rechnen[376]. Denn, ist ein zur Vertretung bereiter und fähiger Angehöriger vorhanden, so wird dieser nach der gegenwärtigen Praxis zum ehrenamtlichen Betreuer bestellt werden, so dass in diesen Fällen dann aber auch keine Vergütung nach § 1836 BGB anfällt.

Bei den Aufwendungen für Sachverständige und Verfahrenspfleger sind auch nur geringe Entlastungseffekte zu erzielen[377]. Soweit durch die gesetzliche Vertretungsmacht die Bestellung eines Betreuers vermieden werden könnte, entfiele zwar die Einholung eines Sachverständigengutachtens oder ärztlichen Zeugnisses nach § 68 b FGG, für andere Entscheidungen des Vormundschaftsgerichts, z.B. bei Genehmigungsvorbehalten, bliebe die Einholung entsprechender Gutachten aber nach wie vor erforderlich (§§ 69 d II, III, 70 e FGG).

d) Stellungnahme
Im Hinblick darauf, dass in der Mehrzahl der Betreuungsfälle keine Angehörigen vorhanden sind, und wenn Angehörige verfügbar sind, diese in der Regel zu Betreuern mit einem geringeren Kostenaufwand bestellt werden, so ist die mit einer gesetzlichen Vertretungsbefugnis zu erzielende Ersparnis doch als sehr gering einzustufen. Daher ist dieses Institut unter der Prämisse der Kostenreduzierung als wenig sinnvoll zu klassifizieren.

2. Soziale und rechtliche Wirklichkeit
a) Sozialnorm
Der Entwurfsbegründung zufolge sei die Akzeptanz in weiten Teilen der Bevölkerung für eine gesetzliche Vertretungsmacht -zumindest in Teilbereichen- groß. Denn das geltende Recht entspreche nicht dem in der Gesellschaft vorherrschenden Rechtsgefühl. Vielmehr bestünde eine weit verbreitete Vorstellung in Umsetzung der Rechtsgedanken des § 1353 BGB dahingehend, dass die Verpflichtung zur gegenseitigen Verantwortung auch das Recht begründe,

---

[375] Vossler BtPrax 2003, 6 (7).
[376] Seichter BtPrax 2003, 91 (92); Vossler BtPrax 2003, 6 (7).
[377] Vossler BtPrax 2003, 6 (7).

die Interessen des anderen nach außen wahrnehmen zu dürfen[378]. In der Bevölkerung herrsche somit die Ansicht vor, volljährige Verwandte und insbesondere Ehegatten könnten sich einander vertreten. Diese Einschätzung ist auch in der Literatur häufig anzutreffen[379].

Zur Verdeutlichung der Problematik führt die Entwurfsbegründung folgendes typisches Beispiel an[380]: „Ein verheirateter Mann von 65 Jahren muss sich einer Operation unterziehen. Als Folge der Narkose ist er, zumindest vorübergehend, zeitlich, örtlich und inhaltlich nicht orientiert. Als der Mann aus dem Krankenhaus entlassen wird, sind verschiedene Entscheidungen für ihn zu treffen: Sozialleistungen sind zu beantragen und entgegenzunehmen, die weitere medizinische Behandlung ist abzuklären, eine ambulante Pflege ist zu organisieren, ggf. ist ein Heimplatz zu suchen und zur Deckung der laufenden Kosten muss auf das Girokonto des Mannes zugegriffen werden können. Als die Ehefrau versucht, die entsprechenden Maßnahmen einzuleiten, erfährt sie, dass sie dafür als Betreuerin ihres Mannes bestellt werden muss. Sie regt deshalb beim zuständigen Vormundschaftsgericht ihre Bestellung als Betreuerin an. Das Vormundschaftsgericht ordnet daraufhin die psychiatrische Begutachtung des Mannes an, bestellt für ihn einen Verfahrenspfleger, bittet die Betreuungsbehörde um einen Sozialbericht und verschafft sich selbst von den Eheleuten im Wege einer persönlichen Anhörung einen Eindruck. Gutachter, Verfahrenspfleger, Mitarbeiter der Betreuungsbehörde und das Gericht suchen deshalb das Ehepaar in seiner Wohnung auf, um die Angelegenheit zu besprechen. Am Ende wird, entsprechend ihrer Anregung, die Ehefrau zur Betreuerin des Mannes bestellt (siehe § 1898 V BGB)."

Angeführt wird hierzu, dieses Verfahren sei mit erheblichen Belastungen für den Betroffenen und seinen Ehepartner verbunden, die das Geschehen oft nur mit Angst und Unverständnis verfolgten („Ich habe doch noch nie etwas mit dem Gericht zu tun gehabt!"). Zudem fragten sie sich, wofür die Gesamtmaschinerie des vormundschaftsgerichtlichen Verfahrens in Gang gesetzt wird, nur um -selbstverständlich- den Ehegatten zum Betreuer zu bestellen[381].

Mit der Bestellung zur Betreuerin oder zum Betreuer sei das Betreuungsverfahren aber ja noch nicht beendet. Der Ehegatte ist verpflichtet, ein Vermögensverzeichnis zu errichten (§§ 1908i I 1, 1802 BGB), Auskunft über die persönliche Entwicklung des Betroffenen zu geben (§§ 1908i I 1, 1840 I BGB), über den Vermögensbestand zu berichten (§§ 1908i I 1 und II 2, 1857a, 1854 BGB) und vormundschaftsgerichtliche Genehmigungen einzuholen (§§ 1908i I 1 und II 2, 1857a, 1821, 1822 BGB). Die Ehegatten fragten sich, mit welcher

---

[378] BT-Drucks 15/2494 S. 17.
[379] Klie BtPrax 2002, 91 (93); Diekmann BtPrax 2003, 200 (201).
[380] BT-Drucks 15/2494 S. 16.
[381] BT-Drucks 15/2494 S. 16.

Berechtigung der Gesetzgeber nach oft langer Ehezeit ihnen gegenüber generell derartig misstrauisch ist[382].

Dieser Fall zeige exemplarisch, dass es für die kranken Menschen und ihre Angehörigen hilfreich sein kann, wenn insbesondere Ehepartnern gesetzlich die Befugnis eingeräumt werde, den anderen zu vertreten[383]. Die Einführung einer gesetzlichen Vertretungsmacht könnte das Auseinaderfallen von sozialem Anspruch und rechtlicher Wirklichkeit beseitigen[384]. Mit der Einführung gesetzlicher Vertretungsbefugnisse werde daher die gelebte Wirklichkeit abgebildet[385].

b) Empirische Untersuchungen

Empirische Untersuchungen zur Existenz einer solchen Sozialnorm fehlen allerdings[386]. Allein aus dem genannten Beispiel vermag dies nicht gefolgert zu werden. In diesem Falle könnte das vorgebrachte Erstaunen der Angehörigen auch darauf zurückgeführt werden, dass der Arzt als Experte nicht alleine über die Behandlung entscheiden könne, sondern eine Einmischung von außen in das Arzt-Patienten-Verhältnis erfolge[387]. Zudem kann die Annahme einer Sozialnorm auch deswegen bezweifelt werden, da „Familie" heutzutage in zunehmendem Maße auf gewählten Beziehungen beruht und soziale Nähe nicht zwingend in Verwandtschaftsverhältnissen zu finden ist[388].

Zwar kann dem Gesetzgeber diesbezüglich eine Einschätzungsprärogative zugebilligt werden. Auch stellt die Akzeptanz und Befürwortung der Bevölkerung grundsätzlich keine Voraussetzung einer gesetzlichen Regelung dar. Der Gesetzgeber ist zur Einführung eines Gesetzes nicht auf die Zustimmung der Bevölkerung angewiesen, sondern ist diesbezüglich grundsätzlich frei und unabhängig von einer öffentlichen Meinungsbildung und nur der verfassungsmäßigen Ordnung unterworfen. Oft ist er auch gezwungen, unpopuläre Entscheidungen zu treffen. Allerdings ist die gesellschaftliche Akzeptanz und Annahme des Gesetzes für dessen „Erfolgsaussichten" durchaus von Vorteil. Hier ist auch die Besonderheit zu berücksichtigen, dass von der geplanten Gesetzesänderung wesentliche und sensible Lebensbereiche betroffen sind. Aufgrund des Grundrechtsbezuges ist dem Gesetzgeber, auch wenn er nicht dazu gezwungen werden kann, dennoch zu empfehlen, empirisch gesicherte Daten zu liefern, um die Neuregelung auf eine sichere Grundlage zu stellen. Zieht der Gesetzgeber die Meinungsbildung in der Bevölkerung wie vorliegend als wesentliches Kriterium

---

382 Dieckmann/Jurgeleit BtPrax 2002, 197.
383 BT-Drucks 15/2494 S. 16.
384 BT-Drucks 15/2494 S. 17.
385 BT-Drucks 15/2494 S. 16.
386 So auch Stellungnahme des Vormundschaftsgerichtstag e.V. vom 24.02.04 Seite 5 unter „http://www.vgt-ev.de/Themen/Stellungnahmen/Ref0402.pdf".
387 Hoffmann BtPrax 2003, 94.
388 Hoffmann BtPrax 2003, 94 (95).

heran, so muss er sich in jedem Fall daran festhalten lassen. Bildet die Annahme einer Sozialnorm somit eine wesentliche Basis der Gesetzesänderung und stützt sich der Gesetzgeber zur Begründung seines Gesetzesvorschlages im Wesentlichen auf sie, sind genauere Erkenntnisse und Untersuchungen unumgänglich und ungesicherte Vermutungen als Prämisse nicht hinnehmbar[389].

c) Sozialnorm als Vorbild für eine Rechtsnorm

Doch selbst, wenn man das Vorhandensein einer dahingehenden Sozialnorm annimmt, stellt sich die Frage, gerade im Hinblick pluraler Lebens- und Gestaltungsformen sowie nicht zu leugnender Interessensgegensätze auch in Partnerschaften, ob die Sozialnorm als Vorbild für eine Rechtsnorm überhaupt tragfähig und angemessen ist. Denn die Funktion des Gesetzes, den Bürgern auch in Nähebeziehungen Schutz zu bieten, darf nicht übersehen werden. Zu Recht akzeptiert das Recht oftmals die vorherrschende Meinung der Bevölkerung nicht und beschreitet andere Wege[390]. Das Recht kann dadurch progressiv wirken und den gesellschaftlichen Wandel fördern. Als Beispiele hierfür seien angeführt die Gleichberechtigung und Förderung der Frau sowie das Recht der Kinder auf eine gewaltfreie Erziehung. Der Gesetzgeber beabsichtigte mit dem Betreuungsrecht im Jahr 1992, einen gesellschaftlichen Wandel in der Einstellung gegenüber Kranken und Behinderten sowie ihrer Mündigkeit und Entscheidungsfähigkeit einzuleiten. Es sollte daher Sorge getragen werden, dass ein gesetzliches Vertretungsrecht von Angehörigen nicht zu einer Stabilisierung von Machtasymmetrien und paternalistischer Traditionen in Ehe und Familie führt[391].

Die Kontrollmechanismen des Betreuungsrechts bestehen aus gutem Grunde und dienen der Stärkung des Selbstbestimmungsrechts des Betroffenen. Es soll nicht geleugnet werden, dass es Fälle gibt, in denen mit Erstaunen und Unverständnis dem Betreuungsverfahren begegnet wird. Die Entwurfsbegründung versäumt es jedoch darzulegen, in welcher Anzahl diese Reaktion anzutreffen ist. Zudem erscheint es ebenso wahrscheinlich, dass im Falle einer Erklärung und Verdeutlichung um die Notwendigkeit eines solchen Verfahrens, die Haltung der Betroffenen in Verständnis umschlägt. Den Bürgern bleibt auch durch Errichtung einer Vorsorgevollmacht unbenommen, für den Fall einer Handlungsunfähigkeit Vorsorge zu treffen und eigenbestimmt ihre Bedürfnisse zu regeln. Sie sind ja nicht in jedem Falle dem Betreuungsverfahren „ausgeliefert". Der Einwand, die Bürger setzten sich nicht gerne mit Krankheit und Tod auseinander[392], vermag indes nicht durchzugreifen. Einem mündigen

---

[389] So auch Stellungnahme des Vormundschaftsgerichtstag e.V. vom 24.02.04 Seite 5 unter „http://www.vgt-ev.de/Themen/Stellungnahmen/Ref0402.pdf"; Diekmann BtPrax 2003, 200 (203).

[390] Klie BtPrax 2002, 91 (93); Bienwald FamRZ 2002, 1453 (1454).

[391] Klie BtPrax 2002, 91 (93).

[392] BT-Drucks 15/2494 S. 15/16.

Bürger, als welche man die Bevölkerung auch betrachten und behandeln sollte, ist es durchaus zuzumuten, seine Lebensgestaltung verantwortungsbewusst soweit eben möglich selbst zu regeln. Geschieht dies jedoch nicht, so greift das Betreuungsrecht ein, womit er sich dann gegebenenfalls abfinden muss.

d) Stellungnahme

Der Gesetzesentwurf stützt seine Vertretungsregelung im Wesentlichen auf eine behauptete dahingehende Vorstellung in der Bevölkerung. Woher oder woraus er diese entnimmt, erschließt sich indes nicht. Der angeführte Beispielsfall vermag eine dahingehende Annahme keinesfalls zu begründen. Mag eine Vorstellung, dass im Falle einer Komaerkrankung die Angehörigen handlungsfähig sind, noch denkbar sein, so kann dies für die übrigen Fälle, z.B. psychische Erkrankungen oder Altersdemenz, jedoch keineswegs angenommen werden. Auch im Rahmen von Wohnungsangelegenheiten oder Kontozugriffen sind entsprechende Anhaltspunkte für eine Sozialnorm nicht ersichtlich. Dies umso mehr, als viele Ehepaare, trotz der vorhandenen Möglichkeit, oftmals keine gegenseitigen Kontovollmachten aussprechen. Es wäre also angebracht gewesen, entsprechende Studien vorzulegen, die eine Überzeugungsbildung in der Bevölkerung stützen, um so eine Grundlage für die Neuregelung belegen zu können. Ohne diese, bleiben die Vorstellungen lediglich Vermutungen, die eine so weitreichende Regelung nicht zu stützen vermögen.

III. Praktikabilität der Neuregelungen

1. Familienstruktur

Der Vorschlag, nahen Angehörigen ein Vertretungsrecht einzuräumen, berührt auch das sich stets im Wandel befindliche gesellschaftliche Verständnis und die Definition von „Familie".

a) Die Kernfamilie

Beschränkt ist der Kreis der zur Vertretung befugten Personen auf den Bereich der „Kernfamilie". Zur Vertretung berechtigt sind danach nicht getrennt lebende Ehegatten und Lebenspartner, Eltern sowie volljährige Kinder im Verhältnis zueinander. Hierbei sind Ehegatten und Lebenspartner vor Kindern, diese aber vor den Eltern vertretungsbefugt. Schon Geschwister, aber auch Enkelkinder sind in den Kreis der Vertretungsberechtigten nicht einbezogen. Die Ausrichtung am engsten Kreis der Familie ist nicht zu beanstanden, kann hier in der Regel doch noch der höchste Loyalitätsgrad vermutet werden.

b) Soziale Nähe

Es fragt sich aber, ob in einer überwiegenden Zahl noch von einem solchen Familienverband gesprochen werden kann, mithin eine gesetzliche Vertretungsmacht für Angehörige in der heutigen Zeit überhaupt angemessen ist.

So wird die Anordnung einer rechtlichen Betreuung nicht als zwingend empfunden, vielmehr liege es nahe, auf bewährte familiäre Strukturen zurückzugreifen und nahen Verwandten ein gesetzliches Vertretungsrecht einzuräumen[393].

Die zurzeit im Familienrecht vorhandenen Vertretungsbefugnisse leiten sich von einer gelebten sozialen Nähe zwischen Vertretenen und seinem Vertreter ab. Im Eherecht enden daher die vorgesehenen Vertretungs- bzw. Verpflichtungsbefugnisse der Ehegatten, wenn die Ehegatten getrennt leben (§ 1357 III BGB). Die aus der elterlichen Sorge resultierenden Vertretungsbefugnisse von Eltern für ihre minderjährigen Kinder beruhen auf der Annahme, eines tatsächlich gelebten Näheverhältnisses zwischen den Eltern und ihren Kindern, so dass § 1674 I BGB vorsieht, dass die elterliche Sorge, und damit die Vertretungsbefugnis eines Elternteils, ruht, wenn das Familiengericht feststellt, dass ein Elternteil auf längere Zeit die elterliche Sorge tatsächlich nicht ausüben kann. Im Falle des Entzugs der elterlichen Sorge oder von Bestandteilen der elterlichen Sorge (§ 1666 BGB), was in der Praxis oft auch eine räumliche Trennung der Eltern und ihres Kindes bedeutet, enden ebenfalls die elterlichen Vertretungsbefugnisse für den Bereich des Entzugs der elterlichen Sorge.

Damit könnten gesetzliche Vertretungsbefugnisse zwischen Ehegatten daran anknüpfen, dass die Ehegatten nicht getrennt leben. Zwischen volljährigen Verwandten allerdings scheidet ein solcher Anknüpfungspunkt aus. In der Regel leben heute volljährige Verwandte verschiedener Generationen nicht mehr in einem gemeinsamen Haushalt. Damit fingiert der Entwurf aus dem Bestehen bestimmter rechtlicher Verwandtschaftsverhältnisse das Bestehen einer sozialen Nähe[394]. Heute findet sich soziale Nähe aber nicht mehr zwingend „in gerader Linie". So kann zum rechtlichen Vater eine soziale Nähe fehlen, zum Stiefvater aber vorhanden sein. Die Bedeutung sozialer Nähe in der Seitenlinie, zu Neffen, Nichten, Tanten und Onkeln, nimmt, angesichts der zunehmenden Kinderlosigkeit, stetig zu.

c) Zerfall familiärer Bindungen

Die Familie und deren Ausgestaltung befindet sich derzeit in einem Umbruch. In zunehmendem Maße beruht Familie auf gewählten Beziehungen und diese Beziehungen und Beziehungsmuster entsprechen nicht zwangsläufig der finanziellen Solidarität im Familienrecht und den rechtlichen Verwandtschaftsverhältnissen. Viele Ehen sind von kurzer Dauer und werden wieder geschieden. Häufig im Vordergrund steht nur die eigene Person und die Verantwortung für andere wird nicht gerne übernommen. Zudem kristallisieren sich verschiedenste

---

[393] BT-Drucks 15/2494 S. 17; Rede des Thüringer Justizministers Dr. Gasser im Bundesrat am 19.12.2003, nachzulesen unter „http://www.thueringen.de/de/tsk/tskb/bundesrat/br795/-zw_braeg/content.html".

[394] Hoffmann BtPrax 2003, 94 (95).

Formen des Zusammenlebens heraus[395]. Bindung und Zusammengehörigkeit lassen sich nicht mehr an vorbestimmte Familienformen knüpfen. Vor diesem Hintergrund entspricht eine auf Verwandtschaft basierende Vertretungsbefugnis nicht der Lebensrealität[396].

So wird von Seichter vertreten, beim vorhandenen Zerfall familiärer Bindungen sei eine gesetzliche Vertretungsbefugnis sachlich verfehlt[397]. Keine Bedenken bestünden allenfalls bei einer Zustimmungslösung wie im Transplantationsgesetz[398] und nicht wie vorgesehen bei einer Widerspruchslösung[399].

d) Finanzielle Solidarität

Unter Berücksichtigung der geführten Diskussionen über den Abbau der finanziellen Solidarität, wird von Hoffmann gefragt, ob die Schaffung einer gesetzlichen Vertretungsbefugnis dann überhaupt zeitgemäß ist[400]. Der Entwurf beinhaltet eine Erweiterung der familiären Solidarität zwischen Volljährigen im Familienrecht. Er stützt sich dabei auf die Regelungen des §§ 1353, 1618 a BGB, wonach sich Eltern und Kinder einander Rücksicht und Beistand schuldig seien. Zeitgleich wird aber die Lockerung der Verpflichtung zu finanzieller Solidarität innerhalb der Familie diskutiert. So entschied der Bundesgerichtshof[401] im Herbst 2002, dass Kinder nicht unbegrenzt für den Unterhalt ihrer pflegebedürftigen Eltern aufkommen müssen. Nach § 91 II 3 BSHG müssen sich Eltern behinderter Volljähriger nur noch in einer bestimmten Höhe an den Unterbringungskosten in einer Pflegeeinrichtung beteiligen.

e) Machtasymmetrien

Viele Familien und eheliche Partnerschaften sind zudem von Machtasymmetrien gekennzeichnet[402]. Zwar mögen noch viele nach den traditionellen Vorstellungen des „Für-Einander-Eintretens“ und „Sich-Vertretens“ leben, doch ob dies als unumstößliches Prinzip als Basis für die Regelung herangezogen werden kann, wie der Gesetzesentwurf glauben machen will[403], mag bezweifelt werden. Psychische Probleme haben ihre Ursache häufig im familiären Bereich und daher dürfte eine automatische Vertretung durch Angehörige in vielen Fällen ausgesprochen problematisch sein[404].

---

395 Klie BtPrax 2002, 91 (93); Bienwald FamRZ 2002, 1453 (1454).
396 Hoffmann BtPrax 2003, 94 (95).
397 Seichter BtPrax 2003, 91 (92).
398 Eine „Organspende“ erfolgt nur bei positiver Zustimmung.
399 Seichter BtPrax 2003, 91 (92).
400 Hoffmann BtPrax 2003, 94 (95).
401 BGH NJW 2003, 128.
402 Klie BtPrax 2002, 91 (93).
403 BT-Drucks 15/2494 S. 17.
404 Stellungnahme der Bundestagsabgeordneten Markus Kurth und Jerzy Montag (beide Bündnis 90/Grüne) zum Entwurf des 2. BtÄndG, derzeit unter „http://www.vfbev.de/-

Das gegenseitige Verständnis innerhalb der Familie muss nicht in jedem Fall vorhanden sein, viele Familienmitglieder hören nicht auf ihre Familienangehörigen und lassen sich von diesen nichts vorschreiben. Beispielhaft angeführt sei die ältere Ehefrau, die womöglich selbst gesundheitlich beeinträchtigt ist und sich gegen den körperlich überlegenen Ehemann nicht durchsetzen kann, oder an die Tochter, von welcher der senile Vater sich nichts vorschreiben lassen möchte, so dass in diesen Fällen mit einer gesetzlichen Vertretungsmacht nicht viel erreicht wäre.

Mögen diese Szenarien noch bei einem Komapatienten keine Rolle spielen, so wird die Praxis sich aber durchaus mit diesen auseinandersetzen müssen, so dass sie einer eingehenderen Betrachtung bedürfen. Zwar kommt es im Betreuungsverfahren auch zum Einsatz Angehöriger als Betreuer. Allerdings steht dann die Autorität des Gerichts im Hintergrund, was sowohl den Betroffenen einsichtiger zu stimmen als auch dem Angehörigen mehr Durchsetzungskraft zu verleihen vermag. Jedenfalls findet dort eine Prüfung der Geeignetheit des Betreuers und dessen Akzeptanz durch den Betroffenen statt. Vermag sich der Angehörige im Falle automatischer gesetzlicher Vertretung gegenüber dem Betroffenen nicht durchzusetzen, so ist ein Betreuer zu bestellen, da die gesetzliche Vertretungsbefugnis insoweit nicht ausgeübt werden kann. Dann aber wirkt die gesetzliche Vertretungsmacht in solchen Fällen nicht betreuungsvermeidend bzw. –reduzierend. Dies wiederum führt dazu, dass die Zahl und das Ausmaß solcher Fälle erörtert und kalkuliert werden muss, um eine verlässliche Zahl der angestrebten Betreuungsvermeidungen zu erlangen.

f) Stellungnahme

Angesichts der geschilderten Probleme und Entwicklungen kann eine gesetzliche Vertretungsbefugnis für Angehörige ohne empirisch gesicherte Daten über ihre Akzeptanz nicht befürwortet und die Frage, ob ein solches Rechtsinstitut dem heutigen Zeitgeist entspricht, nicht beantwortet werden.

Soziale Nähe stellt zwar grundsätzlich einen tauglichen Anknüpfungspunkt für eine gesetzliche Vertretungsmacht dar, doch diese allein in verwandtschaftlichen Beziehungen zu erblicken, wird dem gegenwärtigen familiären Verständnis in der Bevölkerung nicht gerecht. In zunehmendem Maße beruht Familie auf gewählten Beziehungen und Bindungen. Ein Zusammengehörigkeitsgefühl lässt sich nicht mehr an vorbestimmte Familienformen knüpfen. Dies hat bei einer Gesetzesänderung Berücksichtigung zu finden.

2. Verantwortungsausmaß einer gesetzlichen Vertretungsmacht

Der Gesetzesvorschlag aus dem Jahre 2004 zu einem 2. BtÄndG sieht eine gesetzliche Vertretungsmacht Angehöriger für Bereiche der Vermögenssorge

---

Nachrichten/Nachrichten_-_Aktuell/News_94_-_Stellungnahme_der_Bu/body_news_94_-_stellungnahme_der_bu.html".

und für die Gesundheitssorge vor. Der Ehegatte soll in Teilbereichen vermögensrechtliche Interessen des Betroffenen wahren und in Gesundheitsangelegenheiten sollen auch die Angehörigen Entscheidungen für den Erkrankten treffen können. Zu kritisieren ist dabei, dass der Entwurf das diesbezügliche Verantwortungsausmaß der Angehörigen zu unterschätzen scheint.

a) Durchsetzung der Interessen des Betroffenen

Doch gerade in Gesundheitsfragen, die höchstpersönliche Güter betreffen, kann eine Entscheidung oft schwierig und mit weitreichenden Folgen belastet sein. Wer zu stellvertretenden Behandlungsentscheidungen berufen ist, hat eine wesentlich schwierigere Aufgabe als nur Ja oder Nein zu den Behandlungsvorstellungen der Ärzte und Psychotherapeuten zu sagen, um im Übrigen die Angemessenheit der Behandlung der Selbstkontrolle der Ärzte zu überlassen[405]. Vielmehr hat er den Anspruch des Vertretenen auf einen ergebnisoffenen Beratungs- und Entscheidungsprozess, in dem mögliche Therapieziele und sich daraus ergebende Therapieoptionen erörtert werden, in einem Dialog mit den Ärzten und anderen Therapeuten zu vertreten. Auszugehen hat der Vertreter dabei vom mutmaßlichen Willen des von ihm vertretenen Kranken. Dessen relevante Entscheidungsgesichtspunkte aus seiner Lebenswelt sind einzubringen. Der Vertreter darf sich insoweit ebenso wenig unreflektiert von seiner eigenen Lebensphilosophie leiten lassen wie von seinen persönlichen Interessen. Darüber hinaus sind die verbliebenen Fähigkeiten zur Einwilligung der betroffenen Person zur Geltung zu bringen, da für stellvertretende Behandlungsentscheidungen der sich aus dem Verfassungsrecht ergebende Erforderlichkeitsgrundsatz gilt.

Im Falle einer Bevollmächtigung hat der Kranke selbst entschieden, dass er dem Bevollmächtigten vertrauen kann, dass dieser in seinem Sinne entscheiden werde und es bestand die Möglichkeit, über die Wünsche und Vorstellungen zu sprechen. Ein rechtlicher Betreuer wurde vom Gericht eingewiesen und ist sich seiner verantwortungsreichen Aufgabe bewusst. Er weiß, dass er als Vertreter den Willen und die Interessen des von ihm Betreuten wahren muss. Das Gesetz gibt ihm auch klare Richtlinien bzgl. der Handhabung seiner Vertreterrolle vor und er untersteht einer gerichtlichen Kontrolle (§1835 BGB).

Bei plötzlich in die Pflicht genommenen Angehörigen, kann jedoch nicht davon ausgegangen werden, dass sie sich ihrer verantwortungsvollen Aufgabe bewusst sind. Es ist nicht anzunehmen, dass allen Angehörigen per se die Wünsche und der Wille der Erkrankten bekannt sind. Auch werden sie nicht wissen, dass sie jetzt Erklärungen für den Kranken abzugeben haben, und dass sie dessen Willen und Interessen darzustellen haben und nicht aus ihrer Perspektive entscheiden dürfen. Dabei stellt sich auch die Frage, wie sichergestellt werden kann, dass

[405] Crefeld BtPrax 2003, 239 (240).

vertretende Angehörige sich am Wohle und dem Willen des Betroffenen orientieren. Denn es ist weder ein Einführungsgespräch noch eine Kontrollmöglichkeit ihrer Aufgabenwahrnehmung vorgesehen[406]. Dann aber, so Crefeld[407], herrsche ein ähnlicher Zustand wie vor dem Jahre 1992. Zu jener Zeit haben für den Vormund keinerlei Vorgaben, wie er seine Aufgabe der Personensorge wahrzunehmen habe, bestanden. Doch eben dies habe es seit 1992 nicht mehr geben sollen.

b) Verschiedene Krankheitsbilder

Von der Gesetzesänderung betroffen ist eine durchaus heterogene Klientel in Bezug auf ihre psychischen Kompetenzen und Krankheitsverläufe [408]. Es gibt verschiedenste Ausprägungen psychischer und geistiger Erkrankungen, die unterschiedliche Anforderungen an die vorgeschlagene Regelung stellen.

Einen eher kleinen Teil der in Betracht kommenden Vertretungsfälle stellen dabei diejenigen, die aufgrund Bewusstlosigkeit an der Behandlung psychisch überhaupt keinen Anteil nehmen, dar. Hier ist der von dem Gesetzesentwurf angeführte Beispielsfall[409] von dem Mann, der sich seit seiner Operation im Koma befindet, einzuordnen. Insoweit ist der Entwurfsbegründung beizupflichten, dass sich die Anforderungen an die Vertretung in einem überschaubaren Umfang halten. Die Handlungsunfähigkeit des Betroffenen tritt klar zu Tage und die Behandlungsoptionen sind übersichtlich.

Anders verhält es sich jedoch bei dementiell und geistig behinderten Menschen, welche den größten Teil der von der Regelung erfassten Vertretungsfälle ausmachen. Diese sind in ihren intellektuellen Fähigkeiten eingeschränkt, emotional aber für die Ereignisse, die sie betreffen, sehr zugänglich. Daher benötigen sie zur Verdeutlichung ihrer Ängste und Bedürfnisse gegenüber anderen und zum Verständnis der sie betreffenden Geschehnisse einer Art Dolmetscher in Gestalt eines einfühlungsfähigen oder in der Kommunikation mit der Klientel erfahrenen Menschen[410]. Zu denken ist an Situationen, in denen sich der betroffene Mensch gegen Behandlungs- und Pflegemaßnahmen wehrt, Medikamente und Infusionen ablehnt usw. Dementiell behinderte Menschen erleben ja ihre Behandlung mit, aber sie verstehen sie unter Umständen nicht. Dabei ist auch fraglich, ob der zur Vertretung berechtigte Angehörige auch über Zwang zu entscheiden hat, wenn der Betroffene die Einnahme bestimmter Tabletten oder physiotherapeutische Behandlungen aus möglicherweise unsinnigen Gründen verweigert. Für alte Menschen können Pflege- und Behand-

---

[406] Crefeld BtPrax 2003, 239 (241).
[407] Crefeld BtPrax 2003, 239 (241).
[408] Crefeld BtPrax 2003, 239 (241).
[409] BT-Drucks 15/2494 S. 16.
[410] Ackermann/Haase/Medjedovic/Witzel BtPrax 2004, 3 (4); Crefeld BtPrax 2003, 239 (241).

lungsentscheidungen, die sich über ihre persönliche Situation und Lebensgewohnheiten hinwegsetzten, traumatisierend sein, so führen z.B. mit Druck erreichte Heimverlegungen zu einem erhöhten Risiko baldigen Sterbens[411]. Dabei wird klar, dass dem nicht jeder Angehörige gewachsen und in der Lage ist, die Interessen des Betroffenen zu wahren.

c) Konfliktträchtige Krankheitsbilder

Probleme stellen sich auch bei der Angehörigenvertretung für psychosebetroffene und andere Patienten der Allgemeinpsychiatrie[412]. Die Handlungsunfähigkeit dieser Patienten tritt nicht immer offen zu Tage und ist auch nur partiell gegeben. Für Patienten mit psychose- oder suchtbedingten Störungen stehen weiter die Bemühungen um Stärkung der Selbstbestimmung im Vordergrund.

In einer akuten psychotischen Phase kann zwar die Fähigkeit zu einer freien Willensbestimmung eingeschränkt sein. Doch geht heute die Auffassung dahin, dass die Erforderlichkeit einer stellvertretenden Entscheidung, wenn überhaupt, dann nur unter bestimmten Umständen, hinsichtlich bestimmter Entscheidungsbereiche und oft nur für kurze Phasen im Interesse des Betroffenen gegeben ist. Die Autonomie des Patienten soll respektiert und seine Eigenverantwortlichkeit gestärkt werden. So wird der Patient bewusst in die Therapieformen mit einbezogen[413].

Ein grundsätzliches Vertretungsrecht Angehöriger für Patienten mit psychose- oder suchtbedingten Störungen würde aber diesen Bemühungen um Stärkung der Selbstbestimmung zuwiderlaufen und befürchtet wird die Wiederbelebung überkommen geglaubter Strukturen[414]. Früher wurde Menschen mit einer Psychose die Fähigkeit zu eigenverantwortlichen Entscheidungen oft pauschal abgesprochen einhergehend mit einer Entmündigung[415]. Die Betroffenen könnten es daher als eine Art von Entmündigung erleben, wenn die Kliniken sich künftig aus Gründen ihrer Absicherung gegenüber Vorwürfen nicht hinreichend legitimierter Behandlungen nun wieder an Angehörige wenden[416].

Auch seien für die emotional und sozial bereits überlasteten Angehörigen von Patienten mit Psychose- und Suchtproblemen weitere Belastungen zu befürchten. Nicht selten treffe man bei ihnen als vom Krankheitsschicksal ihres Angehörigen Mitbetroffenen entweder auf ein gut gemeintes, mitunter aber für alle Beteiligten schädliches Überengagement oder auf weitgehende Resignation

---

[411] Crefeld BtPrax 2003, 239 (241).
[412] Crefeld BtPrax 2003, 239 (241).
[413] Crefeld BtPrax 2003, 239 (241).
[414] Crefeld BtPrax 2003, 239 (241).
[415] BT-Drucks 11/4528 S. 44.
[416] Crefeld BtPrax 2003, 239 (241).

und tiefgreifende Störung der Beziehung zum Kranken. Nicht zuletzt aufgrund dieser Erfahrungen sei man mancherorts mit der Bestellung von Angehörigen psychisch Kranker zu deren Betreuern vorsichtiger und zurückhaltender geworden[417]. In vielen Fällen würde die vorgeschlagene Vertretungsregelung dann auf eine wenig sinnvolle Zwangsverpflichtung der Angehörigen hinauslaufen[418].

d) Überforderung der Angehörigen

Der Entwurfsbegründung zufolge, sei eine Überforderung der nahen Angehörigen nicht gegeben, da sie nicht verpflichtet seien, von ihrem gesetzlichen Vertretungsrecht Gebrauch zu machen[419]. Im Falle der Weigerung oder auch Unfähigkeit werde ein Betreuer bestellt. Dies gelte entsprechend, wenn zwar die nahen Angehörigen bereit, aber im Einzelfall nicht in der Lage seien, die Angelegenheiten des Betroffenen zu besorgen, was schon heute im Wege der sozialen Kontrolle durch die Ärzte, Nachbarn und Bekannte der betroffenen Menschen erkannt werde[420].

Dieses Wahlrecht der Wahrnehmung der gesetzlichen Vertretungsbefugnis lässt sich jedoch nicht dem geplanten Gesetzestext entnehmen. Gründet die Entwurfsbegründung die gesetzliche Vertretungsmacht doch auf dem Verhältnis der Angehörigen untereinander und der gegenseitigen Pflicht zur Rücksicht und zum Beistand[421]. Somit bleibt völlig unklar, wie sich der Gesetzgeber das Verhältnis von Berechtigung und Verpflichtung zu gesetzlicher Vertretung vorstellt[422]. Unbeantwortet bleibt auch, wie sich der Erklärungsempfänger insoweit zu verhalten hat und welche Auswirkungen dies für ihn hat. Beispielsweise für den behandelnden Arzt, ob er sich auf die Aussagen des Angehörigen verlassen kann bzw. muss oder den mutmaßlichen Willen seines Patienten zu erforschen hat.

Angesichts der erwähnten, vielfältigen Probleme, die auf die Angehörigen mit der gesetzlichen Vertretungsbefugnis zukommen, steht zu befürchten, dass eine Überforderung des Angehörigen, einhergehend mit einer Betreuerbestellung, eher der Entwicklung in der Praxis entsprechen wird.

e) Stellungnahme

Der Gesetzesentwurf berücksichtigt nicht in ausreichendem Maße die unterschiedlichen Fallgestaltungen der Erkrankungen des Betroffenen und die damit verbundenen mannigfachen Anforderungen an die gesetzliche Vertretung. Gerade im Falle von Patienten mit Psychose- und Suchtproblemen werden die

---

[417] Crefeld BtPrax 2003, 239 (242).
[418] Crefeld BtPrax 2003, 239 (242).
[419] BT-Drucks 15/2494 S. 17.
[420] BT-Drucks 15/2494 S. 17.
[421] BT-Drucks 15/2494 S. 16.
[422] Gödicke FamRZ 2003, 1894 (1899); Bienwald FamRZ 2002, 1453 (1454).

Angehörigen schnell an ihre Grenzen stoßen. Daher ist die Praxistauglichkeit der vorgeschlagenen Regelung diesbezüglich zweifelhaft.

3. Stärkung der Vorsorgevollmacht

Die Vorsorgevollmacht als rechtsgeschäftliche und selbstbestimmte Vorsorge, wird zu Recht als ein förderungswürdiges Rechtsinstitut qualifiziert[423]. Hierdurch ist der Vollmachtgeber in der Lage, eine Person seines Vertrauens mit der Wahrnehmung seiner Interessen zu betrauen und seine Wünsche und Vorstellungen zu artikulieren. Er selbst kann festlegen, wie viel Freiraum und Eingriffsmöglichkeiten der Vertreter haben soll.

Befürchtet wird jedoch, die Einführung einer gesetzlichen Vertretungsbefugnis könnte das Ziel der Stärkung und Verbreitung der Vorsorgevollmacht unterlaufen[424]. Die Betroffenen könnten keine Notwendigkeit mehr sehen, selbst Vorsorge zu treffen. Gefördert werde hierdurch die Haltung, die Möglichkeit einer eigenen Entscheidungsunfähigkeit zu verdrängen und alles auf sich zukommen zu lassen[425]. Da die gesetzliche Vertretungsmacht aber nicht umfassend sein kann und soll, würde das Betreuungsproblem nicht gelöst, sondern nur etwas verschoben. Zur Lösung praktischer Probleme für die betroffenen Familien sei die rechtzeitige Vollmachtserteilung oder die Vereinfachung des derzeitigen Leistungsrechts somit sinnvoller. Die im Entwurf vorgesehene tiefgreifende Neuordnung des rechtlichen Gefüges von Ehe und Familie sei daher weder erforderlich noch wünschenswert[426]. Auch wenn eine Gefährdung der beabsichtigten Stärkung der Vorsorgevollmacht so nicht gesehen werden kann, denn das Problem der Verdrängung einer eigenen Krankheit oder Behinderung ist immer gegeben, unabhängig davon, ob im Falle einer Handlungsunfähigkeit das Rechtsinstitut der Betreuung oder gesetzlichen Vertretung von Angehörigen eingreift, ist der Vorsorgevollmacht als Ausdruck des verfassungsrechtlich nach Art. 1 I, 2 I GG geschützten Selbstbestimmungsrechts, in jedem Falle der Vorzug vor einem gesetzlichen Vertretungsrecht zu geben.

---

423 BT-Drucks 15/2494 S. 14.

424 Vossler BtPrax 2003, 6 (10); Bundesverband Psychiatrie-Erfahrener unter „http://www.psychiatrie.de/recht/betreuungsrecht/article/Betreuungsrecht_I.html" unter der Überschrift *Gesetzliche Vertretungsmacht*; Stellungnahme des Vormundschaftsgerichtstag e.V. vom 24.02.04 Seite 5 unter „http://www.vgtev.de/Themen/Stellungnahmen/Ref-0402.pdf".

425 Stolz BtPrax 2003, 20 (21).

426 Stellungnahme der Bundestagsabgeordneten Markus Kurth und Jerzy Montag (beide Bündnis 90/Grüne) zum Entwurf des 2. BtÄndG, derzeit unter „http://www.vfbev.de/-Nachrichten/Nachrichten_-_Aktuell/News_94_-_Stellungnahme_der_Bu/body_news_94_-_stellungnahme_der_bu.html".

B. Gesetzliche Vertretung in Vermögensangelegenheiten

Die angedachte Einführung einer gesetzlichen Vertretungsmacht für Ehegatten und Lebenspartner im Bereich der Vermögensverwaltung ist auf erhebliche Kritik gestoßen[427].

I. Betreuungsvermeidung bzw. -reduzierung

Die Einführung einer gesetzlichen Vertretungsbefugnis soll insbesondere der Betreuungsvermeidung bzw. -reduzierung dienen. Es erscheint aber fraglich, ob dies durch den gegenständlich sehr begrenzten Bereich für die Vermögenssorge erreicht werden kann.

Die vorgeschlagene Vertretungsmacht deckt nicht sämtliche Bereiche des täglichen Lebens ab, was unter Beachtung der nicht zu unterschätzenden Missbrauchsgefahr auch grundsätzlich richtig ist, letztlich aber dazu führt, dass, soweit erforderlich, in den nicht erfassten Bereichen doch wieder Betreuerinnen oder Betreuer bestellt werden müssen. Wichtige Alltagssituationen können damit dennoch nicht ohne Betreuer bewältigt werden[428]. Vertretungsbefugt sind (was nicht beanstandet werden soll, aber in Bezug zur Betreuungsvermeidung Bedeutung erlangt) allein häufig gleichaltrige Ehegatten und Lebenspartner, deren Handlungsfähigkeit aufgrund des Alters unter Umständen auch eingeschränkt sein kann und mangels anderer vertretungsbefugter Angehöriger wiederum eine Betreuerbestellung erforderlich macht.

So lehnt auch die Bundesregierung die Vorschläge zur Einführung einer gesetzlichen Vertretungsmacht für Ehegatten und Lebenspartner im Bereich der Vermögenssorge mit der Begründung ab, es sei bereits zweifelhaft, ob durch eine von Gesetzes wegen eintretende Vertretungsmacht in diesem Bereich Betreuungsverfahren in nennenswertem Umfang vermieden werden könnten[429]. Abgesehen von der geringen Anzahl der betreuungsbedürftigen Verheirateten, verfügten gerade Ehegatten häufig bereits nur über ein gemeinsames Konto oder hätten sich gegenseitig bevollmächtigt, so dass die vorgeschlagene gesetzliche Vertretungsmacht in diesen Fällen auch noch ins Leere liefe. Tatsächlich dürfte sich der Anwendungsbereich der gesetzlichen Vertretungsmacht in der Praxis auf einen noch sehr viel geringeren Anteil der Bevölkerung erstrecken[430]. Denn, sei der verhinderte Ehegatte Mieter, so werde schon deshalb die Bestellung eines Betreuers erforderlich sein, weil der vertretende Ehegatte sich weder über Mieterhöhungsverlangen noch über die jährlichen Betriebskostenabrechnungen des Vermieters wirksam erklären könne. Widersprüchlich in diesem Zusammenhang sei auch, dass der vertretende Ehegatte für den verhinderten Ehegatten zwar

[427] Bundesregierung: BT-Drucks 15/2494 S. 46; Klie BtPrax 2002, 91 (95); nunmehr ebenso Probst BtPrax 2004, 163 (167).
[428] Probst BtPrax 2004, 163 (167).
[429] BT-Drucks 15/2494 S. 46.
[430] BT-Drucks 15/2494 S. 46.

einen Heimvertrag abschließen könne, die Anmietung einer behindertengerechten Wohnung, in der die Ehegatten zusammen wohnen könnten, aber nicht von der Vertretungsmacht erfasst werde.

Weiter sei zu bemängeln, dass der vertretende Ehegatte vom bargeldlosen Zahlungsverkehr, der heute in vielen Bereichen selbstverständlich sei, wegen der bei jeder Geldabhebung abzugebenden schriftlichen Erklärung, ausgeschlossen sei[431]. Es erscheine ferner fraglich, ob die Vertretungsmacht zur Änderung von Daueraufträgen, die der verhinderte Ehegatte eingerichtet habe, überhaupt ausreiche. Nach Auffassung der Bundesregierung deckt die durch den Gesetzesentwurf vorgesehene gesetzliche Vertretungsmacht über den Zahlungsverkehr hinaus, nicht die weitere Verwendung von abgehobenem Geld als Zahlungsmittel ab, womit der hinter der vorgeschlagenen Regelung stehende Vertretungszweck in einem zentralen Punkt nicht erreicht werde.

Dem kann insoweit zugestimmt werden. Das Vertretungsrecht in Vermögensangelegenheiten erscheint insgesamt als nicht ausgereift und zu kurz gedacht. Sollte die hohe Missbrauchsgefahr und die einschneidende Veränderung der ehelichen Lebensgemeinschaft berücksichtigt werden, so ist dies zwar durchaus als positiv zu bewerten, führt aber zur praktischen Unverwertbarkeit der Regelung. Im Ergebnis hilft sie den Ehepaaren bei der Bewältigung krankheitsbedingter Probleme nicht weiter und vermag den Gang zum Gericht nicht zu vermeiden. Denn wie aufgezeigt, bleiben bei der Handhabung viele Fragen offen, und im Falle krankheitsbedingter Handlungsunfähigkeit fallen mehr vermögensrechtliche Angelegenheiten als erfasst an. Eine Reduzierung von Betreuungen kann hiermit schwerlich erzielt werden. Dazu wäre eine umfassendere Vermögensbetreuungsbefugnis erforderlich, die sich aber ihrerseits tiefgreifenden Bedenken, wie oben bereits erläutert, ausgesetzt sähe und eine Überzeugungsbildung in der Bevölkerung insoweit nicht anzunehmen wäre.

Bei der Vermögenssorge stellt sich somit eine privatautonome Vorsorge durch umfassende Vorsorge- oder zumindest Kontovollmachten als geeigneter dar, überflüssige Betreuungen zu vermeiden[432].

II. Eigenständige Vermögensverwaltung in der Ehe

Die Vorschläge für eine gesetzliche Vertretungsmacht im Bereich der Vermögenssorge berühren auch die im Bürgerlichen Gesetzbuch vorgesehenen

---

[431] BT-Drucks 15/2494 S. 46.

[432] BT-Drucks 15/2494 S. 47; Stellungnahme des PARITÄTISCHEN Wohlfahrtsverbandes - Gesamtverband e.V.- zum Gesetzesentwurf unter „http://www2.paritaet-bw.de/news/stellungnahmen/2004/04/3169.php".

Güterstände und lassen sich nur schwer mit deren Grundsätzen in Einklang bringen[433].

Das jeweilige Vermögen der Ehegatten wird mit der Eheschließung im gesetzlichen Güterstand der Zugewinngemeinschaft nicht gemeinschaftliches Vermögen (§ 1363 II 1 BGB) der Ehegatten. Vielmehr bleibt jeder Ehegatte Eigentümer und Inhaber seines Vermögens, auch des nach der Eheschließung erworbenen[434]. Jeder Ehegatte verwaltet sein Vermögen grundsätzlich selbständig (§ 1364 BGB).

Der selbständigen Verwaltung entspricht es aber, dass jeder Ehegatte selbst bestimmen kann, ob und wem er Vollmacht zu seiner Vertretung in Vermögensangelegenheiten erteilt und mit wem er in rechtsgeschäftliche Beziehungen treten möchte[435]. Aus einem solchen Unterlassen könnte, im Gegensatz zu dem Entwurf, ebenso gut der Schluss gezogen werden, dass der verhinderte Ehegatte eben gerade keine Vertretung wünschte. So sieht es auch der Vormundschaftsgerichtstag e.V.[436] und die Bundesregierung[437], die sich gegen die Vorstellung der Bevölkerung in Bezug auf eine Vertretungsmacht in Vermögensangelegenheiten aussprechen. Im Bereich des Vermögens zeige die Erfahrung, dass von der Möglichkeit einer Bankvollmacht häufig kein Gebrauch gemacht werde, obwohl die Banken darauf hinwiesen. Eine Grundlage für die vorgeschlagene gesetzliche Regelung bilde die angesprochene Vorstellung jedenfalls nicht.

Diese Überlegungen gelten erst recht für die vereinbarte Gütertrennung, bei welcher Sonderregelungen zum Notverwaltungsrecht bei Krankheit eines Ehegatten (§§ 1429, 1454 BGB) bestehen und für welche aufgrund der systematischen Stellung die Neuregelung aber auch gelten würde.

Wie gezeigt, ist es der Ausgestaltung der Ehe nach heutigem Verständnis fremd, außerhalb rechtsgeschäftlicher Vereinbarung, vermögensrechtliche Dispositionsbefugnisse auszuüben. Zwar mag die Ehe auch als Wirtschaftseinheit verstanden werden, jedoch nur im Hinblick auf unterhaltsrechtliche Ansprüche und nicht der Vermögensbetreuung im Allgemeinen. So ist eine über Unterhaltsansprüche hinausgehende Teilhabe am Vermögen nicht vorgesehen, abgesehen von der

---

[433] Brigitte Zypries, Bundesministerin der Justiz während der ersten Beratung des vom Bundesrat eingebrachten Entwurfs unter „http://www.bdb-ev.de/v-reform/BtaendG040304-.pdf"; Vossler BtPrax 2003, 6 (10); BT-Drucks 15/2494 S. 46.
[434] Palandt/*Brudermüller* § 1363 RN 3.
[435] Palandt/*Brudermüller* § 1364 RN 2.
[436] Stellungnahme des Vormundschaftsgerichtstag e.V. vom 24.02.04 Seite 5 unter „http://www.vgt-ev.de/Themen/Stellungnahmen/Ref0402.pdf".
[437] BT-Drucks 15/2494 S. 46.

Auflösung der Ehe, und es besteht auch keine Verpflichtung, einen hohen oder überhaupt einen Zugewinn zu erzielen[438].

Der Gesetzesentwurf sieht die gesetzliche Grundlage des Vertretungsrechts in Vermögensangelegenheiten des Ehegatten in dem Gedanken des § 1357 I BGB, dessen Rechtsfolgen mit den Regeln der Stellvertretung und der Vermögensverwaltung vergleichbar seien, so dass die Normen des Vertretungsrechts und die Grundsätze der Vermögensverwaltung ergänzend herangezogen werden könnten[439]. § 1357 BGB gestalte das Rechtsinstitut der Ehe in wirtschaftlicher Sicht und es komme die gegenseitige Verantwortung der Ehegatten zum Ausdruck. Es entspreche der ehelichen Verantwortung und Wirtschaftsgemeinschaft, dass der andere Ehegatte zur Deckung des Lebensbedarfs das Konto in Anspruch nehmen könne[440].

Bei pauschalen Analogien ist jedoch Vorsicht geboten[441]. § 1357 BGB ist als ein familienrechtliches Institut sui generis zu begreifen, das sich aus dem Recht der allgemeinen Ehewirkungen erklärt. Auch wenn man eine Analogiefähigkeit zum Stellvertretungsrecht nicht grundsätzlich ablehnt[442], so darf nicht vergessen werden, dass es eine an sich systemwidrige Durchbrechung des Offenheitsgrundsatzes darstellt, welche sich aus der Überlegung zu rechtfertigen vermag, dass das Geschäft auch dem Partner zugute kommen soll. Es handelt sich dann um ein Relikt der vom BGB im Übrigen bewusst überwundenen Versionsklage, so dass vor diesem Hintergrund § 1357 BGB eng auszulegen ist[443] und als gesetzliche Grundlage nicht tragfähig ist.

III. Schutzmaßnahmen

Wie bereits vereinzelt dargelegt[444], kommt den Sicherungsmaßnahmen vor interessenwidrigem Handeln im Rahmen der vorgesehenen gesetzlichen Vertretungsmacht für Ehegatten und Lebenspartner im Bereich der Vermögenssorge entscheidende Bedeutung zu.

Dem interessenwidrigen Handeln des Ehegatten vermag der Erkrankte, nach der Konzeption des Gesetzesentwurfs, jedoch wenig entgegenzusetzen. Dabei kommt es nicht darauf an, ob das interessenwidrige Handeln auf bloßer Überforderung des Vertreters, auf Gedankenlosigkeit, Desinteresse oder auf direktem Vorsatz beruht.

---

438 Palandt/*Brudermüller* § 1364 RN 2.
439 BT-Drucks 15/2494 S. 16; siehe auch MüKo/*Wacke* § 1357 RN 10; 3. Kapitel B. II. 4.
440 BT-Drucks 15/2494 S. 16.
441 Staudinger/*Hübner/Voppel* § 1357 RN 24; Gernhuber/Coester-Waltjen § 19 IV 4.
442 MüKo/*Wacke* § 1357 RN 10.
443 MüKo/*Wacke* § 1357 RN 10.
444 4. Kapitel A. V. 4. c); 5. Kapitel A. I. 1. b); 5. Kapitel A. I. 1. b) dd) (3).

1. Vorsorge

Der Betroffene kann der Entstehung gesetzlicher Vertretungsmacht nur durch rechtzeitigen Widerspruch vor Eintritt des Vertretungsfalls entgegenwirken. Die hierzu im Vorfeld notwendige Auseinandersetzung mit schwerer psychischer Krankheit, geistiger oder seelischer Behinderung, mit Altersdemenz und Tod unterliegt aber, wie auch der Gesetzesentwurf betont[445], allzu oft einem Verdrängungsprozess, so dass die Widerspruchsmöglichkeit ein sehr schwaches Sicherungsmittel darstellt[446]. Hinzu kommt, dass die Ausübung eines solchen Widerspruchsrechts zu Spannungen innerhalb der Beziehung und der Familie führen kann, was viele von der Ausübung abhalten könnte. Weiter mag die Widerspruchsmöglichkeit bei Girokonten und Wohnungsangelegenheiten noch realisierbar sein, erscheint sie bei der Vertretung in Sozial-, Versicherungs- und Steuerangelegenheiten doch eher illusorisch[447], denn für den Erkrankten ist kaum absehbar, wo er überall zu widersprechen hätte.

Des Weiteren ist in diesem Zusammenhang zwar konsequent, dass der Entwurf auf die Einsetzung der Vertretungsperson unter Beachtung etwaiger Interessenskonflikte von einer unabhängigen Stelle, als eines der effektivsten Vorsorgemittel bei der Verhinderung von interessenwidrigem Handeln, verzichtet[448]. Doch vertraut er damit letztlich auf die pflichtbewusste Wahrnehmung gegenseitiger Fürsorge durch die Ehegatten[449]. Es scheint als reaktiviere der Gesetzgeber insoweit das früher vorherrschende „naturrechtliche" Verständnis von Familie, wonach sich die Familienangehörigen ihrem „Naturgefühl" folgend „instinktiv vom Wohl des Familienmitglieds leiten lassen"[450]. Dabei mag zwar richtig sein, dass man zunächst eher von Vertrauen als Misstrauen ausgehen sollte[451]. Vergessen werden darf jedoch nicht, dass nahezu jede dritte Ehe geschieden wird und sich die familiären Ausgestaltungen in einem Wandel befinden. Ob eine gesetzliche Vertretungsbefugnis in Vermögensangelegenheiten dann noch der gelebten familiären Realität entspricht, die der Entwurf mit seinen Regelungen abbilden möchte, muss ernsthaft bezweifelt werden[452]. Die Regelung muss sich, da sie ja für alle Geltung beansprucht, auch dann bewähren, wenn die familiären Verhältnisse eher von Disharmonie als Harmonie geprägt sind. Man darf sich nicht der Sicherheit hingeben, „es werde schon alles gut gehen", sondern gerade der Gesetzgeber ist angehalten, auch für auftretende Probleme mit einer durchdachten Gesetzgebung Vorsorge zu treffen.

---

[445] BT-Drucks 15/2494 S. 16.
[446] Gödicke FamRZ 2003, 1894 (1897).
[447] Probst BtPrax 2004, 163 (167); Gödicke FamRZ 2003, 1894 (1897).
[448] Ausführungen hierzu 5. Kapitel A. I. 1. b) cc) (1).
[449] Gödicke FamRZ 2003, 1894 (1897).
[450] Siehe 1. Kapitel B. II. 2 a); Reuter AcP 192 (1992), 108 (113):
[451] Probst/Knittel ZRP 2001, 55 (60).
[452] Gödicke FamRZ 2003, 1894 (1897).

Die weiteren im Gesetzesentwurf enthaltenen Sicherungsmittel, sind ebenfalls als unzureichend zu qualifizieren[453]. Wie schon angesprochen[454], liegt die Schwäche des Genehmigungsvorbehalts für die Kündigung eines Mietverhältnisses (§ 1358 II Nr. 4 BGB-E) schon darin, dass die Ehegatten hiervon in der Regel keine Kenntnis haben werden, die Auflösung eines Hausstandes aber regelmäßig endgültige Tatsachen schafft, so dass der Genehmigungsvorbehalt ausgehebelt werden kann. Eine Aufklärung der Ehegatten über ihre Rechte und Pflichten im Krankheitsfall erscheint außerhalb eines Verfahrens kaum realisierbar. Die insoweit vorgesehene Ausdehnung der Beratungskompetenz von Betreuungsbehörden ist zwar zu begrüßen, setzt aber eine Eigeninitiative der Ehegatten voraus[455].

2. Überwachung des Vertreters

Gänzlich fehlt eine Überwachung des Ehegatten, entweder durch Einführung entsprechender Vorschriften oder durch Verweis auf die Regelungen des Betreuungsrechts. Der Entwurf sieht auch keine Möglichkeit der Entziehung der Vertretungsmacht vor. Ebenso ist eine Berichtspflicht des Ehegatten wie etwa in § 1908i I 1 BGB i.V.m. § 1870 I BGB nicht normiert.

Zwar eröffnet § 1896 II 2 BGB-E die Bestellung eines Betreuers, sobald der Ehegatte die Angelegenheiten des Erkrankten nicht mehr ebenso gut wie ein Betreuer besorgen kann, und mit Bestellung des Betreuers entfiele dann nach § 1358 I 1 BGB-E die Vertretungsmacht des Ehegatten, weil nun ein Betreuer bestellt wäre. Mangels Überwachung erfährt das Vormundschaftsgericht von einer solchen Notwendigkeit der Betreuerbestellung aber allenfalls auf eine entsprechende Mitteilung hin. Diesbezüglich auf eine soziale Kontrolle etwa durch Nachbarn oder Ärzte zu vertrauen, erscheint mit Blick auf den Schutz des Betroffenen ungenügend. Denn für Außenstehende ist die Beurteilung der sachgerechten Wahrnehmung doch als schwierig einzustufen und viele werden auch Hemmungen haben, ihre Bedenken und Vermutungen dem Gericht mitzuteilen. Im geltenden Recht hingegen ist im Falle einer krankheitsbedingten Handlungsunfähigkeit ein Betreuungsverfahren durchzuführen und der bestellte Betreuer steht dann unter vormundschaftsgerichtlicher Kontrolle.

Um eine hinlängliche Absicherung des Selbstbestimmungsrechts Erkrankter zu ermöglichen, müsste zumindest auch im Falle gesetzlicher Vertretung eine Berichtspflicht normiert werden, um zumindest ein Mindestmaß an Kontrolle zu gewährleisten, der sich der Staat in grundrechtsrelevanten Bereichen nicht vollständig zu entziehen vermag[456]. Allerdings läge die Schwäche einer solchen Regelung wiederum darin, dass zum einen die Ehegatten um die Berichtspflicht

---

[453] Gödicke FamRZ 2003, 1894 (1897).
[454] 5. Kapitel A. I. 1. b) dd) (3) bbb) [3].
[455] Gödicke FamRZ 2003, 1894 (1897).
[456] Gödicke FamRZ 2003, 1894 (1897).

wissen müssten und zum anderen die entsprechende Stelle vom Entstehen der Vertretungsmacht Kenntnis erlangen müsste. Dies könnte sich durch eine Mitteilungspflicht des das ärztliche Zeugnis ausstellenden Arztes erreichen lassen[457]. Doch ist das Handeln in gesetzlicher Vertretung ja nicht von diesem Zeugnis abhängig. Eine andere Sicherungsmöglichkeit könnte in einer zeitlichen Limitierung der gesetzlichen Vertretungsmacht liegen[458]. Dann allerdings würde das Betreuungsverfahren nur um die Fälle entlastet, in denen das Erfordernis der Vertretung noch vor Ablauf der Frist wieder entfällt, sei es durch Gesundung oder Tod des Vertretenen.

3. Haftung des Vertreters

Ohne Überwachung wird auch eine Haftung des Ehegatten für interessenwidriges Handeln in der Praxis weitgehend leer laufen[459]. Aber selbst bei ausreichender Überwachung ist die Grundlage für eine Haftung äußerst schwach. Eine Haftung nach §§ 177 ff BGB wird meist nicht in Betracht kommen, da dem Ehegatten in der Regel Vertretungsmacht kraft Rechtsscheins zustehen wird.

Entscheidender Anknüpfungspunkt einer Haftung ist damit das Innenverhältnis der Ehegatten, mithin die im Missbrauch der Vertretungsmöglichkeit liegende Verletzung von Pflichten nach § 1353 BGB. Allerdings stellt die Verletzung derartiger Pflichten grundsätzlich nur eine Eheverfehlung dar, die außerhalb des Scheidungsrechts keine Bedeutung erlangt[460]. Soweit derartige Pflichten vermögensbezogenen Inhalt haben, ist eine Haftung auf der Grundlage von § 280 BGB prinzipiell denkbar. Zu bedenken ist dabei einerseits, dass in der entsprechenden Zuerkennung von Schadensersatz die Rechtsprechung von jeher sehr zurückhaltend entscheidet und andererseits, dass insoweit der eingeschränkte Sorgfaltsmaßstab des § 1359 BGB gilt[461]. Einer deliktischen Haftung kommt, angesichts des weitgehend auf die §§ 823 II und 826 BGB beschränkten Vermögensschutzes, schon von vornherein ein geringes Gewicht zu.

Derzeit verfügen Ehegatten gar nicht über rechtliche Mittel, vermögensschädigende Handlungen anstelle des anderen Ehegatten überhaupt wirksam vornehmen zu können, woraus letztlich der nach geltendem Recht enge Haftungsrahmen resultiert. Wenn dieser Handlungsspielraum mit § 1358 BGB-E deutlich erweitert wird, so fragt sich Gödicke[462], weshalb dieser Erweiterung nicht auch eine Erweiterung des Haftungsrahmens folgt. Dies umso mehr, wenn man berücksichtigt, dass ein Betreuer sehr viel weitreichenderen Haftungen unterliegt

---

[457] Gödicke FamRZ 2003, 1894 (1898).
[458] Gödicke FamRZ 2003, 1894 (1898).
[459] Gödicke FamRZ 2003, 1894 (1898).
[460] Gödicke FamRZ 2003, 1894 (1898).
[461] Gödicke FamRZ 2003, 1894 (1898).
[462] Gödicke FamRZ 2003, 1894 (1898).

(§ 1908i I 1 BGB i.V.m. § 1833 I 1 BGB). Zu bemerken ist damit, dass dem Ehegatten künftig bei Gesundheitskrisen auch ein weitgehend identischer Handlungsspielraum wie einem Betreuer zusteht (weshalb von ihm auch erwartet wird, die Angelegenheit des Erkrankten ebenso gut wie ein Betreuer zu besorgen, § 1896 II 2 letzter Hs. BGB-E), seine Haftung im Unterschied zu jener des Betreuers aber weitgehend leer läuft[463].

C. Gesetzliche Vertretung in Gesundheitsangelegenheiten

Die vorgeschlagene gesetzliche Vertretungsbefugnis für Angehörige im Bereich der Gesundheitssorge ist insgesamt gesehen, im Vergleich zur Vertretungsbefugnis in Vermögensangelegenheiten, auf weniger Kritik gestoßen[464]. Für Probst[465] ist die Zeit reif für die Einführung einer solchen Vertretungsmacht. In einem ersten Schritt der Gesetzgebung sollte zunächst auf dem Gebiet der Gesundheitssorge Erfahrungen mit einer gestärkten Verantwortung Angehöriger gesammelt werden[466].

I. Soziale und rechtliche Wirklichkeit

Wiederum wird mit der in der Bevölkerung vorherrschenden Vorstellung, zu solchen Handlungen ohnehin berechtigt zu sein, argumentiert[467]. Zur diesbezüglich fehlenden Überzeugungskraft der Begründung verweise ich auf die obigen Ausführungen. Doch auch die Bundesregierung tritt dem Vorschlag, eine Vertretung des verhinderten Ehegatten oder Lebenspartners durch seinen Ehegatten oder Lebenspartner oder nachrangig zu diesen durch Eltern und Kinder im Bereich der Gesundheitssorge gesetzlich zu ermöglichen, nicht entgegen[468]. Die Bundesregierung teilt dabei die Ansicht, dass in diesem Bereich in weiten Teilen der Bevölkerung die Auffassung vorherrsche, die nächsten Angehörigen seien zur wirksamen Abgabe von entsprechenden Erklärungen berechtigt. Eine gesetzliche Vertretungsmacht könnte hier durchaus betreuungsvermeidende Wirkung haben. Denn bereits heute würden überwiegend die Personen als Betreuer bestellt, die von den Neuregelungen erfasst werden sollen.

Wie dargelegt, fehlen diesbezüglich empirische Daten. Die Vorstellung der Bevölkerung bzgl. eines Vertretungsrechts könnte auch daraus resultieren, dass die Angehörigen von den Ärzten in die Behandlung zur Ermittlung des mutmaßlichen Willens des Patienten miteinbezogen werden. Doch insoweit besteht

---

463 Gödicke FamRZ 2003, 1894 (1898).

464 Stellungnahme des Vormundschaftsgerichtstag e.V. vom 24.02.04 Seite 7 unter „http://www.vgt-ev.de/Themen/Stellungnahmen/Ref0402.pdf"; BT-Drucks 15/2494 S. 47; Probst BtPrax 2004, 163 (167).

465 Probst BtPrax 2004, 163 (167).

466 Probst BtPrax 2004, 163 (168).

467 BT-Drucks 15/2494 S. 27; Probst BtPrax 2004, 163 (167).

468 BT-Drucks 15/2494 S. 47.

rechtlich gesehen sehr wohl ein Unterschied zwischen einer rechtlichen Vertretung, denn dann wäre der Arzt an die Erklärung des Angehörigen gebunden, und einer Befragung der Angehörigen zu den Vorstellungen des Patienten, denn insoweit verbleibt es bei der Verantwortung des Arztes.

Angesichts der vielgestaltigen Krankheitsbilder, wie psychische, dementielle und Suchterkrankungen, mit ihren unterschiedlichen Ausprägungen und Dauer, erscheint die Annahme, die Bevölkerung gehe von einer generellen gesetzlichen Vertretung durch Angehörige aus, doch mehr als fraglich.

II. Verantwortungsausmaß der gesetzlichen Vertretungsmacht

1. Wahrung der Interessen des Betroffenen

Im Vergleich wird der gesetzlichen Vertretungsmacht in Gesundheitsangelegenheiten weniger Kritik als in Vermögensangelegenheiten entgegen gebracht und mit einer diesbezüglichen Überzeugungsbildung in der Bevölkerung argumentiert. Insoweit stellt sich die Frage, ob man selbst bei der Unterstellung einer solchen Vorstellung in der Bevölkerung ein gesetzliches Vertretungsrecht befürworten kann.

Denn Ziel der Einführung des Betreuungsrechts war es, diejenigen Bürger, denen es an elementaren Voraussetzungen zur Führung eines eigenverantwortlichen Lebens fehlt, aus einer eher als paternalistisch zu bezeichnenden Rechtsfürsorge in Form der Entmündigung zu befreien und ihnen ungeachtet ihrer Defizite, eine Perspektive als Subjekt ihrer Lebensgestaltung zu eröffnen[469]. Allmählich hat sich das Betreuungsrecht im Rechtsbewusstsein der Einrichtungen und Familienangehörigen durchgesetzt und zur Wahrung der Rechte des Betroffenen werden zunehmend Betreuer eingesetzt.

Dann aber ist ein Rückfall in althergebrachte Strukturen zu befürchten, und die Bemühungen, den Ärzten klarzumachen, dass sie für jede Maßnahme an einwilligungsunfähigen Patienten die Einwilligung des gesetzlichen bzw. gewillkürten Vertreters einholen müssen, werden einen Rückschlag erleiden. So führt Stolz an, es sei zu befürchten, dass sich die Ärzte von Angehörigen noch weniger in ihre Therapiefreiheit hineinreden ließen wie im Falle eines gerichtlich bestellten Betreuers[470]. Häufig wisse der kraft Gesetzes berechtigte Angehörige auch gar nicht um die Wünsche und Vorstellungen des Betroffenen. Angesichts der wachsenden Probleme im Gesundheitswesen und der zu treffenden existenziellen Entscheidungen, bedürfe es aber einer am Wohl des Betroffenen orientierten ausdrücklichen Interessenvertretung, wenn der Betroffene seine Interessen nicht mehr selbst wahrnehmen könne. Dies jedoch könne im Ergebnis von einem gerichtlich bestellten Angehörigen-Betreuer oder einem Bevollmächtigten besser wahrgenommen werden als von einem solchen

---

[469] Ackermann/Haase/Medjedovic/Witzel BtPrax 2004, 3.
[470] Stolz BtPrax 2003, 20 (21).

Angehörigen, der aufgrund gesetzlicher Vorschriften automatisch vertretungsberechtigt und ohne Vorbereitung plötzlich in die Pflicht genommen werde[471].

2. Überforderung der Angehörigen

Im Zusammenhang einer möglichen Überforderung der Angehörigen fragt Gödicke[472], ob die gesetzliche Vertretungsbefugnis für Angehörige in Gesundheitsangelegenheiten tatsächlich sinnvoll und wünschenswert ist. Die Situation eines erkrankten und einwilligungsunfähigen Menschen sei durch ein Geflecht von Emotionen und Interessen geprägt, in das neben den mutmaßlichen Emotionen und Interessen des Erkrankten auch die der Angehörigen und schließlich der Standpunkt des behandelnden Arztes einfließen würden. Die Angehörigen des Erkrankten sähen sich, angesichts der existenziellen und verzweifelten Gesundheitssituation ihres Nächsten, vielfach gar nicht in der Lage, eine klare Entscheidung zu finden.

Zur Untermauerung seiner These führt Gödicke Beispielfälle[473] an, bei welchen der nahezu unverletzt gebliebene Fahrzeuginsasse im Falle eines Autounfalls bereits gegenüber dem Rettungsdienst über die Erstversorgung seines schwerverletzten Angehörigen entscheiden muss oder als weiterer Beispielsfall, die in Frage zu stellende Entscheidungsfähigkeit der Ehefrau bei einem Herzinfarkt des jungen Familienvaters.

Für Gödicke[474] ist klar, dass sich die Regelungen in Extremsituationen nicht bewähren werden. Der Gesetzgeber dürfe solche Situationen jedoch nicht außer Acht lassen, sondern habe Regelungen zu schafften, die sich auch und gerade in schwierigen Situationen noch bewährten. Der Entwurf überbürde die Angehörigen aber mit einer Verantwortung, die diese häufig gar nicht in der Lage seien zu tragen, zu deren Wahrnehmung sie aber aufgrund von §§ 1353 I, 1618 a BGB verpflichtet seien.

Somit kommt es vorliegend entscheidend auf das Verhältnis von Recht und Pflicht zur gesetzlichen Vertretung an. Die dahingehende Vorstellung des Gesetzgebers bleibt unklar[475]. Die Verpflichtung zur gesetzlichen Vertretung gründet der Gesetzesentwurf auf §§ 1353 I, 1618 a BGB. An anderer Stelle spricht er jedoch von einer lediglichen Berechtigung zur Wahrnehmung der gesetzlichen Vertretungsbefugnis[476], was sich dem geplanten Gesetzestext jedoch nicht entnehmen lässt.

---

[471] Stolz BtPrax 2003, 20 (21).
[472] Gödicke FamRZ 2003, 1894 (1899).
[473] Gödicke FamRZ 2003, 1894 (1899).
[474] Gödicke FamRZ 2003, 1894 (1899).
[475] Siehe hierzu auch 5. Kapitel A. III. 2. d).
[476] BT-Drucks 15/2494 S. 17.

Sind die Angehörigen zur Wahrnehmung nur berechtigt und nicht verpflichtet, so kann der Arzt in den obigen Beispielsfällen mit einer mutmaßlichen Einwilligung des Patienten operieren. Im Falle einer Verpflichtung der Angehörigen jedoch, muss er sich zunächst an diese halten. Fraglich ist dann aber, ob der Arzt die Einwilligungsfähigkeit des Angehörigen zu überprüfen hat und welche Kriterien hierfür heranzuziehen sind. Der Gesetzgeber ist damit gehalten, eine dahingehende Klarstellung im Gesetzestext aufzunehmen.

III. Wahrung der Selbstbestimmungsrechte des Betroffenen

1. Orientierung am Willen des Betroffenen

Die Regelung einer gesetzlichen Vertretungsbefugnis im Bereich der Gesundheitssorge berührt einen sensiblen Bereich individueller Selbstbestimmung und ethisch hochwertige Rechtsgüter[477].

Wie dargelegt, kommt den Angehörigen einer volljährigen Person nach derzeitiger Rechtslage nicht das Recht zu, diese in Angelegenheiten der Gesundheitssorge zu vertreten. Bis zur Bestellung eines Betreuers obliegt es vielmehr dem Arzt, einen mutmaßlichen Willen seines einwilligungsunfähigen Patienten zu bestimmen, um auf dieser Grundlage in eigener Verantwortung über die Behandlung des Patienten zu entscheiden[478]. Das Gespräch mit den Angehörigen dient dabei der Ermittlung des mutmaßlichen Willens des Erkrankten, etwa über die Einstellung zu Bluttransfusionen, Operationen oder gesundheitsgefährdenden Schmerzmitteln[479]. Schon die Preisgabe der Erkrankung an die Angehörigen, ist im Hinblick auf § 203 I Nr. 1 StGB nicht unproblematisch, aber zur Ermittlung des mutmaßlichen Willens des Patienten oft unerlässlich. Da dies aber schon einen Eingriff in das Recht des Patienten auf informationelle Selbstbestimmung darstellt, ist zu fordern, dass die Weitergabe von Krankheitsinformationen an die Angehörigen mit dem mutmaßlichen Willen des Patienten übereinstimmt[480].

Diesem mutmaßlichen Willen kommt aufgrund der mit hohem ethischem Rang ausgestatteten betroffenen Rechtsgüter damit zentrale Bedeutung zu[481]. Zu kritisieren ist dann aber, dass der Gesetzesentwurf den schützenswerten Willen des Patienten, der seinen Intimbereich betrifft, nicht genügend in den Vordergrund stellt[482]. Die Orientierung am mutmaßlichen Willen des Betroffenen hat in der Regelung keinen Niederschlag gefunden. Doch darf nicht übersehen werden, dass es vorliegend um die Wahrung und Wahrnehmung der Rechte des Be-

---

[477] Bühler FamRZ 2002, 76.
[478] Schönke/Schröder/*Eser* § 223 RN 38.
[479] BGH NJW 1989, 2318 (2319); Schönke/Schröder/*Eser* § 223 RN 38.
[480] Schönke/Schröder/*Lenckner* § 203 RN 27.
[481] Gödicke FamRZ 2003, 1894 (1898).
[482] Vormundschaftsgerichtstag e.V. BtPrax 2004, 23 (25); Gödicke FamRZ 2003, 1894 (1899).

troffenen geht, so dass unerlässliche Voraussetzung das Wohl und der Wille des Betroffenen zu sein hat.

2. Interessensgegensätze

Im Zusammenhang mit der Einführung einer gesetzlichen Vertretungsmacht für Angehörige bedürfen, mit Blick auf die Wahrnehmung der Interessen des Handlungsunfähigen und Wahrung seines Selbstbestimmungsrechts, diese Angehörigen, die besser kein Vertretungsrecht hätten und die auch nicht als Betreuer bestellt worden wären, da sie ungeeignet sind, eigene Interessen verfolgen oder ein schlechtes Verhältnis zum Betroffenen haben, besondere Beachtung.

Die Überprüfung etwaiger Interessenkonflikte zwischen Vertreter und Vertretenem als entscheidende Kontrolle, findet bei einer ipso iure entstehenden Vertretungsmacht aber gar nicht statt[483]. Fraglich ist damit, etwas zynisch gewendet, ob es gewünscht ist, dass der, als schwarzes Schaf der Familie gebrandmarkte Angehörige, enttäuscht von fehlender Zuwendung, in Akutsituationen auf das Leben des Erkrankten und damit auf die Auslösung jedenfalls verbliebener Pflichtteilsansprüche, Einfluss nehmen können soll[484].

Natürlich geht man davon aus, dass unter Angehörigen fürsorgliche Zuwendung überwiegt. Doch das allein kann nicht ausreichen. Entscheidend ist vielmehr, dass sich das Verhältnis naher Angehöriger dem Einblick Außenstehender weitgehend entzieht, erst recht dem des Staates[485]. Doch wie bereits mehrfach dargelegt, kann es nicht Aufgabe des Gesetzgebers sein, das Selbstbestimmungsrecht einwilligungsunfähig erkrankter Personen lediglich für eine statistische Mehrzahl von Fällen zu gewährleisten, in denen es die Angehörigen mit ihren Familienmitgliedern gut meinen. Vielmehr hat Ziel der Regelung zu sein, dass sich bestenfalls in jedem Einzelfall die Beachtung des Selbstbestimmungsrechts sicherstellen lässt. Bekanntlich liegen gerade unter Angehörigen Liebe und Hass nahe beieinander.

IV. Fehlende Sicherungsvorkehrungen

1. Missbrauchsgefahr

Im Rahmen der Vertretungsrechte für die Gesundheitssorge stuft der Gesetzesentwurf die Gefahr eines Missbrauchs oder auch nur eines Interessenkonflikts als gering ein, da die Eingriffe in die körperliche Integrität des Handlungsunfähigen nicht durch die volljährigen Kinder oder Eltern erfolgten, sondern letztlich durch Ärzte vorgenommen würden[486].

---

[483] Siehe hierzu die Ausführungen 4. Kapitel A. II.; 5. Kapitel A. I. 1. b) dd) (1).
[484] Gödicke FamRZ 2003, 1894 (1900).
[485] Gödicke FamRZ 2003, 1894 (1900).
[486] BT-Drucks 15/2494 S. 27.

Zum einen, kann insoweit nicht befürwortet werden, dass in Vermögensangelegenheiten eine Missbrauchsgefahr der Vertretungsbefugnis wahrgenommen, diese jedoch, wenn es um Leben und Tod geht, verdrängt wird. Auch im Rahmen von Gesundheitsangelegenheiten kann eine Missbrauchsgefahr nicht von der Hand gewiesen werden und ist der Gesetzgeber angehalten, diese zu bedenken und entsprechende Vorkehrungen zum Schutze des Betroffenen zu treffen[487].

Zum anderen ist eine Kontrollbefugnis der Ärzteschaft, wie die obigen Ausführungen zeigen[488], wohl kaum anzunehmen. Zudem ist es ja gerade der Entwurf, der die Kontrollmöglichkeit des Arztes beschneidet, wenn er die Entscheidungskompetenz auf den Angehörigen als gesetzlichen Vertreter verlagert[489]. Gödicke[490] zufolge, revidiere § 1358a BGB-E insoweit ja gerade die Rechtslage, nach der die Verantwortlichkeit für die Gesundheit einer Person bis zur gerichtlichen Bestellung eines Betreuers aus wohlüberlegten Gründen in den Händen eines Arztes liege und damit in den Händen eines neutralen Dritten. Verbliebe es nun letztlich doch bei der Entscheidungsbefugnis des Arztes und solle § 1358a BGB-E an dieser Sachlage faktisch wenig ändern, so laufe unter diesen Umständen der gesetzlich vertretungsbefugte Angehörige, der das Selbstbestimmungsrecht des Erkrankten verantwortungsvoll wahrnehmen möchte, auf ein bloßes Konstrukt hinaus, mit dem eine Missbrausgefahr aber erst geschaffen werde, die nach derzeitiger Rechtslage weitgehend habe hintan gehalten werden können.

2. Kontrollbefugnisse

Im Rahmen der Gesundheitssorge geht es, je nach Krankheitsbild, um einschneidende und mitunter mit irreparablen Folgen verbundene Entscheidungen, weshalb der Vorsorge und Überwachung ein entscheidendes Gewicht zukommt. Doch auch hier hält sich der Entwurf entschieden zurück[491].

Nur bei besonders riskanten ärztlichen Maßnahmen ist eine Kontrolle vorgesehen. Insoweit verweist der Entwurf in § 1358a I 2 BGB-E auf den Genehmigungsvorbehalt des § 1904 BGB, der in Fällen der Akutbehandlung allerdings wieder entfällt (§ 1904 I 2 BGB) und damit weitgehend leer läuft. Dann aber stellt sich die Frage, ob in solchen bedrohlichen Akutsituationen nun

---

[487] Siehe auch 5. Kapitel A. I. 1. b); 5. Kapitel A. III. 1. e); 5. Kapitel C. III.
[488] 5. Kapitel A. I. 1. b) dd) (3) bbb) [2].
[489] Gödicke FamRZ 2003, 1894 (1900).
[490] Gödicke FamRZ 2003, 1894 (1900).
[491] Gödicke FamRZ 2003, 1894 (1900).

wirklich der Angehörige als solcher erklärungsbefugt sein soll, dessen Eignung und Interessen keiner Überprüfung unterzogen wurden[492].

V. Meinungsverschiedenheiten unter den Angehörigen

Ein weiteres Problem der gesetzlichen Vertretungsbefugnis Angehöriger dürfte im Rahmen der Ausgestaltung in auftretenden Meinungsverschiedenheiten zwischen den Angehörigen liegen. Zur Vertretung in Gesundheitsangelegenheiten sind berechtigt die nicht getrennt lebenden Ehegatten und Lebenspartner, Eltern sowie volljährige Kinder im Verhältnis zueinander. Ehegatten und Lebenspartner sind vor Kindern, diese aber vor den Eltern vertretungsbefugt. Mehrere Kinder sind hierbei gleichrangig vertretungsbefugt und widerspruchsberechtigt.

Hierin dürfte in der Praxis das häufigste Problem bestehen, denn eine Differenz der Kinder untereinander über die weitere Behandlung der Eltern erscheint nicht aus der Luft gegriffen. Im Falle der Uneinigkeit der Kinder über die Versorgung ihrer Eltern, muss zur Abgabe rechtswirksamer Erklärungen dann letztlich doch wieder ein Betreuer bestellt werden[493]. Dann aber vermag der Entwurf diesbezüglich, kaum zu einer Betreuungsvermeidung beizutragen. Im Gegenteil ist sogar zu befürchten, dass es durch die eingeräumten Verhinderungsrechte zu einer erhöhten Anrufung der Vormundschaftsgerichte kommen wird und so auch zu einer Erhöhung der Betreuungszahlen[494].

D. Stellungnahme

Insgesamt gesehen, kann die im Gesetzesentwurf aus dem Jahre 2004 zu einem 2. BtÄndG vorgesehene gesetzliche Vertretungsbefugnis Angehöriger, nicht befürwortet werden.

Der Gesetzesentwurf enthält zwar gute Ansätze, die konkrete Ausgestaltung jedoch hält einer gesetzlichen Überprüfung nicht stand. Insbesondere sei insoweit der mit der Neuregelung verbundene verfassungswidrige Eingriff in das Selbstbestimmungsrecht aus Art. 1 I, 2 I GG der Betroffenen herausgegriffen. Der Gesetzesentwurf schenkt dem Selbstbestimmungsrecht insoweit zu wenig Beachtung. Doch auch die Praxistauglichkeit der Neuregelung muss angezweifelt werden.

Zur Einführung einer derartigen Vertretungsbefugnis bedarf es noch weiterer Analysen bezüglich der familiären Bindungen in der Bevölkerung. Notwendig ist eine differenziertere Ausarbeitung der einzelnen Regelungen bezüglich des

---

[492] Stellungnahme Psychiatrie-Erfahrender unter „http://www.psychiatrie.de/recht/betreuungsrecht/article/Betreuungsrecht_I.html" unter der Überschrift *Gesetzliche Vertretungsmacht*; Gödicke FamRZ 2003, 1894 (1900).
[493] Seichter BtPrax 2003, 91 (92); Probst BtPrax 2004, 163 (167).
[494] Probst BtPrax 2004, 163 (167).

gesetzlichen Vertretungsrechts unter besonderer Beachtung des Selbstbestimmungsrechts der Betroffenen, deren Schutz und Wohlergehen bei einer Gesetzesänderung an erster Stelle zu stehen hat.

6. Kapitel: Kurzüberblick über die gesetzlichen Vertretungsregelungen im schweizerischen Recht – ein Vergleich mit den deutschen Regelungen

Die schweizerische Gesetzgebung erörtert ebenfalls eine Reform der Vorschriften bezüglich der Vertretung Volljähriger im Falle einer Handlungsunfähigkeit. Diskutiert wird in diesem Zusammenhang die Einführung einer gesetzlichen Vertretungsbefugnis Angehöriger. Die diesbezüglich vorgeschlagene Regelung soll dem deutschen Gesetzesentwurf aus dem Jahre 2004 zu einem 2. BtÄndG gegenübergestellt werden.

A. Kurzüberblick über die gesetzlichen Vertretungsbefugnisse im schweizerischen Zivilgesetzbuch (ZGB)

Die schweizerischen Regelungen bezüglich der gesetzlichen Vertretungsmacht sind mit den deutschen Regelungen vergleichbar. Mit dem Rechtsinstitut der gesetzlichen Vertretungsmacht trägt auch das schweizerische Recht dem Umstand Rechnung, dass manche Personengruppen (wie z.B. Kinder und Geisteskranke) zur Teilnahme am Rechtsverkehr der Unterstützung bedürfen[495].

Das schweizerische Recht verwendet diesbezüglich aber nicht den Begriff der Geschäftsfähigkeit, sondern spricht allgemein von „Handlungsfähigkeit", Art. 12 ZGB. Diese besitzt nach Art. 13 ZGB, wer mündig (volljährig) und urteilsfähig ist. Urteilsfähig ist jeder, dem nicht wegen seines Kindesalters oder infolge von Geisteskrankheit, Geistesschwäche, Trunkenheit oder ähnlichen Zuständen die Fähigkeit mangelt, vernunftgemäß zu handeln, Art. 16 ZGB.

Für Handlungsunfähige handelt, wie im deutschen Recht, der gesetzliche Vertreter. Ebenso können sich nach Art. 19 ZGB urteilsfähige Unmündige oder Entmündigte durch eigene Handlungen mit Zustimmung ihres gesetzlichen Vertreters verpflichten. Ohne diese Zustimmung können sie unentgeltliche Vorteile erlangen und Rechte ausüben, die ihnen um ihrer Persönlichkeit willen zustehen.

I. Elterliche Sorge, Art. 296 ZGB

Die elterliche Sorge, d.h. die gesetzliche Befugnis der Eltern, die für das unmündige Kind nötigen Entscheidungen zu treffen, umfasst wie im deutschen Recht die Personensorge, Vermögenssorge und die gesetzliche Vertretung des Kindes[496]. Das Sorgerecht ist wie im deutschen Recht ebenfalls begrenzt durch das Kindeswohl, es dient letztlich nur der Erfüllung der Erziehungsaufgabe. Die

[495] Müller-Freienfels, Die Vertretung beim Rechtsgeschäft, S. 189.
[496] Tuor/Schnyder § 35 II S. 321; Honsell/Vogt/Geiser/*Schwenzer* Art. 296 RN 2.

Eltern haben die körperliche, geistige und sittliche Entfaltung des Kindes zu schützen und zu fördern[497].

II. Vormundschaft, Art. 360 ff ZGB

Handlungsunfähige Erwachsene stehen unter Vormundschaft, welche für den erforderlichen Schutz schwacher und hilfsbedürftiger Menschen sorgt[498].

Das geltende schweizerische Vormundschaftsrecht sieht drei amtsgebundene Maßnahmen vor, nämlich die Vormundschaft (Art. 368, 372 ZGB), die Beiratschaft (Art. 395 ZGB) und die Beistandschaft (Art. 392, 394 ZGB)[499]. Daneben gibt es die fürsorgerische Freiheitsentziehung, die erlaubt, eine hilfsbedürftige Person in einer Einrichtung zu betreuen. Das Vormundschaftsrecht dient primär dem Schutz bestimmten Kategorien von Erwachsenen, wie "Geisteskranken, Geistesschwachen, Suchtkranken und Abhängigen, Verwahrlosten, Lasterhaften, Verschwendern, Misswirtschaftern, von Freiheitsstrafe Betroffenen, Altersschwachen, Gebrechlichen und Unerfahrenen" (Art. 369, 372 und 397a ZGB) und Minderjähriger ohne Eltern. Sekundär schützt das Vormundschaftsrecht die Familie und die Sicherheit Dritter (Art. 369, 370 und 397a ZGB).

Für Minderjährige ersetzt das Vormundschaftsrecht die fehlende elterliche Sorge (Art. 368 ZGB) und bei dauernd hilfsbedürftigen Erwachsenen sorgt es durch Entzug der Handlungsfähigkeit (Entmündigung nach Art. 369 ff. ZGB) oder durch Beschränkung der Handlungsfähigkeit in bestimmten vermögensrechtlichen Bereichen (Mitwirkungsbeiratschaft nach Art. 395 Abs. 1 ZGB oder Verwaltungsbeiratschaft nach Art. 395 Abs. 2 ZGB) für den Schutz vor zu weit gehenden rechtlichen Bindungen[500].

Diese Regelungen entsprechen weitestgehend den deutschen vormundschaftsrechtlichen Bestimmungen vor dem Inkrafttreten des Betreuungsrechts. Auch das schweizerische Recht kennt in seiner gegenwärtigen Ausgestaltung keine gesetzliche Vertretungsmacht naher Angehöriger für kranke und behinderte Erwachsene.

B. Reformüberlegungen

I. Die zentralen Reformanliegen

Die schweizerischen Regelungen bezüglich der Vormundschaft (Art. 360 ff ZGB) gelten seit dem Inkrafttreten des Schweizerischen Zivilgesetzbuches im Jahre 1912 und sind seither praktisch unverändert geblieben[501]. Sie werden als

---

[497] Wittibschlager RN 212; Honsell/Vogt/Geiser/*Schwenzer* Art. 296 RN 3.
[498] Tuor/Schnyder § 40 S. 356.
[499] Tuor/Schnyder § 41 II S. 360.
[500] Tuor/Schnyder § 41 II S. 360.
[501] Bericht zum Vorentwurf für eine Revision des ZGB Juni 2003, S. 5, unter

nicht mehr zeitgemäß empfunden und sollen daher eine grundlegende Änderung erfahren[502].

Angeführt wird, das geltende Vormundschaftsrecht stehe nicht mehr in Einklang mit den gewandelten gesellschaftlichen Verhältnissen und Anschauungen. Das Selbstbestimmungsrecht und die Hilfe zur Selbsthilfe hätten heute ein anderes Gewicht als vor mehr als 90 Jahren, als das ZGB erlassen wurde. Hoheitliche Entscheidungen würden weniger akzeptiert, die vormundschaftliche Klientel sei zum Teil anspruchsvoller geworden, die Partnerschaftlichkeit der Betreuung werde stärker betont, professionelle Sozialarbeit sei unerlässlich geworden, verschiedenste Begriffe des geltenden Vormundschaftsrechts seien diskriminierend und stigmatisierend[503]. Nach dem Urteil von Lehre und Praxis sei deshalb eine umfassende Erneuerung des Vormundschaftsrechts geboten[504].

1. Maßnahmen nach Maß

Beanstandet werden die starren amtsgebundenen behördlichen Maßnamen (Vormundschaft, Beiratschaft und Beistandschaft). Gefordert werden „Maßnahmen nach Maß“[505].

Die Entmündigung, die zu einem Verlust der Handlungsfähigkeit führe, stelle häufig einen unverhältnismäßigen Eingriff dar, der für die betroffene Person eine stigmatisierende Wirkung habe[506]. Fähigkeiten zum selbständigen Handeln würden nicht ausreichend genutzt, die staatliche Fürsorge sei damit überschießend. Beispielsweise gehe es nicht an, dass es eine Entmündigung brauche, damit ein völlig verwahrloster Haushalt einer psychisch kranken Person gegen deren Willen gereinigt und aufgeräumt werden dürfe.

Auch die Beiratschaft in ihrer heutigen Form sei unbefriedigend[507]. Sie greife nur punktuell in den Vermögensbereich ein und führe zu einer Beschränkung der Handlungsfähigkeit. Eine persönliche Betreuung der betroffenen Person sei

---

„http://www.ofj.admin.ch/themen/vormund/vn-ber-d.pdf“.

502 Bericht zum Vorentwurf für eine Revision des ZGB Juni 2003, S. 2, unter „http://www.ofj.admin.ch/themen/vormund/vn-ber-d.pdf“; siehe auch Sturm, Ein weiterer Schritt auf dem Weg zu einem neuen schweizerischen Erwachsenenschutz, Heinz Holzhauer zum 21 April 2005, S. 462 ff.

503 Bericht zum Vorentwurf für eine Revision des ZGB Juni 2003, S. 6/7, unter „http://www.ofj.admin.ch/themen/vormund/vn-ber-d.pdf“.

504 Bericht zum Vorentwurf für eine Revision des ZGB Juni 2003, S. 7, unter „http://www.ofj.admin.ch/themen/vormund/vn-ber-d.pdf“.

505 Bericht zum Vorentwurf für eine Revision des ZGB Juni 2003, S. 12, unter „http://www.ofj.admin.ch/themen/vormund/vn-ber-d.pdf“.

506 Bericht zum Vorentwurf für eine Revision des ZGB Juni 2003, S. 12, unter „http://www.ofj.admin.ch/themen/vormund/vn-ber-d.pdf“.

507 Bericht zum Vorentwurf für eine Revision des ZGB Juni 2003, S. 12, unter „http://www.ofj.admin.ch/themen/vormund/vn-ber-d.pdf“.

bei dieser Maßnahme im Gesetz nicht vorgesehen. Sowohl die Entmündigung wie die Beiratschaft mit ihren inhaltlich starren Vorgaben hätten in einem modernen Erwachsenenschutzrecht keinen Platz mehr.

An ihrer Stelle soll als einheitliches Rechtsinstitut die Beistandschaft (Art. 377ff ZGB-E) treten, wenn eine Person wegen einer geistigen Behinderung, einer psychischen Störung oder eines ähnlichen Schwächezustands, ihre Angelegenheiten nicht mehr besorgen kann und die Unterstützung durch Angehörige oder freiwillige private oder öffentliche Dienste nicht ausreicht. Statt der Anordnung standardisierter Maßnahmen sei zukünftig von den Behörden Maßarbeit gefordert, damit im Einzelfall nur so viel staatliche Betreuung erfolgte, wie wirklich nötig sei[508]. Die in Betracht gezogene Regelung entspricht somit dem deutschen Betreuungsrecht. Das Selbstbestimmungsrecht und die Selbständigkeit der betroffenen Person sollen damit auch im Rahmen der behördlichen Maßnahmen soweit wie möglich gewahrt werden.

Der zur Diskussion gestellte schweizerische Vorentwurf unterscheidet vier Arten von Beistandschaften, nämlich die Begleitbeistandschaft, die Vertretungsbeistandschaft, die Mitwirkungsbeistandschaft und die umfassende Beistandschaft. Diese vier Beistandschaften knüpfen in modernisierter Form an die bisherigen behördlichen Maßnahmen an[509].

Die umfassende Beistandschaft ist das Nachfolgeinstitut zur heutigen Entmündigung und hat auch weiterhin von Gesetzes wegen den Entzug der Handlungsfähigkeit zur Folge (Art. 384 Abs. 2 ZGB-E)[510]. Jedoch ist deren Anwendungsbereich stark eingeschränkt und soll insbesondere nur für dauernd urteilsunfähige Personen angeordnet werden, die besonders ausgeprägt hilfsbedürftig sind.

Die Mitwirkungsbeistandschaft (Art. 383 ZGB-E) entspricht in ihrer Wirkung der heutigen Mitwirkungsbeiratschaft nach Artikel 395 Absatz 1 ZGB[511]. Sie wird errichtet, wenn gewisse Handlungen der hilfsbedürftigen Person zu ihrem Schutz der Zustimmung des Beistands oder der Beiständin bedürfen. Im Gegensatz zum heutigen schweizerischen Recht, das den Kreis der zustimmungsbedürftigen Handlungen im Gesetz verbindlich festlegt, muss aber künftig die Erwachsenenschutzbehörde je nach Hilfsbedürftigkeit der betroffenen

---

[508] Bericht zum Vorentwurf für eine Revision des ZGB Juni 2003, S. 12, unter „http://www.ofj.admin.ch/themen/vormund/vn-ber-d.pdf".
[509] Bericht zum Vorentwurf für eine Revision des ZGB Juni 2003, S. 2, unter „http://www.ofj.admin.ch/themen/vormund/vn-ber-d.pdf".
[510] Bericht zum Vorentwurf für eine Revision des ZGB Juni 2003, S. 12, unter „http://www.ofj.admin.ch/themen/vormund/vn-ber-d.pdf".
[511] Bericht zum Vorentwurf für eine Revision des ZGB Juni 2003, S. 12, unter „http://www.ofj.admin.ch/themen/vormund/vn-ber-d.pdf".

Person die zustimmungsbedürftigen Handlungen in ihrem Entscheid umschreiben (Art. 379 Abs. 1 ZGB-E).

Die Begleitbeistandschaft und die Vertretungsbeistandschaft (Art. 380, 382 ZGB-E) lehnen sich an die heutige Beistandschaft nach den Artikeln 392, 394 ZGB an[512]. Die Handlungsfähigkeit bleibt bei der Begleitbeistandschaft unberührt. Bei der Vertretungsbeistandschaft muss sich die betroffene Person aber die Handlungen des Beistands oder der Beiständin anrechnen oder gefallen lassen[513]. Die Erwachsenenschutzbehörde kann indessen je nach Situation die Handlungsfähigkeit punktuell einschränken. Bei den Aufgaben, die von diesen beiden Formen der Beistandschaft erfasst werden, gilt wie bei der Mitwirkungsbeistandschaft das "Bedarfsprinzip": Die Behörde hat die Aufgaben oder Aufgabenkreise, die der Beistand oder die Beiständin zu besorgen hat, so zu umschreiben, dass nicht Geschäfte miterfasst werden, welche die betroffene Person selbständig besorgen kann (Art. 379 ZGB-E). Begleitbeistandschaft, Vertretungsbeistandschaft und Mitwirkungsbeistandschaft können miteinander kombiniert werden (Art. 378 Abs. 2 ZGB-E).

Mit diesem äußerst flexiblen Maßnahmenpaket soll dem Verhältnismäßigkeitsprinzip entsprochen und eine bedürfnisgerechte Rechtsfürsorge ermöglicht werden[514]. Dies nach der Leitlinie: „So viel staatliche Fürsorge wie nötig und so wenig staatlicher Eingriff wie möglich". Gleichzeitig wird auch die Personsorge stärker betont als früher, da jede Beistandschaft auch diesen Bereich miteinschließen kann (Art. 379 Abs. 2 ZGB-E). Ferner kommen die behördlichen Maßnahmen nur subsidiär, wenn die betroffene Person nicht durch Vollmachterteilung oder eigene Vorsorge im Sinne der Artikel 360, 373 ZGB-E das Nötige vorgekehrt hat, zum Tragen[515]. Behördliche Maßnahmen fallen auch außer Betracht, wenn die freiwillige oder gesetzlich abgesicherte (vgl. Art. 431, 435 ZGB-E) Unterstützung durch die Familie, andere nahe stehende Personen oder private oder öffentliche Dienste ausreicht (Art. 375 ZGB-E). Die Betreuungsressourcen im vorhandenen sozialen Umfeld seien zu schützen und zu mobilisieren. Seien die Beziehungen intakt und sei die gegenseitige Hilfsbereitschaft vorhanden, so hätten behördliche Maßnahmen keinen Platz.

---

[512] Bericht zum Vorentwurf für eine Revision des ZGB Juni 2003, S. 13, unter „http://www.ofj.admin.ch/themen/vormund/vn-ber-d.pdf".

[513] Bericht zum Vorentwurf für eine Revision des ZGB Juni 2003, S. 13, unter „http://www.ofj.admin.ch/themen/vormund/vn-ber-d.pdf".

[514] Bericht zum Vorentwurf für eine Revision des ZGB Juni 2003, S. 13, unter „http://www.ofj.admin.ch/themen/vormund/vn-ber-d.pdf".

[515] Bericht zum Vorentwurf für eine Revision des ZGB Juni 2003, S. 13, unter „http://www.ofj.admin.ch/themen/vormund/vn-ber-d.pdf".

2. Förderung des Selbstbestimmungsrechts in der Form der eigenen Vorsorge

Im Vordergrund steht weiter die Förderung des Selbstbestimmungsrechts in der Form der eigenen Vorsorge[516]. Dank dem medizinischen Fortschritt, nehme die Lebenserwartung in der Schweiz laufend zu. Betrug der Anteil der über 80-Jährigen im Jahr 1900 an den Personen, die 65 oder älter waren, noch 9 Prozent, sei er 1990 auf 26 Prozent gestiegen. Im Jahr 1900 machte der Anteil der Personen, die 80 oder älter waren, 0,5 Prozent, im Jahr 2000 4 Prozent der Gesamtbevölkerung aus. In absoluten Zahlen handelt es sich um rund 290 000 Personen (2000). Mit fortschreitendem Alter steige das Risiko, an Alzheimer oder an einer Altersdemenz zu leiden. Aber auch jüngere Personen könnten durch einen Unfall oder eine schwere Krankheit die Urteilsfähigkeit vorübergehend oder dauernd verlieren. Es empfehle sich deshalb, rechtzeitig Vorsorge zu treffen und festzulegen, durch wen und wie man in einer solchen Situation betreut werden will und wer insbesondere in Vertretung der urteilsunfähigen Person einer medizinischen Maßnahme zustimmen dürfe, damit man nicht eines Tages von staatlichen Stellen und ihren Hilfspersonen abhängig sei[517]. Damit könne das Selbstbestimmungsrecht über den Eintritt der Urteilsunfähigkeit hinaus gewahrt werden. Gleichzeitig könne aber auch der Staat dank der eigenverantwortlichen Vorsorge entlastet werden.

Problematisch sei diesbezüglich jedoch, ob solche Vollmachten über den Eintritt der Urteilsunfähigkeit hinaus gültig seien. Überdies hätten solche Vollmachten den Nachteil, dass sie über das eigentliche Ziel hinausschössen, weil regelmäßig die bevollmächtigte Person schon vor dem Eintritt der Urteilsunfähigkeit des Vollmachtgebers für diesen handeln könnte[518].

Um diesem unbefriedigenden Rechtszustand abzuhelfen, sieht der Vorentwurf drei neue Rechtsinstitute vor, nämlich den Vorsorgeauftrag, den Vorsorgeauftrag für medizinische Maßnahmen und die Patientenverfügung[519].

Mit einem Vorsorgeauftrag benennt eine handlungsfähige Person eine oder mehrere natürliche oder juristische Personen, die im Falle ihrer Urteilsunfähigkeit ihre Interessen wahren und sie im Rechtsverkehr vertreten sollen. Mit einem Vorsorgeauftrag für medizinische Maßnahmen wird eine natürliche Person beauftragt, bei Urteilsunfähigkeit die Zustimmung zu medizinischen

---

516 Bericht zum Vorentwurf für eine Revision des ZGB Juni 2003, S. 9, unter „http://www.ofj.admin.ch/themen/vormund/vn-ber-d.pdf".

517 Bericht zum Vorentwurf für eine Revision des ZGB Juni 2003, S. 10, unter „http://www.ofj.admin.ch/themen/vormund/vn-ber-d.pdf".

518 Bericht zum Vorentwurf für eine Revision des ZGB Juni 2003, S. 10, unter „http://www.ofj.admin.ch/themen/vormund/vn-ber-d.pdf".

519 Bericht zum Vorentwurf für eine Revision des ZGB Juni 2003, S. 10, unter „http://www.ofj.admin.ch/themen/vormund/vn-ber-d.pdf".

Maßnahmen zu erteilen. In einer Patientenverfügung schließlich legt eine urteilsfähige Person fest, welche medizinische Behandlung sie im Falle ihrer Urteilsunfähigkeit wünscht oder ablehnt. Diese Verfügungen werden erst wirksam, wenn die betroffene Person die Urteilsfähigkeit verliert.

Die Rechtssicherheit gebiete es aber, dass es dafür jedenfalls im Fall des Vorsorgeauftrags einer behördlichen Feststellung bedürfe[520]. Das Handeln der Erwachsenenschutzbehörde sei aber nur punktuell und der Inhalt der Anordnung sei weitestgehend durch die betroffene Person selber bestimmt. Vorsorgeaufträge seien insofern nicht unproblematisch, als der Vorsorgebeauftragte das Vertrauen des Auftraggebers missbrauchen und den Auftrag anders ausüben könne, als eigentlich gewünscht war. Bei dauernder Urteilsunfähigkeit könne der Auftraggeber den Auftrag aber nicht mehr widerrufen. Ein Minimum an behördlichen Eingriffsmöglichkeiten müsse deshalb bestehen bleiben (vgl. Art. 364 Abs. 2 und 369 ZGB-E)[521].

3. Stärkung der Solidarität in der Familie und Entlastung des Staates

Ein besonderes Anliegen der Reformbestrebungen stellt die Stärkung der Solidarität in der Familie und die Entlastung des Staates dar. Das geltende Vormundschaftsrecht kennt keine spezifische Maßnahme für Personen, die urteilsunfähig werden und damit von Gesetzes wegen die Handlungsfähigkeit verlieren (Art. 13 ZGB), so dass an sich keine gültigen Zustimmungen zu Betreuungsmaßnahmen möglich sind und auch das Vermögen unverwaltet bliebe, wenn nicht rechtzeitig Vorsorge getroffen würde[522]. Nach dem geltenden Bundesrecht müsste in diesen Fällen die Vormundschaftsbehörde immer einen Beistand oder einen Vormund ernennen. Dieses Vorgehen habe sich aber als schwerfällig herausgestellt und die Angehörigen scheuten häufig den Gang zur Behörde, mit der Folge, dass sich die Praxis auf vielfältige Art mit pragmatischerem Vorgehen geholfen habe[523]. Häufig handelten die Angehörigen für die betroffene Person, ohne zu klären, ob sie tatsächlich rechtsgültig ermächtigt worden seien. Solange die betroffene Person noch unterschreiben könne, bemerkten die Geschäftspartnerinnen und -partner oft die Urteilsunfähigkeit auch gar nicht. In kleinräumigen Verhältnissen werde dieses Vorgehen überdies unter Umständen auch in Kenntnis der Urteilsunfähigkeit toleriert, weil man wisse, dass das Vorgehen vom gesamten Umfeld der

---

[520] Bericht zum Vorentwurf für eine Revision des ZGB Juni 2003, S. 10, unter „http://www.ofj.admin.ch/themen/vormund/vn-ber-d.pdf".

[521] Bericht zum Vorentwurf für eine Revision des ZGB Juni 2003, S. 10, unter „http://www.ofj.admin.ch/themen/vormund/vn-ber-d.pdf".

[522] Bericht zum Vorentwurf für eine Revision des ZGB Juni 2003, S. 10, unter „http://www.ofj.admin.ch/themen/vormund/vn-ber-d.pdf".

[523] Bericht zum Vorentwurf für eine Revision des ZGB Juni 2003, S. 10, unter „http://www.ofj.admin.ch/themen/vormund/vn-ber-d.pdf".

betroffenen Person mitgetragen werde[524]. Um Rechtshandlungen der Angehörigen einer urteilsunfähigen Person juristisch zu legitimieren, werde zum Teil auch Artikel 166 ZGB über die Vertretung der ehelichen Gemeinschaft extensiv interpretiert und auf einen Anwendungsbereich erstreckt, für den er nicht gedacht sei. Zum Teil würden die Artikel 419 ff OR über die Geschäftsführung ohne Auftrag als Rechtfertigung für Handlungen von Angehörigen herangezogen, indem man anführe, sie seien dringlich geboten und würden dem mutmaßlichen Willen der täglich von der Hilfe ihrer Umgebung abhängigen Person entsprechen[525].

Die Rechtswirklichkeit lehre somit, dass die Schwelle für den Gang zur Behörde sehr hoch sei, namentlich, wenn diese dann anschließend eine umfassende Kontrolle ausübe[526]. So unberechtigt diese Vorbehalte gegenüber der neuen Erwachsenenschutzbehörde auch sein mögen, sei es illusorisch anzunehmen, dass die Angehörigen im neuen Recht wesentlich bereitwilliger mit der Behörde zusammenarbeiten würden als im geltenden. Das neue Erwachsenenschutzrecht sollte deshalb dem Bedürfnis der Angehörigen urteilsunfähiger Personen, ohne große Umstände gewisse Entscheide treffen zu können, Rechnung tragen, soweit dies materiell verantwortet werden könne[527].

Der Vorentwurf räumt einem nahen Angehörigen daher das Recht ein, für die urteilsunfähige Person die Zustimmung zu einer medizinischen Maßnahme zu geben, sofern kein Vorsorgeauftrag und keine genügend klare Patientenverfügung vorliegt (Art. 434 ff ZGB-E). Dieses gesetzliche Vertretungsrecht der Angehörigen lasse sich verantworten, weil es um Maßnahmen gehe, die von einem Arzt nach bestem Wissen und Gewissen vorgeschlagen würden. Die Angehörigen könnten somit nicht allein handeln und stünden auch unter einer Kontrolle, indem das medizinische Personal die Erwachsenenschutzbehörde anrufen könne, wenn in ungerechtfertigter Weise die Zustimmung zu einer Maßnahme verweigert würde, die dem Wohl der Patientin oder des Patienten diene[528]. Im Übrigen blieben spezialgesetzliche Regelungen beispielsweise im Heilmittelgesetz oder in den sich in Vorbereitung befindlichen Bundesgesetzen über die Transplantation, die Sterilisation oder die Forschung vorbehalten.

---

[524] Bericht zum Vorentwurf für eine Revision des ZGB Juni 2003, S. 11, unter „http://www.ofj.admin.ch/themen/vormund/vn-ber-d.pdf".

[525] Bericht zum Vorentwurf für eine Revision des ZGB Juni 2003, S. 11, unter „http://www.ofj.admin.ch/themen/vormund/vn-ber-d.pdf".

[526] Bericht zum Vorentwurf für eine Revision des ZGB Juni 2003, S. 11, unter „http://www.ofj.admin.ch/themen/vormund/vn-ber-d.pdf".

[527] Bericht zum Vorentwurf für eine Revision des ZGB Juni 2003, S. 11, unter „http://www.ofj.admin.ch/themen/vormund/vn-ber-d.pdf".

[528] Bericht zum Vorentwurf für eine Revision des ZGB Juni 2003, S. 11, unter „http://www.ofj.admin.ch/themen/vormund/vn-ber-d.pdf".

Im Weiteren gibt der Vorentwurf dem Ehegatten (und künftig auch der eingetragenen Partnerin oder dem eingetragenen Partner) der urteilsunfähigen Person das Recht, alle Rechtshandlungen vorzunehmen, die zur Deckung des Unterhaltsbedarfs üblicherweise erforderlich sind, in einem bestimmten Umfang das Einkommen und das Vermögen zu verwalten und die Post zu öffnen (Art. 431 ZGB-E). Diese Vertretungsrechte, die bestimmten Voraussetzungen unterliegen, stünden in engem Zusammenhang mit der Pflicht von Familienmitgliedern, einander zu helfen[529]. Eine Beistandspflicht ist für Ehegatten in Artikel 159 Absatz 3 ZGB und für Eltern und Kinder in Artikel 272 ZGB verankert. Die Familiensolidarität werde gestärkt und es werde vermieden, dass die Behörden systematisch Maßnahmen des Erwachsenenschutzes nach den Artikeln 374 ff anordnen müssten[530].

Zu den Fragen, denen der Gesetzgeber ebenfalls Aufmerksamkeit schenken müsse, so der Vorentwurf, gehöre die Frage, wer berechtigt sei, für einen urteilsunfähigen Ehegatten, Verwandten oder für eine andere nahe stehende urteilsunfähige Person, einen Betreuungsvertrag abzuschließen, der die Leistungen der Wohn- oder Pflegeeinrichtung und das zu bezahlende Entgelt schriftlich festhält. In solchen Fällen immer eine Vertretungsbeistandschaft zu errichten, würde den Erwachsenenschutz schwerfällig machen und die Behörden stark belasten[531]. Dieser Formalismus dürfte zudem bei den Angehörigen kaum auf großes Verständnis stoßen. Auf der anderen Seite befriedige es auch nicht, die Frage ungeregelt zu lassen. Denn die fehlende Vertretungsbefugnis hindere die Angehörigen, ihre Verantwortung richtig wahrzunehmen. Der Vorentwurf stellt deshalb als Lösung zur Diskussion, dass die Personen, die zur Vertretung bei medizinischen Maßnahmen berechtigt sind, auch einen Betreuungsvertrag abschließen können[532].

4. Verzicht auf die sogenannte „erstreckte elterliche Sorge"

Wird heute eine erwachsene Person nach den Artikeln 369, 372 ZGB entmündigt, so kann die Vormundschaftsbehörde entweder einen Vormund ernennen oder den Eltern der betroffenen Person die sogenannte „erstreckte elterliche Sorge" einräumen (Art. 385 Abs. 3 ZGB). Erstreckte elterliche Sorge bedeutet im Wesentlichen, dass gewisse Aufsichtsrechte der Vormundschaftsbehörde wie bei den Eltern Unmündiger entfallen. Die Inhaber der elterlichen Sorge müssen weder Rechnung ablegen noch periodisch Bericht erstatten. Auch besteht keine

---

[529]Bericht zum Vorentwurf für eine Revision des ZGB Juni 2003, S. 12, unter „http://www.ofj.admin.ch/themen/vormund/vn-ber-d.pdf".

[530] Bericht zum Vorentwurf für eine Revision des ZGB Juni 2003, S. 12, unter „http://www.ofj.admin.ch/themen/vormund/vn-ber-d.pdf".

[531] Bericht zum Vorentwurf für eine Revision des ZGB Juni 2003, S. 17, unter „http://www.ofj.admin.ch/themen/vormund/vn-ber-d.pdf".

[532] Bericht zum Vorentwurf für eine Revision des ZGB Juni 2003, S. 17, unter „http://www.ofj.admin.ch/themen/vormund/vn-ber-d.pdf".

Pflicht zur Einholung der Zustimmung der Vormundschaftsbehörde bzw. der vormundschaftlichen Aufsichtsbehörde für die in den Artikeln 421 und 422 ZGB aufgezählten Geschäfte. Eine behördliche Begleitung der Mandatsträger und damit eine regelmäßige Überprüfung der Maßnahme findet somit nicht statt. Möchte die Behörde darauf nicht verzichten, muss sie die Eltern als Vormund einsetzen. Im neuen Recht entscheidend ist aber, dass künftig "Maßnahmen nach Maß" angeordnet werden. Das heißt, dass eine umfassende Beistandschaft nach Artikel 384 ZGB-E dem Nachfolgeinstitut zur heutigen Entmündigung nur noch in verhältnismäßig wenigen Fällen in Betracht kommen sollte. Das trägt dem relativen Begriff der Urteilsfähigkeit nach Artikel 16 ZGB Rechnung. Im neuen Recht können die Eltern jeweils nur noch als Beistand oder Beiständin eingesetzt werden. Dafür sieht der Vorentwurf für die Eltern, die als Beistand oder Beiständin amten, Privilegien vor[533]: Sie sollen bei der Ausübung ihres Mandats von Gesetzes wegen weder der Inventarpflicht noch der Pflicht zur periodischen Rechnungsablage und Berichterstattung noch der Pflicht, für bestimmte Geschäfte die Zustimmung der Erwachsenenschutzbehörde einzuholen, unterliegen, so dass sie materiell praktisch die gleiche Stellung haben, wie wenn sie Inhaber der elterlichen Sorge wären. Die gleichen Privilegien sollen neu auch für einen Ehegatten (und künftig auch für eine eingetragene Partnerin oder einen eingetragenen Partner) gelten[534]. In beiden Fällen kann die Behörde aber in einzelnen Punkten oder generell eine Aufsicht anordnen, sofern dies nach den Verhältnissen angemessen erscheint. Der Flexibilität des neuen Rechts dient es ferner, wenn Lebenspartner und Lebenspartnerinnen, Nachkommen und Geschwister, die eine Beistandschaft übernehmen, von der Behörde ebenfalls von gewissen Pflichten entbunden werden können, sofern es die Umstände rechtfertigen (Art. 409 ZGB-E).

II. Gang der Gesetzgebung

Das Bundesamt für Justiz setzte im September 1993 im Hinblick auf die Gesamtrevision des schweizerischen Vormundschaftsrechts eine Expertengruppe ein[535]. Der Auftrag der Expertengruppe lautete: "Erarbeitung von Richtlinien und einem Thesenpapier mit einem erläuternden Begleitbericht für eine grundlegende Reform des schweizerischen Vormundschaftsrechts, unter Berücksichtigung der Rechtsentwicklung in Europa. Insbesondere ist aufzuzeigen, wo die wesentlichen Mängel des geltenden Rechts liegen, welchen Bedürfnissen ein modernes Vormundschaftsrecht zu genügen hat, mit welchen Betreuungsmaßnahmen diesen Bedürfnissen Rechnung getragen werden kann und

533 Bericht zum Vorentwurf für eine Revision des ZGB Juni 2003, S. 14, unter „http://www.ofj.admin.ch/themen/vormund/vn-ber-d.pdf".

534 Bericht zum Vorentwurf für eine Revision des ZGB Juni 2003, S. 14, unter „http://www.ofj.admin.ch/themen/vormund/vn-ber-d.pdf".

535 Überblick über die Reformgeschichte im Bericht zum Vorentwurf für eine Revision des ZGB Juni 2003, S. 7, unter „http://www.ofj.admin.ch/themen/vormund/vn-ber-d.pdf".

welche Organisation für den Vollzug eines modernen Vormundschaftsrechts erforderlich ist".

Im Juli 1995 legte die Expertengruppe ihren Grundlagenbericht zur Revision des schweizerischen Vormundschaftsrechts vor[536]. Die darin enthaltenen, zum Teil ausformulierten Reformvorschläge zu einem neuen "Erwachsenenschutz", wurden an einer öffentlichen Tagung vom 11. und 12. September 1995 in Freiburg vorgestellt und in Arbeitsgruppen diskutiert. Aufgrund dieser Tagung gingen Stellungnahmen ein, die vom Bundesamt für Justiz ausgewertet wurden. Im November 1996 wurde die gleiche Expertengruppe vom Bundesamt für Justiz beauftragt, einen ersten Vorentwurf für eine grundlegende Reform des schweizerischen Vormundschaftsrechts zu erarbeiten. Dieser Vorentwurf für eine Änderung des ZGB (Erwachsenenschutz) wurde im Juni 1998 abgeliefert[537].

Im Februar 1999 nahm eine vom Eidg. Justiz- und Polizeidepartement eingesetzte interdisziplinäre Expertenkommission die Beratungen auf[538]. Das Gremium hatte den Auftrag, gestützt auf den Vorentwurf vom Juni 1998, die aus gesetzgeberischer Sicht relevanten Fragen zu prüfen und einen vernehmlassungsreifen Vorentwurf mit Begleitbericht vorzulegen. Die Expertenkommission orientierte sich dabei auch an den Erfahrungen mit dem deutschen Betreuungsrecht und dem österreichischen Erwachsenenschutz. Zudem führte die Expertenkommission verschiedene Anhörungen von Expertinnen und Experten aus der Schweiz durch. Die Expertenkommission verabschiedete ihren Vorentwurf zur Änderung des ZGB (Erwachsenenschutz, Personen- und Kindesrecht) im Herbst 2002[539]. Die Verwaltung erarbeitete anschließend mit Unterstützung verschiedener Mitglieder der Expertenkommission im Juni 2003 den vorliegend zur Untersuchung gestellten Vorentwurf mit einem Begleitbericht[540]. Am 25 Juni 2003 ermächtigte der Bundesrat das Eidgenossische Justiz- und Polizeidepartement (EJPD), den Expertenentwurf für eine Revision des ZGB (Erwachsenenschutz, Personen- und Kindesrecht) in die Vernehmlassung zu schicken[541]. Das Vernehmlassungsverfahren zum Vorentwurf vom Juni 2003 für eine Revision des ZGB (Erwachsenenschutz, Personen- und

---

[536] Überblick über die Reformgeschichte im Bericht zum Vorentwurf für eine Revision des ZGB Juni 2003, S. 7, unter „http://www.ofj.admin.ch/themen/vormund/vn-ber-d.pdf".

[537] Begleitbericht mit Vorentwurf für eine Änderung des ZGB (Erwachsenenschutz) Juni 1998 unter „http://www.ofj.admin.ch/themen/vormund/vn-veber-d.pdf".

[538] Pressemitteilung vom 13.04.1999 unter „http://www.ofj.admin.ch/themen/vormund/i-com-d.htm".

[539] Überblick über die Reformgeschichte im Bericht zum Vorentwurf für eine Revision des ZGB Juni 2003, S. 9, unter „http://www.ofj.admin.ch/themen/vormund/vn-ber-d.pdf".

[540] Expertenkommission für die Gesamtrevision des Vormundschaftsrechts Erwachsenenschutz, Bericht zum Vorentwurf für eine Revision des ZGB (Erwachsenenschutz, Personen- und Kindesrecht) Juni 2003 unter „http://www.ofj.admin.ch/themen/vormund/vn-ber-d.pdf".

[541] Pressemitteilung vom 26.06.2003 unter „http://www. ofj.admin.ch/themen/vormund/vn-com-d.htm".

Kindesrecht) dauerte vom 25. Juni bis zum 15.01.2004. Der Bundesrat hat am 21.10.2004 von den Vernehmlassungsergebnissen Kenntnis genommen und das Eidgenossische Justiz- und Polizeidepartement (EJPD) beauftragt, bis 2006 eine Botschaft zu erarbeiten[542].

C. Geplante Änderungen bzgl. einer gesetzlichen Vertretungsmacht Angehöriger

Der Vorentwurf vom Juni 2003 zum Schweizerischen ZGB[543] sieht die Vertretung einer urteilsunfähigen Person in begrenzten Bereichen durch deren Angehörigen vor. Diese Maßnahme soll sicherstellen, dass die grundlegenden persönlichen und materiellen Bedürfnisse befriedigt werden können, ohne dass die Erwachsenenschutzbehörde tätig werden muss.

I. Vertretung durch den Ehegatten

1. Voraussetzung und Umfang des Vertretungsrechts, Art. 431 ZGB-E

Das Vertretungsrecht des Ehegatten von Gesetzes wegen setzt voraus, dass die Ehegatten einen gemeinsamen Haushalt führen oder dass der eine dem anderen regelmäßig und persönlich Beistand leistet (Abs. 1). Damit soll gewährleistet werden, dass eine gelebte Beziehung besteht, was wohl in der Realität häufig der Fall sein dürfte. Erfasst werden sollen jedoch auch solche Situationen, dass ein urteilsunfähiger Ehegatte außerhalb der ehelichen Wohnung in einer Einrichtung betreut werden muss, vom anderen Ehegatten aber regelmäßig unterstützt wird[544].

Die direkt aus dem Gesetz fließende Vertretungsbefugnis des Ehegatten ist begrenzt und umfasst nur Rechtshandlungen, die zur Deckung des Unterhaltsbedarfs üblicherweise erforderlich sind, die ordentliche Verwaltung des Einkommens und der übrigen Vermögenswerte sowie das Öffnen der Post (Abs. 2). Der Ehegatte kann indessen bei der Erwachsenenschutzbehörde die Errichtung einer Beistandschaft beantragen und das Amt des Beistands oder der Beiständin übernehmen, wenn die entsprechenden Voraussetzungen erfüllt sind (Art. 377 und 386 ZGB-E).

Dem Vorentwurf zufolge, sollte grundsätzlich immer dann eine Beistandschaft angeordnet werden, wenn eine Person nicht nur vorübergehend, sondern dauernd urteilsunfähig geworden ist. Dank des gesetzlichen Vertretungsrechts müsse die Erwachsenenschutzbehörde aber nicht systematisch angerufen

---

542 Pressemitteilung vom 27.10.2004 unter „http://www.ofj.admin.ch/themen/vormund/ve-com-d.htm".

543 Anhang VI.

544 Bericht zum Vorentwurf für eine Revision des ZGB Juni 2003, S. 71, unter „http://www.ofj.admin.ch/themen/vormund/vn-ber-d.pdf".

werden, wenn ein Ehegatte urteilsunfähig werde[545]. Zudem beseitige das neue Institut die heutige Grauzone, indem der Ehegatte für die urteilsunfähige Person spontan Geschäfte erledige, ohne sich zu fragen, ob er eigentlich dazu berechtigt sei oder nicht. Für Rechtshandlungen im Rahmen der außerordentlichen Vermögensverwaltung, insbesondere für das Eingehen von Verpflichtungen oder für Verfügungen über wichtige Teile des Vermögens, wie Kauf oder Verkauf von Immobilien oder Wertpapieren, muss der vertretungsberechtigte Ehegatte aber die Zustimmung der Erwachsenenschutzbehörde einholen (Abs. 3).

Zur Unterscheidung von Art und Umfang der ordentlichen und der außerordentlichen Verwaltung verweist der Vorentwurf auf Doktrin und Rechtsprechung zu den Artikeln 227 und 228 ZGB betreffend die Gütergemeinschaft. Im Übrigen sei das gesetzliche Vertretungsrecht des Ehegatten nach Artikel 431 ZGB-E von dessen Befugnis zur Vertretung der ehelichen Gemeinschaft nach Artikel 166 ZGB („Schlüsselgewalt") zu unterscheiden. Überschneidungen seien zwar möglich, sollten aber von Lehre und Rechtsprechung ohne größere Schwierigkeiten behoben werden können[546].

2. Ausübung des Vertretungsrechts, Art. 432 ZGB-E

Die Bestimmungen über den Auftrag sind auf die Ausübung der gesetzlichen Vertretungsbefugnis des Ehegatten einer urteilsunfähigen Person analog anwendbar.

3. Entzug des Vertretungsrechts, Art. 433 ZGB-E

Nach Abs. 1 entscheidet die Erwachsenenschutzbehörde bei Streitigkeiten zwischen den Angehörigen oder mit Dritten über das Vorliegen der Voraussetzungen oder den Umfang des Vertretungsrechts des Ehegatten. Zudem ist die Erwachsenenschutzbehörde gemäß Abs. 2 befugt, dem Ehegatten die Vertretungsbefugnis ganz oder teilweise zu entziehen, wenn er sie überschreitet oder sich als unfähig erweist, sie auszuüben. Die Erwachsenenschutzbehörde wird von Amts wegen oder auf Antrag einer der urteilsunfähigen Person nahe stehenden Person tätig. Die Regelung entspricht derjenigen von Artikel 369 ZGB-E betreffend den Widerruf des Vorsorgeauftrags durch die Erwachsenenschutzbehörde.

II. Vertretung bei medizinischen Maßnahmen

1. Vertretungsberechtigte Person, Art. 434 ZGB-E

Die Ermächtigung, einer Behandlung zuzustimmen oder diese abzulehnen, bezieht sich nicht nur auf ambulante, sondern auch auf stationäre medizinische Behandlungen (Abs. 1). Ein Patient oder eine Patientin kann in der Form eines

---

545 Bericht zum Vorentwurf für eine Revision des ZGB Juni 2003, S. 71, unter „http://www.ofj.admin.ch/themen/vormund/vn-ber-d.pdf".

546 Bericht zum Vorentwurf für eine Revision des ZGB Juni 2003, S. 71, unter „http://www.ofj.admin.ch/themen/vormund/vn-ber-d.pdf".

Vorsorgeauftrags eine oder mehrere Personen bezeichnen, die im Fall ihrer Urteilsunfähigkeit in ihrem Namen einer medizinischen Maßnahme zustimmen soll (Art. 370 ff ZGB-E). Eine solche Anordnung schließt die Intervention anderer Personen aus. Gibt es keinen Vorsorgeauftrag und liegt auch keine hinreichend klare Patientenverfügung vor (Art. 373 ZGB-E), so ist es in erster Linie Aufgabe des Beistands oder der Beiständin, die urteilsunfähige Person bei medizinischen Maßnahmen zu vertreten, wenn sich seine Aufgaben auf diesen Bereich erstrecken (Abs. 1 Ziff. 1). Fehlt es an einer ausdrücklich zu diesem Zweck bestimmten Person, so steht die Vertretungsbefugnis dem Ehegatten oder dem Partner bzw. der Partnerin zu, wenn er oder sie mit der urteilsunfähigen Person einen gemeinsamen Haushalt führt oder ihr regelmäßig und persönlich Beistand leistet (Abs. 1 Ziff. 2). Die gleichen alternativen Voraussetzungen gelten für die Vertretung durch den Ehegatten nach Artikel 431 ZGB-E. Die Gleichstellung des Partners bzw. der Partnerin mit dem Ehegatten ist in diesem besonderen Bereich im Hinblick auf die enge persönliche Beziehung gerechtfertigt. Verwandte Personen werden erst an dritter Stelle berücksichtigt (Abs. 1 Ziff. 3). Dabei ist für die Vertretungsberechtigung nicht der Grad der Verwandtschaft, sondern die Nähe der Beziehung ausschlaggebend, die sich in einem gemeinsamen Haushalt oder durch regelmäßigen und persönlichen Beistand manifestiert. Der Kreis der zustimmungsberechtigten Verwandten ist auf die Nachkommen, die Eltern und die Geschwister der urteilsunfähigen Person beschränkt. Ist keine dieser Personen vorhanden, so muss ein Beistand oder eine Beiständin ernannt werden. Bei Zweifeln über die Vertretungsberechtigung entscheidet die Erwachsenenschutzbehörde. Diese kann von jeder nahe stehenden Person, also auch von der behandelnden Ärztin oder dem behandelnden Arzt angerufen werden. Besteht die Gefahr, dass die Interessen der urteilsunfähigen Person nicht richtig gewahrt werden, fehlt eine vertretungsberechtigte Person oder ist diese nicht bereit, die Aufgabe zu übernehmen, so errichtet die Erwachsenenschutzbehörde eine Vertretungsbeistandschaft (Abs. 2 und 3). Absatz 4 behält die Bestimmungen über die fürsorgerische Unterbringung (Art. 427 ff) vor. Ist eine urteilsunfähige Person zur Behandlung einer psychischen Störung untergebracht worden, so erfolgt die Behandlung nach den Artikeln 427, 429 ZGB-E.

2. Information und Zustimmung, Art. 435 ZGB-E

Ist der Patient oder die Patientin urteilsunfähig, muss der Arzt oder die Ärztin die vertretungsberechtigte Person informieren, denn das Recht des Patienten oder der Patientin auf Information bzw. die Informationspflicht des Arztes seien dem Vorentwurf zufolge heute wesentliche Elemente einer therapeutischen Behandlung. Die Informationspflicht umfasst dabei alle wesentlichen Umstände der in Aussicht genommenen Behandlung, insbesondere deren Gründe, Zweck, Art, Modalitäten, Risiken und Kosten, aber auch eventuelle andere Behandlungsmöglichkeiten, denn nur dann sei die vertretungsberechtigte Person auch in der Lage, rechtsgültig zuzustimmen. Eine zweite ärztliche Stellungnahme ist einzuholen, wenn es sich um einen schwerwiegenden oder risikoreichen Eingriff handelt, der nicht dringlich ist (Abs. 1). Entsprechend der heutigen Lehre und Rechtsprechung hält der Vorentwurf fest, dass die zustimmungsberechtigte Person nach dem mutmaßlichen Willen und den objektiven Interessen der urteilsunfähigen Person zu entscheiden hat, falls Vorgaben in einer Patientenverfügung fehlen (Abs. 2). Absatz 3 sieht zusätzlich vor, dass auch die urteilsunfähige Person soweit möglich in angemessener Weise zu informieren ist.

3. Notfälle, Art. 436 ZGB-E

In Fällen, in denen wegen Dringlichkeit einer medizinischen Maßnahme keine Zeit besteht, um eine vertretungsberechtigte Person zu informieren und deren Zustimmung einzuholen, ist der Arzt befugt, von sich aus zu handeln. Dabei hat er sich am mutmaßlichen Willen der urteilsunfähigen Person und deren objektiven Interessen zu orientieren (vgl. Art. 435 Abs. 2 ZGB-E).

III. Aufenthalt in Wohn- und Pflegeeinrichtungen- Betreuungsvertrag, Art. 437 ZGB-E

Tritt eine Person in eine Wohn- oder Pflegeeinrichtung ein, so sind in einem Betreuungsvertrag Leistung und Gegenleistung im Voraus klar zu bestimmen. Die Schriftlichkeit ist aber nicht Gültigkeitserfordernis, sondern nur Beweisform. Die Schriftform soll Missverständnissen und Missbrauchsrisiken vorbeugen. Ist der künftige Heimbewohner oder die künftige Heimbewohnerin urteilsfähig, obliegt es ihm oder ihr selbst, den wesentlichen Vertragsinhalt zu vereinbaren. Formvorschriften gibt es nicht[547].

Für Urteilsunfähige erklärt Absatz 3 Artikel 434 ZGB-E über die Vertretung bei medizinischen Maßnahmen sinngemäß für anwendbar und gewährleistet damit eine einheitliche Vertretungsregelung für diese beiden Bereiche. Analog zu Artikel 431 ZGB-E nur den Ehegatten für vertretungsberechtigt zu erklären, hätte, so der Vorentwurf, das Problem nicht gelöst, weil viele Bewohnerinnen und Bewohner von Alters- und Pflegeeinrichtungen verwitwet oder unverheiratet seien, auch wenn sich diese Vertretungsregelung so als etwas heikel darstelle[548].

Bei der Festlegung der von der Einrichtung zu erbringenden Leistungen ist auf die Wünsche der betroffenen Person Rücksicht zu nehmen (Abs. 2). Solche Wünsche können die Lebensgestaltung, die Körperpflege, die Sterbebegleitung oder auch andere Bereiche betreffen.

[547] Bericht zum Vorentwurf für eine Revision des ZGB Juni 2003, S. 74, unter „http://www.ofj.admin.ch/themen/vormund/vn-ber-d.pdf".

[548] Bericht zum Vorentwurf für eine Revision des ZGB Juni 2003, S. 74, unter „http://www.ofj.admin.ch/themen/vormund/vn-ber-d.pdf".

Für die vertretungsberechtigte Person sei die Verantwortung beim Abschluss eines Betreuungsvertrags hingegen nicht größer, als wenn sie für eine urteilsunfähige Person einer medizinischen Maßnahme zustimmen müsse[549]. Auch sei die vertretungsberechtigte Person nicht Vertragspartei und ihr Vermögen werde durch die eingegangenen Verpflichtungen, die nur für die vertretene Person bindend würden, in keiner Weise betroffen. Die vertretungsberechtigte Person könne sich auch weigern, ihr Vertretungsrecht auszuüben. Fände sich keine andere vertretungsberechtigte Person, werde die Erwachsenenschutzbehörde eine Vertretungsbeistandschaft errichten müssen (Art. 434 Abs. 3 analog).

Die vertretungsberechtigte Person haftet aber entsprechend den Vorschriften des Obligationenrechts über den Auftrag. Die gleiche Haftungsregelung gilt für die vertretungsberechtigte Person bei medizinischen Maßnahmen (vgl. Art. 434 und 455 ZGB-E).

Ferner gebe die Bestimmung der vertretungsberechtigten Person nicht die Befugnis, die urteilsunfähige Person gegen ihren Willen bzw. gegen ihren Widerstand in einer Wohn- oder Pflegeeinrichtung unterzubringen[550]. Vielmehr müsse in einem solchen Fall nach Artikel 416 ff. ZGB-E eine fürsorgerische Unterbringung angeordnet werden. Für den Abschluss des Betreuungsvertrags und die Umschreibung der Leistungen seien die Angehörigen dagegen, je nach Situation, wieder zuständig.

Die Bestimmung kommt ferner zum Zuge, wenn eine Person für einen freiwilligen Eintritt in eine Wohn- oder Pflegeeinrichtung noch als urteilsfähig angesehen werden kann, der Abschluss eines Betreuungsvertrags aber ihre intellektuellen Fähigkeiten übersteigt. Schließlich sind auch Fälle denkbar, in denen eine Person seit Jahren bereits in einer Einrichtung lebt und erst im fortgeschrittenen Alter urteilsunfähig wird. Auch hier muss mittels eines Vertrags Transparenz geschaffen werden, wie die Person betreut werden soll[551].

D. Würdigung

Die Einführung einer gesetzlichen Vertretungsbefugnis wurde überwiegend positiv, wenn auch nicht bedenkensfrei, aufgenommen[552]. Aufgrund der ver-

---

549 Bericht zum Vorentwurf für eine Revision des ZGB Juni 2003, S. 74, unter „http://www.ofj.admin.ch/themen/vormund/vn-ber-d.pdf".

550 Bericht zum Vorentwurf für eine Revision des ZGB Juni 2003, S. 74, unter „http://www.ofj.admin.ch/themen/vormund/vn-ber-d.pdf".

551 Bericht zum Vorentwurf für eine Revision des ZGB Juni 2003, S. 75, unter „http://www.ofj.admin.ch/themen/vormund/vn-ber-d.pdf".

552 Siehe die Zusammenstellung der Vernehmlassungen Oktober 2004 unter „http://www.ofj.admin.ch/themen/vormund/ve-ber.pdf".

gleichbaren Regelung, stellen sich hier vielfach die gleichen Probleme wie bei dem deutschen Gesetzesvorschlag erörtert.

I. Gesamtbetrachtung

Begrüßt wird von den Kantonen Basel-Landschaft, Glarus, Schwyz, Zürich und Uri die mit der gesetzlichen Vertretungsbefugnis von nahen Angehörigen verbundene Stärkung der Solidarität in der Familie und die Entlastung des Staates[553]. Denn es entspreche der Realität, dass Angehörige bei Urteilsunfähigkeit betroffener Personen häufig ohne rechtsgültige Ermächtigung für diese handeln. Dieses nun zu legitimieren und die Grauzone zu beseitigen, sei zu unterstützen[554]. Insoweit stelle die Neureglung eine angemessene Lösung dar. Ferner würde dem Subsidiaritätsprinzip Rechnung getragen und Schutz vor behördlichen Maßnahmen gewährt. Durch die gesetzliche Vertretungsmacht könne die Befriedigung von grundlegenden persönlichen und materiellen Bedürfnissen der betroffenen Personen sichergestellt werden, ohne dass die Erwachsenenschutzbehörte tätig werden müsse[555].

Zu Bedenken wird von anderen Kantonen und Organisationen hierbei gegeben, dass sich die ehelichen und familiären Bindungen gelockert hätten, so dass sich die Frage nach der Durchsetzbarkeit und Zeitgemäßheit einer solchen Regelung stelle[556]. Insofern wird noch erheblicher Prüfungsbedarf gesehen. Kritisiert wird weiter das idealisierende Bild von Familie des Gesetzesvorschlags[557]. Die Beziehungen in Familie und Verwandtschaft seien jedoch oftmals weit weniger von moralischer Beistandsbereitschaft geprägt als der Vorentwurf offenbar annehme. Der Existenz von Abhängigkeitsverhältnissen, Konflikten und häuslicher Gewalt würde nicht hinreichend Rechnung getragen[558]. Da durchaus weitreichende Eingriffsbefugnisse vorgesehen seien, fordern die Kantone Schwyz und Thurgau die Schaffung einer unkomplizierten Ausschlussmöglichkeit der gesetzlichen Vertretungsbefugnis und die Einführung geeigneter Maßnahmen zum Schutz vor möglichem Missbrauch der gesetzlichen Vertretungsrechte

---

553 Stellungnahme der Kantone Basel-Landschaft, Glarus, Schwyz, Zürich und Uri, Zusammenstellung der Vernehmlassungen Oktober 2004 S. 18, 22, 24, 28, 81 unter „http://www.ofj.admin.ch/themen/vormund/ve-ber.pdf".

554 Stellungnahme der Kantone Basel-Landschaft und Zürich, Zusammenstellung der Vernehmlassungen Oktober 2004 S. 18, 325 unter „http://www.ofj.admin.ch/themen/-vormund/ve-ber.pdf".

555 Stellungnahme des Kantons Uri, Zusammenstellung der Vernehmlassungen Oktober 2004 S. 31/32 unter „http://www.ofj.admin.ch/themen/vormund/ve-ber.pdf".

556 Stellungnahme des Kantons Luzern und der Organisation SKOS, Zusammenstellung der Vernehmlassungen Oktober 2004 S. 24, 81 unter „http://www.ofj.admin.ch/themen/-vormund/ve-ber.pdf".

557 Stellungnahme der Organisation DJS, Zusammenstellung der Vernehmlassungen Oktober 2004 S. 74 unter „http://www.ofj.admin.ch/themen/vormund/ve-ber.pdf".

558 Stellungnahme der Organisation DJS, Zusammenstellung der Vernehmlassungen Oktober 2004 S. 74 unter „http://www.ofj.admin.ch/themen/vormund/ve-ber.pdf".

durch die Angehörigen[559]. Ferner rechtfertige der Verzicht auf Erlass eines Vorsorgeauftrages nicht zum Umkehrschluss, der Betroffene sei im Falle der Urteilsunfähigkeit mit der Vertretung durch nahe Angehörige einverstanden[560].

Auch wenn nicht grundsätzlich bestritten werden soll, dass niemand so treu und fürsorglich für einen behinderten Menschen sorgen kann wie liebende Eltern, Angehörige oder gute Freunde, so dürfe dennoch nicht übersehen werden, dass die Rechte der erwachsenen betroffenen Menschen vor den, oft durchaus wohlwollenden, Interessen ihrer Angehörigen zu schützen seien, damit die geschützten Personen in der Wahrnehmung ihrer eigenen Rechte und Pflichten nicht verletzt würden. Denn Eltern, so die Organisation ZSL, hätten nicht dieselben Interessen wie ihre erwachsenen Kinder und Ehepartner durchaus einander widersprechende Interessen, so dass verhindert werden müsse, dass die Angehörigen den Betroffenen ihre eigenen, durchaus legitimen und eventuell fürsorglich gesinnten, Interessen und Überlegungen aufsetzten[561]. Für Angehörige sei es manchmal schwieriger, eine Sichtweise ohne Eigeninteresse einzunehmen als für eine außenstehende Person[562]. Daher sprechen sich manche gegen eine Delegation der Sorge für urteilsunfähige Menschen des Staates an Familienangehörige oder Freunde aus[563]. Wenn dies doch geschehe, so sei diese unbedingt zu begrenzen und die Ablösung der Betreuungsverantwortung durch eine andere, unabhängige Person zu veranlassen. Vom Schweizerischen Anwaltsverband (SAV) wird eine Meldepflicht des Vertretungsrechts zum Schutz vor Missbrauch vorgeschlagen[564].

Des Weiteren sieht sich der Entwurf einem Praktikabilitätseinwand ausgesetzt. Wie der deutsche Gesetzesvorschlag, so lässt auch der Vorentwurf die gesetzliche Vertretungsbefugnis mit Vorliegen ihrer Voraussetzungen, mithin mit der Urteilsunfähigkeit des Betoffenen, ohne vorherigen Bestellungsakt eintreten. Ungeregelt aber bleibt, wie der Angehörige dies im Rechtsverkehr nachweisen kann, denn dem Geschäftspartner wird regelmäßig der Einblick in die familiären Gegebenheiten fehlen. Insoweit normiert der Vorentwurf, anders als der deutsche Gesetzesvorschlag, keine Rechtsscheinsvertretungsmacht. Dann aber

---

559 Stellungnahme der Kantone Schwyz und Thurgau, Zusammenstellung der Vernehmlassungen Oktober 2004 S. 28, 67 unter „http://www.ofj.admin.ch/themen/-vormund/ve-ber.pdf".

560 Stellungnahme des Kantons Bern, Zusammenstellung der Vernehmlassungen Oktober 2004 S. 57 unter „http://www.ofj.admin.ch/themen/vormund/ve-ber.pdf".

561 Stellungnahme der Organisation ZSL, Zusammenstellung der Vernehmlassungen Oktober 2004 S. 92 unter „http://www.ofj.admin.ch/themen/vormund/ve-ber.pdf".

562 Stellungnahme der Organisation SAMW, Zusammenstellung der Vernehmlassungen Oktober 2004 S. 337 unter „http://www.ofj.admin.ch/themen/vormund/ve-ber.pdf".

563 Stellungnahme der Organisation ZSL, Zusammenstellung der Vernehmlassungen Oktober 2004 S. 93 unter „http://www.ofj.admin.ch/themen/vormund/ve-ber.pdf".

564 Stellungnahme des SAV, Zusammenstellung der Vernehmlassungen Oktober 2004 S. 326 unter „http://www.ofj.admin.ch/themen/vormund/ve-ber.pdf".

ist zu erwarten, dass der Geschäftspartner auf eine behördliche Feststellung der Urteilsunfähigkeit und des Bestehens der gesetzlichen Vertretungsbefugnis drängen wird.

Positiv hervorzuheben ist die vorgesehene Kontrollmöglichkeit der Erwachsenenschutzbehörde und ihre Befugnis zum Entzug der gesetzlichen Vertretungsbefugnis (Art. 433 ZGB-E). Dadurch bleibt dem Staat ein Zugriff zum Schutz des Betroffenen erhalten und die Wahrung der Rechte des Betroffenen kann sichergestellt werden. Der Angehörige kann nicht „frei“ für sich bestimmen, sondern steht unter der „Oberaufsicht“ des Staates. Der Einwand, wie denn der Staat von einem Missbrauch Kenntnis erlangen solle[565], vermag nicht durchzugreifen, denn der Staat ist immer davon abhängig, dass er von Missständen erfährt, auch im Falle der Einsetzung einer Betreuungsperson durch den Staat selbst. Wichtig ist, dass dem Staat dann die geeigneten Eingriffbefugnisse zur Verfügung stehen und er angemessen darauf reagieren kann.

II. Vertretungsbefugnis in Vermögensangelegenheiten

Begrüßenswert im Rahmen der Vertretungsbefugnis von Ehegatten für Vermögensangelegenheiten ist die Beschränkung auf die Deckung des Unterhaltsbedarfs (Art. 431 ZGB-E). Dadurch wird dem vertretungsberechtigten Ehegatten auf der einen Seite eine unkomplizierte Handlungsmöglichkeit für Alltagsangelegenheiten gegeben, ohne dass er sich zunächst an die Erwachsenenschutzbehörde wenden muss und auf der anderen Seite, wird dem Schutzbedürfnis des betroffenen Ehegatten vor zu weitreichenden Verfügungen Rechnung getragen. Das schweizerische Recht versteht es hier weitaus besser, einen Ausgleich der widerstreitenden Interessen zu finden als die vergleichbare deutsche Regelung, die mit ihrem Verfügungsrahmen von 3.000,-- € über das Ziel hinausschießt. Ferner ist im Gegensatz zum deutschen Gesetzesentwurf eine Vermögensverwaltungskompetenz vorgesehen. Insoweit erscheint es inkonsequent, dass der deutsche Gesetzesvorschlag eine Verfügungskompetenz über 3.000,-- € vorsieht, eine Vermögensverwaltungskompetenz hingegen unerwähnt und hierfür wiederum eine Betreuung erforderlich werden lässt.

Hierbei ist wiederum die Frage aufzuwerfen, wie sich der Ehegatte bei der Bank auszuweisen hat, wenn er die gesetzliche Vertretung in Vermögensangelegenheiten ausübt (Urteilsunfähigkeit des Ehepartners, keine Errichtung einer Beistandschaft, etc.) und welche Rechte dem Ehegatten gegenüber der Bank zustehen[566]. Von der Organisation SwissBanking wird darauf hingewiesen, dass es einer Bank nicht möglich sein wird, selbst festzustellen, ob ein Kunde

---

[565] Stellungnahme des SAV, Zusammenstellung der Vernehmlassungen Oktober 2004 S. 329 unter „http://www.ofj.admin.ch/themen/vormund/ve-ber.pdf“.

[566] so auch die Stellungnahme der Organisation SwissBanking, Zusammenstellung der Vernehmlassungen Oktober 2004 S. 326 unter „http://www.ofj.admin.ch/themen/vormund/ve-ber.pdf“.

tatsächlich urteilsunfähig geworden ist und ein gemeinsamer Haushalt mit seinem Ehegatten besteht, so dass die Banken das Vertretungsrecht regelmäßig bestreiten und amtlich klären lassen müssen. Vorgeschlagen wird insoweit die Einführung eines behördlichen Dokuments, mit dem der Ehegatte Dritten gegenüber sein Vertretungsrecht nachweisen kann[567]. Denn nur so erhalte der Vertretungsberechtigte rasch Zugriff auf die Vermögenswerte seines Gatten, was im Sinne der laufenden Haushaltsführung zweifellos nötig sein werde.

Ferner wird von dem Kanton Basel-Stadt und den Organisationen DJS und VBK ein Problem in der Ungleichbehandlung von nichtehelichen Partnern bei der gesetzlichen Vertretung in Vermögens- und Gesundheitsangelegenheiten gesehen. Bei letzteren gehört der nichteheliche Partner zu dem vertretungsberechtigten Personenkreis[568]. Es müsse dargelegt werden, worin die sachliche Unterscheidung zwischen Ehegatten und nichtehelichem Partner liege. Denn die gesellschaftlichen Verhältnisse hätten sich insofern verändert, als dass heute immer häufiger Personen zusammen lebten, ohne verheiratet zu sein. Der Gesetzgeber müsse sich Gedanken machen, wie dem Recht auf die freie Wahl der Lebensform auch in diesem Bereich Achtung verschafft werden könne[569]. Insbesondere bei älteren Menschen seien bloße Partnerschaften die Regel, denn im hohen Alter würden keine Ehen mehr geschlossen. Hier liege es auf der Hand, dass der Partner, der mit der urteilsunfähig gewordenen Person einen gemeinsamen Haushalt führt, die täglichen Verrichtungen erledigen können soll, und nicht der allenfalls zufällig immer noch ungeschiedene Ehegatte[570].

Diese Bedenken können hingegen nicht geteilt werden. Nichteheliche Lebensgemeinschaften zeichnen sich gerade durch ihren Verzicht auf Regelungen aus. Die Partner gehen keine finanziellen Verpflichtungen ein und es bestehen auch keine gegenseitigen Unterhaltsansprüche. Sie sind in der Ausgestaltung ihrer Beziehung frei[571] und tragen ihre gegenseitige Verantwortung absichtlich nicht nach außen. Sich dieser Situation bewusst, ist es den Partnern einer nichtehelichen Verbindung zuzumuten, ihre gewünschten gegenseitigen Rechte und Pflichten in einem Vorsorgeauftrag zu regeln. Ihnen eine gesetzliche Vertretungsberechtigung in Vermögensangelegenheiten einzuräumen, erscheint nicht angemessen. Dies stellt sich im Rahmen von medizinischen Angelegenheiten anders da. Dort kommt es entscheidend auf den

567 Stellungnahme der Organisation SwissBanking, Zusammenstellung der Vernehmlassungen Oktober 2004 S. 326 unter „http://www.ofj.admin.ch/themen/vormund/ve-ber.pdf".

568 Stellungnahme des Kantons Basel-Stadt, der Organisationen DJS und VBK, Zusammenstellung der Vernehmlassungen Oktober 2004 S. 323, 325, 327 unter „http://www.ofj.admin.ch/themen/vormund/ve-ber.pdf".

569 Stellungnahme der Organisation DJS, Zusammenstellung der Vernehmlassungen Oktober 2004 S. 325 unter „http://www.ofj.admin.ch/themen/vormund/ve-ber.pdf".

570 Stellungnahme des SAV, Zusammenstellung der Vernehmlassungen Oktober 2004 S. 325 unter „http://www.ofj.admin.ch/themen/vormund/ve-ber.pdf".

571 Gernhuber/Coester-Waltjen § 44 I S. 658.

Willen und die Wünsche des Patienten in Bezug auf eine konkrete Heilbehandlungsmaßnahme an, den am besten jemand bestimmen kann, der mit der betroffenen Person in einem Haushalt lebt, was auch der nichteheliche Partner sein kann. Ihn in die Reihe von vertretungsberechtigten Personen aufzunehmen, erscheint daher in diesem Zusammenhang durchaus sachgerecht.

III. Vertretungsbefugnis in medizinischen Angelegenheiten

Vorbehalte werden von den Kantonen Zürich, St. Gallen, Schaffhausen und Thurgau bei der konkreten Ausgestaltung des gesetzlichen Vertretungsrechts für medizinische Maßnahmen bezüglich Praktikabilität und Finanzierbarkeit angebracht[572]. Insbesondere ist fraglich, wie das medizinische Personal unter den Nachkommen, Eltern und Geschwistern der urteilsunfähigen Person, diejenige Person mit der engsten Beziehung ermitteln soll (Art. 434 I Ziff. 3 ZGB-E) und welche Konsequenzen eine falsche Beurteilung hat.

Unberücksichtigt ist auch geblieben, dass sich die Angehörigen selbst aufgrund des Besorgnis erregenden Gesundheitszustandes des nahen Angehörigen in einer psychischen Ausnahmesituation befinden und sich daher mit Entscheidungen schwer tun[573]. Nicht befürwortet in diesem Zusammenhang wird von der Verbindung der schweizerischen Ärzte (FMH) die Festlegung, dass die dem urteilsunfähigen Patienten am nächsten stehende Person allein über die medizinische Maßnahme entscheiden soll, was eine Zumutung für die angehörige Person darstelle[574]. Diese Person müsste auf sich allein gestellt die ganze Verantwortung für den Behandlungsentscheid bzw. Behandlungsabbruch auch im haftungsrechtlichen Sinne übernehmen. Demgegenüber wird die Einbindung mehrer in den Entscheidungsprozess, zumindest eine Teilung der Verantwortung mit dem Arzt befürwortet („shared decision making“)[575]. Andernfalls sei zu befürchten, dass es zu einer Überforderung der Personen kommen werde und diese nicht gewillt seien, ihren gesetzlichen Vertretungsauftrag wahrzunehmen. Im Gegensatz dazu, wird vom Kanton Zug darauf hingewiesen, dass in der Praxis faktisch der für die Behandlung zuständige Arzt entscheiden werde und Ehegatten sowie Angehörigen sich regelmäßig an die Empfehlungen des behandelnden Arztes halten würden[576]. Dies solle in der Regelung seinen

---

[572] Stellungnahme der Kantone Zürich, St. Gallen, Schaffhausen, Thurgau, Zusammenstellung der Vernehmlassungen Oktober 2004 S. 328, 331 unter „http://www.ofj.admin.ch/themen/-vormund/ve-ber.pdf“.

[573] So auch Stellungnahme des Kantons Zürich, Zusammenstellung der Vernehmlassungen Oktober 2004 S. 328 unter „http://www.ofj.admin.ch/themen/vormund/ve-ber.pdf“.

[574] Stellungnahme der Organisation FMH, Zusammenstellung der Vernehmlassungen Oktober 2004 S. 334 unter „http://www.ofj.admin.ch/themen/vormund/ve-ber.pdf“.

[575] Stellungnahme der Organisation FMH und SGG, Zusammenstellung der Vernehmlassungen Oktober 2004 S. 334, 338 unter „http://www.ofj.admin.ch/themen/vormund/ve-ber.pdf“.

[576] Stellungnahme des Kantons Zug, Zusammenstellung der Vernehmlassungen Oktober 2004 S. 332 unter „http://www.ofj.admin.ch/themen/vormund/ve-ber.pdf“.

Niederschlag finden und so eine flexiblere, praxistauglichere Lösung gewährleisten. Es mag sich zwar so darstellen, dass die Ärzte faktisch die Behandlungsmaßnahmen festlegen, was aufgrund ihres Wissensvorsprungs nicht zwangsläufig bedenklich ist, ihnen von Gesetzes wegen die Entscheidungskompetenz zuzuweisen, mutet jedoch eher bedenklich an. Den Ärzten einen kritischen und entscheidungsberechtigten Angehörigen gegenüber zu stellen, erscheint in Zeiten gestresster Ärzte und unter immensen Kostendruck stehender Krankenhäuser mehr als angebracht. Mehrere in den Entscheidungsprozess einzubinden, mag „auf dem Papier" gut aussehen, erscheint in der Praxis aber kaum praktikabel, denn jemand muss letztendlich die Entscheidung treffen und die Verantwortung übernehmen, so schwer es auch sein mag.

Wie bei der vergleichbaren deutschen Regelung wird auch hier nicht klar, ob die Befugnis im Rahmen von medizinischen Heileingriffen auch die Zustimmung zu Eingriffen höchstpersönlicher Natur bzw. mit sehr großer Tragweite, wie Sterilisation und Schwangerschaftsabbruch, beinhaltet[577]. Eine gesetzliche Klarstellung in diesem Punkt ist mit Blick auf das Selbstbestimmungsrecht des Betroffenen zu fordern.

IV. Vertretungsbefugnis zum Abschluss eines Betreuungsvertrages

Bei der Vertretungsbefugnis zum Abschluss eines Betreuungsvertrages[578] wird wie bei der vergleichbaren deutschen Regelung bezüglich des Abschluss eines Heimvertrages eine hohe Missbrauchsgefahr gesehen. Hinterfragt wird die Regelung vom Kanton St. Gallen insbesondere wegen der im Abschlusses eines Betreuungsvertrages enthaltenen verdeckten Einweisungskompetenz[579]. Es ist zwar richtig, dass die betroffenen Menschen aufgrund ihrer Erkrankung auf Unterstützung bei den oft komplizierten Vertragsregelungen angewiesen sind[580], doch erscheint die Erstreckung der Vertretungsbefugnis über den Ehegatten hinaus, auf andere nahe Angehörige, als zu weitgehend[581].

E. Stellungnahme

Der vorgestellte schweizerische Vorentwurf zur Revision des Erwachsenenschutzes entspricht in den grundlegenden Punkten den geltenden Vorschriften zum deutschen Betreuungsrecht. Im Vordergrund steht die Abschaffung der im

---

577 So auch Stellungnahme des Kantons Basel-Stadt, Zusammenstellung der Vernehmlassungen Oktober 2004 S. 330 unter „http://www.ofj.admin.ch/themen/vormund/ve-ber.pdf".
578 Siehe die diesbezüglichen Ausführungen 6. Kapitel C. III.
579 Stellungnahme des Kantons St. Gallen, Zusammenstellung der Vernehmlassungen Oktober 2004 S. 355 unter „http://www.ofj.admin.ch/themen/vormund/ve-ber.pdf".
580 Stellungnahme der Organisation insieme, Zusammenstellung der Vernehmlassungen Oktober 2004 S. 356 unter „http://www.ofj.admin.ch/themen/vormund/ve-ber.pdf".
581 So auch Stellungnahme des Kantons St. Gallen, Zusammenstellung der Vernehmlassungen Oktober 2004 S. 355 unter „http://www.ofj.admin.ch/themen/vormund/ve-ber.pdf".

schweizerischen Recht noch fortgeltenden stigmatisierenden „Entmündigung“ und Stärkung der Selbstbestimmungsrechte des Betroffenen. Im Zusammenhang dieser Revision wird auch die Einführung einer gesetzlichen Vertretungsbefugnis für Angehörige angedacht. Dahinter steht der Gedanke der Stärkung der Solidarität innerhalb der Familie und der Entlastung der Justizhaushalte.

Auch, wenn die schweizerische Regelung bezüglich der gesetzlichen Vertretungsbefugnis für Angehörige ebenfalls nicht kritikfrei bestehen kann, so hat sie gegenüber dem deutschen Gesetzesentwurf jedoch erhebliche Vorteile, und ist insoweit zu bevorzugen. Hervorzuheben ist hier die Beschränkung des Verfügungsrahmens des Ehegatten in Vermögensangelegenheiten auf die Deckung des Unterhaltsbedarfs. Auf die Absicherung des Unterhaltsbedarfs hat der deutsche Gesetzgeber in seiner Entwurfsbegründung ja auch abgestellt, so dass der dort vorgesehene Verfügungsrahmen als zu hoch einzustufen ist. Ferner ist positiv zu bemerken, dass der Schweizer Vorentwurf eine staatliche Kontrollbefugnis und den Entzug der gesetzlichen Vertretungsbefugnis vorsieht, was beim deutschen Entwurf fehlt, zum Schutze des Betroffenen aber unbedingt zu fordern ist. Des Weiteren bietet die schweizerische Regelung, aufgrund ihrer Beschränkung auf das Wesentliche, eine geringere Angriffsfläche für Missbrauch, welchem sich der deutsche Gesetzesentwurf doch erheblich ausgesetzt sieht.

Zu begrüßen ist, dass der schweizerische Vorentwurf die gesetzliche Vertretungsmacht der nahen Angehörigen nur für eng begrenzte Lebensbereiche und Ausnahmesituationen vorsieht. Für eine länger anhaltende Urteilsunfähigkeit des Betroffenen soll es hingegen bei einer staatlich kontrollierten Beistandschaft bleiben. Auch hier versteht es der schweizerische Vorentwurf besser als die diesbezüglich angedachte deutsche Regelung, einen Ausgleich der widerstreitenden Interessen zwischen Schutz der Privatsphäre vor Eingriffen von Außen und dem Schutz des Hilfsbedürftigen vor missbräuchlich ausgeübter Vertretungsmacht zu finden.

7. Kapitel: Eigene Regelungsansätze

Die vorgestellten Gesetzesvorschläge zur Einführung einer gesetzlichen Vertretungsbefugnis von Angehörigen für Volljährige und die vorgenommene kritische Auseinandersetzung mit diesen, zeigt die Brisanz dieses Themas. Die Herausforderung liegt im zu schaffenden Ausgleich des einer gesetzlichen Vertretungsbefugnis innewohnenden Spannungsverhältnisses zwischen Fremd- und Selbstbestimmung.

A. Rahmenbedingungen

Betroffen von diesem Themengebiet sind nicht einwilligungsfähige Personen, welche im Mittelpunkt der Überlegungen zu stehen haben. Es gilt, ihre Interessen und Bedürfnisse zu schützen.

I. Stärkung der Vorsorgevollmacht

Im Vordergrund sollte daher die Stärkung der Vorsorgevollmacht als Ausdruck von Selbstbestimmung und Eigenverantwortung stehen. Da jedoch die Vorsorgevollmacht nicht alle Lebensbereiche abzudecken vermag, ist eine gesetzliche Vertretung einwilligungsunfähiger Erwachsener unumgänglich.

II. Schutzfunktion eines Verfahrens bzgl. einer gesetzlichen Vertretung

Vorliegend soll dem Gesetzesentwurf aus dem Jahre 2004 zu einem 2. BtÄndG insoweit nicht entgegen getreten werden, wenn es um eine stärkere Einbindung der Angehörigen im Falle von Hilfsbedürftigkeit innerhalb der Familie geht. Eine Förderung der Solidarität innerhalb der Familie ist durchaus wünschenswert.

Nicht zu befürworten ist allerdings die Entstehung der gesetzlichen Vertretungsmacht Angehöriger ipso iure. Dies stellt zu Recht eine Ausnahmesituation im Rahmen der elterlichen Sorge dar und sollte nicht auf andere Regelungsbereiche ausgedehnt werden. Vielmehr ist auch für die gesetzliche Vertretungsmacht der Angehörigen ein förmliches, wenn auch abgekürztes, Verfahren festzuschreiben. Die Prüfung der Handlungsunfähigkeit des Betroffenen und die Geeignetheit des gesetzlichen Vertreters haben in einem hierfür vorgesehenen Verfahren zu geschehen.

In Anlehnung an den schweizerischen Vorentwurf für eine Revision des ZGB, sollte die gesetzliche Vertretungsbefugnis des Ehegatten begrenzt werden und nur Rechtshandlungen umfassen, die zur Deckung des Unterhaltsbedarfs üblicherweise erforderlich sind (vgl. § 1357 BGB), die ordentliche Verwaltung des Einkommens und der übrigen Vermögenswerte sowie das Öffnen der Post. Ist eine Person nicht nur vorübergehend, sondern dauernd urteilsunfähig geworden, sollte es grundsätzlich bei der Anordnung einer „Betreuung" verbleiben.

Die gesetzliche Vertretung von Angehörigen in Gesundheitsangelegenheiten sollte an eine Patientenverfügung gekoppelt werden. Überlegenswert erscheint es ferner, die gesetzliche Vertretung Angehöriger auf wenige Antragsrechte im Bereich des Sozialwesens zu beschränken.

Zur Wahrung der Rechte des Betroffenen kann auf eine staatliche Kontrolle und Begleitung im Rahmen der gesetzlichen Vertretung Angehöriger nicht verzichtet werden. Das Vormundschaftsgericht sollte bei Streitigkeiten der Angehörigen untereinander oder mit Dritten über das Vorliegen der Voraussetzungen oder den Umfang der gesetzlichen Vertretungsmacht angerufen werden können. Zudem erscheint es angebracht, dass das Gericht die gesetzliche Vertretungsbefugnis ganz oder teilweise entziehen kann, wenn der Angehörige diese überschreitet oder sich als unfähig erweist, sie auszuüben.

III. Reformierung des Betreuungsverfahrens

Da sich im Falle der Umsetzung der Leitlinien allerdings keine gravierenden Abweichungen zum bereits bestehenden Betreuungsverfahren ergeben, wird die Reformierung des Betreuungsverfahrens an Stelle der Einführung einer gesetzlichen Vertretungsmacht Angehöriger favorisiert.

Im Rahmen des Betreuungsverfahrens ist an eine Umsetzung gewisser Privilegien für Angehörige zu denken. Wie etwa die Befreiung bzw. Reduzierung von der Inventarpflicht, Rechnungslegung, Berichterstattung und vormundschaftsgerichtlicher Genehmigungen[582].

B. Wege und Risiken

Es soll nicht übersehen werden, dass eine ipso iure entstehende gesetzliche Vertretungsmacht für Angehörige zugleich auch eine Chance für die Achtung der Privatsphäre des Betroffenen bedeutet. Ohne ein Eindringen von Außen, wird dem Handlungsunfähigen die Wahrnehmung seiner Interessen ermöglicht.

Allerdings ist der Gesetzgeber gehalten, eine allseits tragfähige Rechtslage zu schaffen, in welcher der Schutz des Schwächeren im Vordergrund zu stehen hat. Vor diesem Hintergrund ist eine, jeglicher staatlicher Kontrolle entzogene gesetzliche Vertretungsmacht, nicht hinnehmbar. Zur Wahrung des Selbstbestimmungsrechts der Betroffenen ist der Gesetzgeber aufgefordert, Schutzvorkehrungen, vor möglichem Missbrauch der gesetzlichen Vertretungsrechte, zu treffen.

Es ist dem Einzelnen durch private Vorsorge ja unbenommen, zumindest in den meisten Fällen, unerwünschte staatliche Intervention zu vermeiden. Eine darüber

---

[582] wie bereits im Einzelnen geschehen, vgl. §§ 1908i, 1857a BGB.

hinausgehende Schaffung gesetzlicher Vertretungsrechte Angehöriger erscheint indes nicht uneingeschränkt opportun.

C. Gesetzesvorschlag

Ungeachtet der Befürwortung und der Bevorzugung des Betreuungsrechts soll nachstehend ein Gesetzesvorschlag zu einer gesetzlichen Vertretungsmacht Angehöriger für Volljährige unterbreitet werden.

Der Vorschlag stützt sich auf die in der Arbeit geführte Diskussion und versucht, einen Kompromiss bzw. ein Bindeglied zwischen der gesetzlichen Vertretung Angehöriger und dem gegenwärtigen Betreuungsrecht herzustellen.

In Anlehnung an die unterbreiteten Vorschläge soll auch in diesem Gesetzesvorschlag die Vertretungsmacht ipso iure zur Entstehung gelangen. Der darin liegenden Verfassungswidrigkeit soll durch die nur kurzfristige Gewährung der gesetzlichen Vertretungsbefugnis entgegen gewirkt werden. Die gesetzliche Vertretungsmacht dient nur der Bewältigung der anstehenden Alltagssituationen im Falle akuter krankheitsbedingter Handlungsunfähigkeit des Betroffenen, wie etwa komatöser Zustände oder psychotischer Schübe.

Es erscheint vertretbar in solchen Akutsituationen, die nur von kurzer Dauer sind, die Angehörigen in die Lage zu versetzten, für den Betroffenen zu handeln, ohne dass es hierfür der Durchführung eines Betreuungsverfahrens bedürfte. Bei länger andauernder Handlungsunfähigkeit ist jedoch ein Betreuungsverfahren zur Wahrung der Rechte des Betroffenen unerlässlich.

Daraus ergibt sich folgender Gesetzesvorschlag:

Vertretung durch Ehegatten für die Vermögenssorge

(1) Ist ein Ehegatte infolge einer Krankheit oder Behinderung vorübergehend nicht in der Lage, seine Rechte und Pflichten selbst wahrzunehmen und hat er weder eine andere Person für sich zu handeln bevollmächtigt noch ist ein Betreuer bestellt, so hat der Ehegatte von Gesetzes wegen ein Vertretungsrecht, wenn er mit dem Betroffenen einen gemeinsamen Haushalt führt oder ihm regelmäßig und persönlich Beistand leistet.

(2) Das Vertretungsrecht umfasst:
1. alle Rechtshandlungen, die zur Deckung des Unterhaltsbedarfs üblicherweise erforderlich sind;
2. die ordentliche Verwaltung des Einkommens und der übrigen Vermögenswerte;
3. das Öffnen der Post.

(3) Bei dauernder Handlungsunfähigkeit des Betroffenen, spätestens nach 3 Monaten, ist ein Betreuer zu bestellen.

(4) Der andere Ehegatte gilt als vertretungsberechtigt, wenn er dem, gegenüber dem eine Willenserklärung abzugeben ist,

1. schriftlich erklärt,
   a) mit dem verhinderten Ehegatten verheiratet zu sein,
   b) nicht getrennt zu leben bzw. diesem regelmäßig und persönlich Beistand zu leisten,
   c) dass ihm das Vorliegen einer Vollmacht oder Betreuung nicht bekannt ist,
   d) dass der verhinderte Ehegatte einen der Vertretung entgegenstehenden Willen nicht geäußert hat und
2. ein ärztliches Zeugnis über die Handlungsunfähigkeit des verhinderten Ehegatten vorlegt. Das Zeugnis muss bescheinigen, dass eine persönliche Untersuchung vor nicht länger als einem Monat stattgefunden hat.

Dies gilt nicht, wenn derjenige, gegenüber dem eine Willenserklärung abzugeben ist, das Fehlen der Voraussetzungen des Absatzes 1 kennt oder kennen muss.

Vertretung bei medizinischen Maßnahmen

(1) Ist eine Person infolge einer Krankheit oder Behinderung vorübergehend nicht in der Lage, seine Rechte und Pflichten selbst wahrzunehmen und hat sie weder eine andere Person für sich zu handeln bevollmächtigt noch ist ein Betreuer bestellt, so haben der Ehegatte sowie die Eltern und volljährigen Kinder dieser Person von Gesetzes wegen ein Vertretungsrecht zur Abgabe von Erklärungen, die auf die Vornahme einer Untersuchung des Gesundheitszustandes, einer Heilbehandlung oder eines ärztlichen Eingriffs gerichtet sind, soweit der Betroffene in einer Patientenverfügung oder einem gleichwertigen Dokument seine diesbezüglichen Wünsche festgeschrieben hat.

(2) Vorrangig ist der Ehegatte erklärungsbefugt. Kinder sind vor den Eltern erklärungsbefugt. Mehrere gleichrangige Angehörige haben sich auf eine Erklärung zu einigen, wobei eine Mehrheitsentscheidung genügt. Ist ein vorrangiger Angehöriger innerhalb angemessener Zeit nicht erreichbar, genügt die Erklärung des nächst erreichbaren nachrangigen Angehörigen.

(3) Bei dauernder Handlungsunfähigkeit des Betroffenen, spätestens nach 3 Monaten, ist ein Betreuer zu bestellen.

(4) Der Angehörige im Sinne von Absatz 1 gilt als erklärungsbefugt, wenn er dem Arzt,

1. schriftlich erklärt,

a) mit dem verhinderten Ehegatten verheiratet zu sein, nicht getrennt zu leben bzw. diesem regelmäßig und persönlich Beistand zu leisten bzw. vor- oder gleichrangiger Angehöriger im Sinne des Absatzes 1 zu sein,

b) dass ihm das Vorliegen einer Vollmacht oder Betreuung nicht bekannt ist,

c) dass die verhinderte Person einen der Vertretung entgegenstehenden Willen nicht geäußert hat und

2. ein ärztliches Zeugnis über die Handlungsunfähigkeit des verhinderten Ehegatten vorlegt. Das Zeugnis muss bescheinigen, dass eine persönliche Untersuchung vor nicht länger als einem Monat stattgefunden hat.

Dies gilt nicht, wenn derjenige, gegenüber dem eine Willenserklärung abzugeben ist, das Fehlen der Voraussetzungen des Absatzes 1 kennt oder kennen muss.

Ausübung des Vertretungsrechts

Auf die Ausübung des Vertretungsrechts findet § 1901 Abs. 1-4 BGB sinngemäße Anwendung.

Entzug des Vertretungsrechts

(1) Bestehen Zweifel, ob die Voraussetzungen für eine Vertretung erfüllt sind oder nicht, so entscheidet das Vormundschaftsgericht über das Vertretungsrecht.

(2) Überschreiten die Angehörigen ihre Befugnisse oder erweisen sie sich als unfähig sie auszuüben, so entzieht ihnen das Vormundschaftsgericht auf Antrag einer nahe stehenden Person oder von Amts wegen die Vertretungsbefugnis teilweise oder ganz.

Schlussbemerkungen

Das Rechtsinstitut der „gesetzlichen Vertretung“ trägt dem Umstand Rechnung, dass bestimmte Personen, wie Kinder und geistig behinderte und erkrankte Menschen, an der selbständigen Teilnahme am Rechtsverkehr gehindert sind und gewährt ihnen durch den „gesetzlichen Vertreter“ die erforderliche Unterstützung.

Insoweit befindet sich das Institut der „gesetzlichen Vertretung“ in einem Spannungsverhältnis von Fremdbestimmung und Selbstbestimmung. Dabei ist die gesetzliche Vertretung jedoch Ausdruck des Bestrebens, den Unmündigen als Rechtssubjekt mit eigenen Interessen anzuerkennen und in den Rechtsverkehr einzubinden. Das Institut der „gesetzlichen Vertretung“ unterliegt als „Unmündigenschutz“ damit keinen verfassungsrechtlichen Bedenken und stellt einen wichtigen Teil des funktionsfähigen objektiven Privatrechts dar.

Mit der „gesetzlichen Vertretung“ verbunden ist jedoch eine Einschränkung des Selbstbestimmungsrechts des Betroffenen. Über die Ausgestaltung dieses Rechtsinstituts im Einzelnen, über dessen Reichweite und Umfang wurde und wird daher noch viel diskutiert werden, um eine immer besser werdende Sicherung des Selbstbestimmungsrechts erreichen zu können. Insbesondere das davon betroffene Eltern-Kind-Verhältnis ist einem steten Wandel unterworfen. Die elterliche Sorge ist geprägt durch die Heranführung des Kindes zu einem mündigen Wesen und damit auf Selbstauflösung ausgerichtet. Klärungsbedürftig im Rahmen dieser wachsenden Selbstbestimmung des Kindes ist noch, wie viel Freiraum und Betätigungsmöglichkeiten dem Kinde auf diesem Wege zuzubilligen sind. Doch auch die Ausgestaltung der gesetzlichen Vertretung von handlungsunfähigen Erwachsenen ist noch nicht abgeschlossen. Durch die Einführung der „Betreuung“ sollten die Rechte dieser Personen gestärkt werden.

Seit längerer Zeit wird nunmehr über ein Vertretungsrecht naher Angehöriger für handlungsunfähige Erwachsene nachgedacht und diskutiert. Es wurden schon zahlreiche Regelungsvorschläge ausgearbeitet und unterbreitet. Der Bundestagsentwurf aus dem Jahre 2004 zu einem zweiten Betreuungsrechtsänderungsgesetz (BT-Drucks 15/2494) enthielt eine solche Vertretungsbefugnis. Beabsichtigt wurde damit eine Stärkung des Selbstbestimmungsrechts der Betroffenen und der Schutz vor Eingriffen von unbeteiligten Personen in die Privatsphäre.

Dabei sieht sich die konkrete Ausgestaltung dieses Vorschlags aber erheblichen Bedenken ausgesetzt. Im Bundestag konnte auch eine dahingehende Einigung nicht erzielt werden und ein gesetzliches Vertretungsrecht von nahen Angehörigen wurde, aufgrund der nicht auszuräumenden Missbrauchsgefahr, nicht in die Gesetzesänderung übernommen.

Dennoch bleibt der „Gedanke“ einer gesetzlichen Vertretungsmacht Angehöriger für handlungsunfähige Erwachsene bestehen. Dieser sollte auch nicht aufgegeben werden, sondern es sollte durchaus weiter analysiert und darüber diskutiert werden. Zu überlegen sind Vertretungsrechte in kleinen Teilbereichen, wie z.B. in Gesundheitsangelegenheiten, wenn eine Patientenverfügung existiert oder für eine kurze Zeitspanne für den Zugriff auf das Girokonto zur Deckung des täglichen Lebensbedarfs.

An erster Stelle dabei hat jedoch das Recht des Betroffenen auf Selbstbestimmung und Wahrung seiner Persönlichkeitsrechte zu stehen. Von deren Stärkung sollte der Gesetzgeber sich leiten lassen und darauf seine Bemühungen konzentrieren.

Anhang I.: Gesetzesvorschlag von Martin Probst und Bernhard Knittel[583]

§ 1904 BGB-E
(3) Willenserklärungen, die auf die Vornahme einer Untersuchung des Gesundheitszustandes, einer Heilbehandlung oder eines ärztlichen Eingriffs gerichtet sind, können unbeschadet der Befugnisse eines Betreuers oder eines Bevollmächtigten auch von Ehegatten, die nicht getrennt leben, von Eltern oder von Kindern abgegeben werden. Absatz 1 gilt auch für diese Willenserklärungen.

§ 1907 BGB-E
(4) Willenserklärungen, die auf den Abschluss oder die Beendigung eines Miet- oder Pachtvertrages oder eines Heimvertrages gerichtet sind, können unbeschadet der Befugnisse eines Betreuers oder eines Bevollmächtigten mit Genehmigung des Vormundschaftsgerichts auch von Ehegatten, die nicht getrennt leben, von Eltern oder von Kindern abgegeben werden. § 1358 Abs. 2 und 4 gelten entsprechend.

§ 1358 BGB-E
(1) Sofern Ehegatten nicht getrennt leben, kann unbeschadet der Befugnisse eines Bevollmächtigten oder eines Betreuers jeder Ehegatte im Namen und mit Wirkung für den anderen Ehegatten die zur Verwaltung seines Vermögens gehörenden Angelegenheiten rechtlich besorgen. § 1904 (ärztliche Maßnahmen), § 1906 (Unterbringung) und § 1907 (Überlassung von Wohnraum, Abschluss eines Heimvertrages) bleiben unberührt.
(2) Ein Rechtsgeschäft, das für den anderen Ehegatten nicht lediglich rechtlich vorteilhaft ist, wird gegenüber dem anderen Teil erst wirksam, wenn der andere Ehegatte diesem gegenüber nicht binnen zwei Wochen nach Vornahme des Rechtsgeschäfts schriftlich widerspricht.
(3) Rechtshandlungen, bei denen ein Vormund von der Vertretung seines Mündels nach § 1795 ausgeschlossen ist, sind unwirksam. Rechtshandlungen, für die ein Vormund gem. § 1821 oder § 1822 eine Genehmigung benötigt, oder die eine Verfügung über das Vermögen als Ganzes oder über Haushaltsgegenstände bewirken, bedürfen der Genehmigung des Vormundschaftsgerichts.
(4) Die Genehmigung darf nur erteilt werden, wenn der andere Ehegatte nicht innerhalb der in Abs. 2 genannten Frist widersprochen hat; dies gilt nicht, wenn mit dem Aufschub Gefahr verbunden ist. Im Übrigen gelten die § 1365 Abs. 2 und § 1369 Abs. 2, § 1829 und § 1830 entsprechend.
(5) Die Berechtigung des anderen Ehegatten zur Besorgung rechtlicher Angelegenheiten im Sinne des Abs. 1 kann diesem gegenüber durch notariell beurkundete Erklärung jederzeit ausgeschlossen werden. § 1412 gilt entsprechend.

---

[583] Quelle: Probst/Knittel ZRP 2001, 55.

Anhang II.: Gesetzesvorschlag von Peter Winterstein[584]

§ 1358 BGB-E

Ist die Entscheidung eines Ehegatten in Angelegenheiten der Personensorge nicht zu erlangen, weil er infolge eines Unfalls oder einer Krankheit oder Behinderung zu einer Äußerung nicht in der Lage ist oder die Voraussetzungen der Geschäftsunfähigkeit nach § 104 gegeben sind, so ist der andere Ehegatte berechtigt, ihn zu vertreten, solange der Vertretene nicht widerspricht, oder, sofern er zu einem Widerspruch nicht in der Lage ist, aus seinem Verhalten zu schließen ist, dass er diese Vertretung nicht wünscht. § 1357 Abs. 2 und 3 gilt entsprechend.

§ 1589a BGB-E

Für Verwandte in gerader Linie gilt § 1358 entsprechend.

§ 1904 Absatz 3 BGB-E

(3) Absatz 1 gilt auch für Ehegatten und Verwandte, die stellvertretend nach §§ 1358, 1589a entscheiden.

§ 1906 Absatz 6 BGB-E

(6) Die Absätze 1 bis 5 gelten entsprechend für Unterbringungen, die von Ehegatten oder Verwandten stellvertretend nach §§ 1358, 1589a veranlasst werden.

§ 1907 Absatz 4 BGB-E

(4) Die Absätze 1 bis 3 gelten auch für Ehegatten und Verwandte, die stellvertretend nach §§ 1358, 1589a entscheiden.

§ 36 Absatz 3 SGB I-E

(3) Ist ein Ehegatte infolge Krankheit oder Behinderung nicht in der Lage, Anträge zu stellen, so gilt der andere Ehegatte als berechtigt, Anträge zu stellen und zu verfolgen, sofern nicht aus den Umständen auf einen entgegenstehenden Willen des kranken oder behinderten Ehegatten zu schließen ist. Entsprechendes gilt für Verwandte in gerader Linie und Partner einer auf Dauer angelegten Lebensgemeinschaft.

---

[584] Quelle: Klie BtPrax 2002, 91.

Anhang III.: Gesetzesentwurf der Bund-Länder-Arbeitsgruppe im Rahmen ihres Zwischenberichts im Jahre 2002[585]

§ 1896 BGB-E

(2) Ein Betreuer darf nur für Aufgabenkreise bestellt werden, in denen die Betreuung erforderlich ist. Die Betreuung ist nicht erforderlich, soweit die Angelegenheiten des Volljährigen

1. durch einen Bevollmächtigten, der nicht zu den in § 1897 Abs. 3 bezeichneten Personen gehört, oder
2. durch einen hierzu befugten Angehörigen in den Fällen des § 1358, § 1904 Abs. 3, § 1906 Abs. 6, § 1907 Abs. 3 oder
3. durch andere Hilfen, bei denen kein gesetzlicher Vertreter bestellt wird,

ebenso gut wie durch einen Betreuer besorgt werden können. Eine Vollmacht nach Satz 2 Nr. 1 geht einer gesetzlichen Vertretungsbefugnis nach Nr. 2 vor, wenn der Dritte bei Vornahme des Rechtsgeschäfts die Vollmacht kennt oder kennen muss.

§ 1904 BGB-E

(3) Erklärungen, die auf die Vornahme einer Untersuchung des Gesundheitszustandes, einer Heilbehandlung oder eines ärztlichen Eingriffs gerichtet sind, können jeweils allein auch von Ehegatten bzw. Lebenspartnern, die nicht getrennt leben, von Eltern, von Kindern abgegeben werden. Absatz 1 gilt auch für diese Erklärungen. Im Übrigen gilt § 1901 Abs. 2 bis 4 entsprechend. Sätze 1 bis 3 gelten nicht, sofern ein entgegenstehender Wille des Betroffenen gegenüber dem Arzt, der Klinik oder einem der genannten Angehörigen bekundet wurde.

§ 1906 BGB-E

(6) Maßnahmen nach Absatz 1 können jeweils allein auch von Ehegatten oder Lebenspartnern, die nicht getrennt leben, von Eltern, von Kindern getroffen werden. Dasselbe gilt für die Erklärung der Einwilligung in Maßnahmen nach Absatz 4. Die Absätze 1 bis 4 sowie § 1904 Abs. 3 Satz 3 und 4 gelten entsprechend.

§ 1907 BGB-E

(4) Willenserklärungen, die auf den Abschluss oder die Beendigung eines Mietverhältnisses über selbst genutzten Wohnraum oder eines Heimvertrages gerichtet sind, können jeweils allein auch von Ehegatten oder Lebenspartnern, die nicht getrennt leben, von Eltern oder von Kindern (oder Enkeln) abgegeben werden. § 1358 Abs. 2 und 5 sowie § 1901 Abs. 2 bis 4 gelten entsprechend. Im Übrigen gilt für diese Erklärungen Absatz 1 entsprechend.

---

[585] Quelle: „http://www.vfbev.de/Nachrichten/Nachrichten_-_Aktuell/News_64_-_Zwischenbericht_der_/news_64_-_zwischenbericht_der_.html".

§ 1358 BGB-E

(1) Sofern Ehegatten oder Lebenspartner nicht getrennt leben, kann jeder Ehegatte oder Lebenspartner im Namen und mit Wirkung für den anderen die zur Verwaltung seines Vermögens gehörenden Angelegenheiten rechtlich besorgen.

(2) Ein Rechtsgeschäft, das für den anderen Ehegatten oder Lebenspartner nicht lediglich rechtlich vorteilhaft ist, wird gegenüber dem anderen Teil erst wirksam, wenn der andere Ehegatte oder Lebenspartner diesem gegenüber nicht binnen zwei Wochen nach Vornahme des Rechtsgeschäfts schriftlich widerspricht.

(3) Rechtshandlungen, in denen ein Vormund von der Vertretung seines Mündels nach § 1795 ausgeschlossen ist, sind unwirksam. Rechtshandlungen, für die ein Vormund gemäß § 1821 oder § 1822 eine Genehmigung benötigt, oder die eine Verfügung über das Vermögen als Ganzes oder über Haushaltsgegenstände bewirken, bedürfen der Genehmigung des Vormundschaftsgerichts.

(4) Die Genehmigung darf nur erteilt werden, wenn der andere Ehegatte oder Lebenspartner nicht innerhalb der in Absatz 2 genannten Frist widersprochen hat; dies gilt nicht, wenn mit dem Aufschub Gefahr verbunden ist. Im Übrigen gelten § 1365 Abs.2 und § 1369 Abs. 2, § 1829 und § 1830 entsprechend.

(5) Die Berechtigung des anderen Ehegatten zur Besorgung rechtlicher Angelegenheiten im Sinne des Absatz 1 kann diesem gegenüber durch notarielle beurkundete Erklärung jederzeit ausgeschlossen werden. § 1412 gilt entsprechend.

Anhang IV.: Gesetzesvorschlag der Bund-Länder-Arbeitsgruppe im Abschlussbericht im Juni 2003[586]

§ 1358

Gesetzliche Vertretung für Giroverträge

(1) Ist ein Ehegatte infolge eines Unfalles, einer Krankheit oder Behinderung nicht in der Lage, seine Rechte und Pflichten aus einem Girovertrag selbst, durch einen Bevollmächtigten oder durch einen bestellten Betreuer wahrzunehmen, kann ihn der andere Ehegatte nach Maßgabe der Absätze 2 bis 4 gerichtlich und außergerichtlich vertreten. Dies gilt nicht, wenn die Ehegatten getrennt leben.

(2) Der Vertreter darf innerhalb von 30 Tagen (eines Kalendermonats) über vorhandene Guthaben in Höhe von 3.000 Euro, verfügen, die dem berechtigten Ehegatten gegenüber einem Kreditinstitut zustehen. Zusätzlich darf er über Guthaben aus einmaligen Geldleistungen nach den §§ 18 bis 29 des Ersten Buches Sozialgesetzbuch, privater Krankenversicherer sowie beamtenrechtlicher Beihilfestellen verfügen. Unterhält der berechtigte Ehegatte Girokonten bei verschiedenen Kreditinstituten, gilt der in Satz 1 genannte Höchstbetrag für jedes kontoführende Kreditinstitut gesondert.

(3) Der andere Ehegatte gilt als vertretungsberechtigt, wenn er dem kontoführenden Kreditinstitut

1. ein ärztliches Zeugnis über die Voraussetzungen des Absatzes 1 Satz 1 vorlegt. Das Zeugnis muss bescheinigen, dass eine persönliche Untersuchung vor nicht länger als sechs Monaten stattgefunden hat und bei der Untersuchung soweit möglich ihr Zweck erläutert wurde,
2. schriftlich erklärt, nicht getrennt zu leben,
3. schriftlich erklärt, dass ihm das Vorliegen einer Vollmacht oder Betreuung nicht bekannt ist.

   Dies gilt nicht, wenn das Kreditinstitut bei Vornahme des Rechtsgeschäfts das Fehlen der Voraussetzungen des Absatzes 1 kennt oder kennen muss.

   (4) Die Absätze 1 bis 3 gelten nicht, wenn der aus dem Girovertrag berechtigte Ehegatte durch Erklärung gegenüber dem Kreditinstitut einer Vertretung durch seinen Ehegatten vor Vornahme des Rechtsgeschäfts widersprochen hat.

§ 1358a

Gesetzliche Vertretung für Sozial- und Versicherungsleistungen

(1) Ist ein Ehegatte infolge eines Unfalls, einer Krankheit oder Behinderung nicht in der Lage, selbst oder durch einen Bevollmächtigten oder durch einen bestellten Betreuer Leistungen nach den §§ 18 bis 29 des Ersten Buches

[586] Quelle: „http://www.vfbev.de/Nachrichten/Nachrichten_-_Aktuell/News_73_-_Jumiko_-Abschlussberi/news_73_-_jumiko_abschlussberi.html“

Sozialgesetzbuch, nach dem Opferentschädigungsgesetz, aus privaten Krankenversicherungen, beamtenrechtlicher Beihilfe, Leistungen der betrieblichen Altersversorgung und aus einem Altersvorsorgevertrag im Sinne des Altersvorsorgeverträge-Zertifizierungsgesetzes geltend zu machen und entgegenzunehmen, kann ihn der andere Ehegatte insoweit gerichtlich und außergerichtlich vertreten. Dies gilt nicht, wenn die Ehegatten getrennt leben.
(2) Der andere Ehegatte gilt als vertretungsberechtigt, wenn er dem Leistungsträger
1. ein ärztliches Zeugnis über die Voraussetzungen des Absatzes 1 Satz 1 vorlegt. Das Zeugnis muss bescheinigen, dass eine persönliche Untersuchung vor nicht länger als sechs Monaten stattgefunden hat und bei der Untersuchung soweit möglich ihr Zweck erläutert wurde,
2. schriftlich erklärt, nicht getrennt zu leben,
3. schriftlich erklärt, dass ihm das Vorliegen einer Vollmacht oder Betreuung nicht bekannt ist.

Dies gilt nicht, wenn der Leistungsträger bei der Leistung das Fehlen der Voraussetzungen des Absatzes 1 kennt oder kennen muss.
(3) § 1358 Absatz 4 gilt entsprechend.

§ 1358b
Gesetzliche Vertretung im Steuerverfahren

§ 1358a gilt entsprechend für die gerichtliche und außergerichtliche Vertretung sowie die Abgabe von Erklärungen hinsichtlich der Einkommensteuer, der Kirchensteuer und des Solidaritätszuschlags einschließlich der damit im Zusammenhang stehenden steuerlichen Nebenleistungen und für die Entgegennahme von Erstattungen.

§ 1358c
Gesetzliche Vertretungs- und Erklärungsbefugnis für die Gesundheitssorge

(1) Soweit ein Ehegatte infolge eines Unfalls, einer Krankheit oder Behinderung nicht in der Lage, selbst oder durch einen Bevollmächtigten oder durch einen bestellten Betreuer Erklärungen abzugeben, die auf die Vornahme einer Untersuchung des Gesundheitszustandes, einer Heilbehandlung oder eines ärztlichen Eingriffs gerichtet sind, kann der andere Ehegatte diese Erklärungen abgeben. Dies gilt nicht, sofern ein entgegenstehender Wille des Betroffenen gegenüber dem Arzt, der Klinik oder dem anderen Ehegatten bekundet wurde.
(2) § 1904 Abs. 1 gilt auch für Erklärungen nach Absatz 1.
(3) Der andere Ehegatte gilt als erklärungsbefugt, wenn er dem Arzt erklärt,
1. nicht getrennt zu leben,
2. dass ihm das Vorliegen einer Vollmacht oder Betreuung nicht bekannt ist,
3. dass ihm ein entgegenstehender Wille des Ehegatten nicht bekannt ist.

Dies gilt nicht, wenn der Arzt das Fehlen der Voraussetzungen des Absatzes 1 kennt oder kennen muss.

§ 1358d

Gesetzliche Vertretung in Wohnungsangelegenheiten

(1) Ist ein Ehegatte infolge eines Unfalles, einer Krankheit oder Behinderung nicht in der Lage, seine Rechte und Pflichten selbst, durch einen Bevollmächtigten oder durch einen bestellten Betreuer wahrzunehmen, kann ihn der andere Ehegatte nach Maßgabe der Absätze 2 bis 4 gerichtlich und außergerichtlich vertreten. Dies gilt nicht, wenn die Ehegatten getrennt leben.

(2) Der Ehegatte darf ein mit dem anderen Ehegatten bestehendes Mietverhältnis kündigen oder aufheben. § 1907 Abs. 1 gilt entsprechend. Der Ehegatte darf einen Heimvertrag abschließen und Rechte und Pflichten aus einem Heimvertrag wahrnehmen.

(3) Der andere Ehegatte gilt gegenüber dem Vertragspartner als vertretungsberechtigt, wenn er ihm

1. ein ärztliches Zeugnis über die Voraussetzungen des Absatzes 1 Satz 1 vorlegt. Das Zeugnis muss bescheinigen, dass eine persönliche Untersuchung vor nicht länger als sechs Monaten stattgefunden hat und bei der Untersuchung soweit möglich ihr Zweck erläutert wurde,
2. schriftlich erklärt, nicht getrennt zu leben,
3. schriftlich erklärt, dass ihm das Vorliegen einer Vollmacht oder Betreuung nicht bekannt ist.

Dies gilt nicht, wenn der Vertragspartner bei der Vornahme des Rechtsgeschäfts das Fehlen der Voraussetzungen des Absatzes 1 kennt oder kennen muss.

(3) § 1358 Absatz 4 gilt entsprechend.

§ 1618b

Gesetzliche Vertretungs- und Erklärungsbefugnis für die Gesundheitssorge

(1) § 1358c gilt im Verhältnis von Eltern und ihren volljährigen Kindern entsprechend, es sei denn, es ist ein erklärungsbefugter Ehegatte oder Lebenspartner vorhanden. Die nach § 1358c Abs. 3 abzugebende Erklärung hat sich auch auf diesen Umstand zu beziehen.

(2) Kinder sind vor Eltern erklärungsbefugt. Bei mehreren gleichrangigen Angehörigen genügt die Erklärung eines von ihnen; es ist jedoch der Widerspruch eines jeden von ihnen beachtlich. Ist ein vorrangiger Angehöriger innerhalb angemessener Zeit nicht erreichbar, genügt die Erklärung des nächst erreichbaren nachrangigen Angehörigen.

§ 1896

(2) Ein Betreuer darf nur für Aufgabenkreise bestellt werden, in denen die Betreuung erforderlich ist. Die Betreuung ist nicht erforderlich, soweit die Angelegenheiten des Volljährigen

1. durch einen Bevollmächtigten, der nicht zu den in § 1897 Abs. 3 bezeichneten Personen gehört, oder
2. durch einen hierzu befugten Angehörigen in den Fällen der §§ 1358 bis 1358d, 1618b oder
3. durch andere Hilfen, bei denen kein gesetzlicher Vertreter bestellt wird,
4. ebenso gut wie durch einen Betreuer besorgt werden können.

Anhang V.: Gesetzesentwurf zur Vertretungsbefugnis von Angehörigen in BT-Drucks 15/2494[587]:

§ 1358
Vertretung durch Ehegatten für die Vermögenssorge

(1) Ist ein Ehegatte infolge einer Krankheit oder Behinderung nicht in der Lage, seine Rechte und Pflichten selbst wahrzunehmen und hat er weder eine andere Person für ihn zu handeln bevollmächtigt noch ist ein Betreuer bestellt, kann ihn der andere Ehegatte nach Maßgabe des Absatzes 2 gerichtlich und außergerichtlich vertreten. Dies gilt nicht, wenn die Ehegatten getrennt leben oder der Ehegatte einen entgegenstehenden Willen geäußert hat.

(2) Der andere Ehegatte kann

1. innerhalb von jeweils 30 Tagen über ein Guthaben auf einem Girokonto des berechtigten Ehegatten bis zu einer Höhe von 3000 Euro und über Guthaben aus einmaligen Geldleistungen nach den §§ 18 bis 29 des Ersten Buches Sozialgesetzbuch, privater Krankenversicherer sowie beamtenrechtlicher Beihilfestellen verfügen, Abrechnungen, Kontoauszüge und Mitteilungen entgegennehmen und anerkennen; unterhält der berechtigte Ehegatte Girokonten bei einem oder verschiedenen Kreditinstituten, gilt der in Satz 1 genannte Höchstbetrag für jedes Girokonto gesondert;

2. Leistungen nach den §§ 18 bis 29 des Ersten Buches Sozialgesetzbuch, nach dem Opferentschädigungsgesetz, dem Gesetz über eine bedarfsorientierte Grundsicherung im Alter und bei Erwerbsminderung, aus privaten Krankenversicherungen, beamtenrechtlicher Beihilfe, Leistungen der betrieblichen Altersversorgung und aus einem Altersvorsorgevertrag im Sinne des Altersvorsorgeverträge-Zertifizierungsgesetzes geltend machen, entgegennehmen und über sie verfügen;

3. für den berechtigten bzw. verpflichteten Ehegatten Erklärungen hinsichtlich der Einkommensteuer, der Kirchensteuer und des Solidaritätszuschlags einschließlich der damit im Zusammenhang stehenden steuerlichen Nebenleistungen abgeben, Erstattungen entgegennehmen und darüber verfügen;

4. ein Mietverhältnis, an dem der Ehegatte als Mieter beteiligt ist, kündigen oder aufheben, in dessen Namen einen Heimvertrag abschließen und Rechte und Pflichten aus einem Heimvertrag wahrnehmen. § 1907 Abs. 1 und 3 gilt entsprechend.

---

[587] Quelle: BT-Drucks 15/2494 S. 5ff.

(3) Der andere Ehegatte gilt als vertretungsberechtigt, wenn er dem, gegenüber dem eine Willenserklärung abzugeben ist,

2. schriftlich erklärt,
   a) mit dem verhinderten Ehegatten verheiratet zu sein,
   b) nicht getrennt zu leben,
   c) dass ihm das Vorliegen einer Vollmacht oder Betreuung nicht bekannt ist,
   d) dass der verhinderte Ehegatte einen der Vertretung entgegenstehenden Willen nicht geäußert hat und

3. ein ärztliches Zeugnis über die Handlungsunfähigkeit des verhinderten Ehegatten vorlegt. Das Zeugnis muss bescheinigen, dass eine persönliche Untersuchung vor nicht länger als sechs Monaten stattgefunden hat und bei der Untersuchung soweit möglich ihr Zweck erläutert wurde.

Dies gilt nicht, wenn derjenige, gegenüber dem eine Willenserklärung abzugeben ist, das Fehlen der Voraussetzungen des Absatzes 1 kennt oder kennen muss.

§ 1358a
Vertretung durch Ehegatten für die Gesundheitssorge

(1) Unter den Voraussetzungen des § 1358 Abs. 1 kann ein Ehegatte für den verhinderten Ehegatten Erklärungen abgeben, die auf die Vornahme einer Untersuchung des Gesundheitszustandes, einer Heilbehandlung oder eines ärztlichen Eingriffs gerichtet sind. § 1904 Abs. 1 gilt entsprechend.

(2) Der andere Ehegatte gilt als erklärungsbefugt, wenn er dem Arzt schriftlich erklärt,

1. mit dem verhinderten Ehegatten verheiratet zu sein,

2. nicht getrennt zu leben,

3. dass ihm das Vorliegen einer Vollmacht oder Betreuung nicht bekannt ist,

4. dass ihm ein entgegenstehender Wille des Ehegatten nicht bekannt ist.

Dies gilt nicht, wenn der Arzt das Fehlen der Voraussetzungen des Absatzes 1 kennt oder kennen muss.

§ 1618b
Vertretung durch Angehörige für die Gesundheitssorge

(1) § 1358a Abs. 1 gilt im Verhältnis von Eltern und ihren volljährigen Kindern entsprechend, es sei denn, es ist ein erklärungsbefugter Ehegatte oder Lebenspartner vorhanden. Kinder sind vor Eltern erklärungsbefugt. Bei mehreren gleichrangigen Angehörigen genügt die Erklärung eines von ihnen; es ist jedoch der Widerspruch eines jeden von ihnen beachtlich. Ist ein vorrangiger Angehöriger innerhalb angemessener Zeit nicht erreichbar, genügt die Erklärung des nächst erreichbaren nachrangigen Angehörigen.

(2) Ein Angehöriger im Sinne von Absatz 1 gilt als erklärungsbefugt, wenn er dem Arzt schriftlich erklärt,
1. vor- oder zumindest gleichrangiger Angehöriger im Sinne des Absatzes 1 Satz 1 bis 3 zu sein,
2. dass ihm das Vorliegen einer Vollmacht oder Betreuung nicht bekannt ist und
3. dass ihm weder ein entgegenstehender Wille des Betroffenen noch ein Widerspruch eines gleichrangigen Angehörigen bekannt ist.

Im Falle des Absatzes 1 Satz 4 hat der nachrangige Angehörige abweichend von Satz 1 Nr. 1 zu erklären, Angehöriger im Sinne des Absatzes 1 Satz 1 zu sein und dass der vorrangige Angehörige innerhalb angemessener Zeit nicht erreichbar ist. Die Sätze 1 und 2 gelten nicht, wenn der Arzt das Fehlen der Voraussetzungen des Absatzes 1 kennt oder kennen muss.“

§ 1896
(2) [2] Die Betreuung ist nicht erforderlich, soweit die Angelegenheiten des Volljährigen
1. durch einen Bevollmächtigten, der nicht zu den in § 1897 Abs. 3 bezeichneten Personen gehört, oder
2. durch einen hierzu befugten Angehörigen in den Fällen der §§ 1358, 1358a und 1618b oder
3. durch andere Hilfen, bei denen kein gesetzlicher Vertreter bestellt wird,

ebenso gut wie durch einen Betreuer besorgt werden können.

Anhang VI.: Vorentwurf Schweizerisches Zivilgesetzbuch (Erwachsenenschutz, Personenrecht und Kindesrecht) vom Juni 2003[588] - Auszug

Art. 13
Die Handlungsfähigkeit besitzt, wer volljährig und urteilsfähig ist.

Art. 14
Volljährig ist, wer das 18. Lebensjahr zurückgelegt hat.

Art. 16
Urteilsfähig im Sinne dieses Gesetzes ist jede Person, der nicht wegen ihres Kindesalters, infolge geistiger Behinderung, psychischer Störung, Rausch oder ähnlicher Zustände die Fähigkeit mangelt, vernunftgemäß zu handeln.

Art. 17
Handlungsunfähig sind urteilsunfähige Personen, Minderjährige sowie Personen, die unter umfassender Beistandschaft stehen.

Urteilsfähige handlungsunfähige Personen
Art. 19
[1] Urteilsfähige handlungsunfähige Personen können sich nur mit Zustimmung ihres gesetzlichen Vertreters durch ihre Handlungen verpflichten.
[2] Ohne diese Zustimmung vermögen sie Vorteile zu erlangen, die unentgeltlich sind, sowie geringfügige Angelegenheiten des täglichen Lebens zu besorgen.

Art. 19*a*
[1] Sofern das Gesetz nichts anderes bestimmt, kann der gesetzliche Vertreter die Zustimmung ausdrücklich oder stillschweigend im Voraus geben oder das Geschäft nachträglich genehmigen.
[2] Der andere Teil wird frei, wenn die Genehmigung nicht innerhalb einer angemessenen Frist erfolgt, die er selber ansetzt oder durch das Gericht ansetzen lässt.

Art. 19*b*
[1] Erfolgt die Genehmigung des gesetzlichen Vertreters nicht, so kann jeder Teil die vollzogenen Leistungen zurückfordern, die handlungsunfähige Person haftet jedoch nur insoweit, als die Leistung in ihrem Nutzen verwendet worden ist oder als sie zur Zeit der Rückforderung noch bereichert ist oder sich böswillig der Bereicherung entäußert hat.

---

[588] Quelle: „http://www.ofj.admin.ch/themen/vormund/entw-zgb-d.pdf"

[2] Hat die handlungsunfähige Person den andern Teil zur irrtümlichen Annahme ihrer Handlungsfähigkeit verleitet, so ist sie ihm für den verursachten Schaden verantwortlich.

Art. 19*c*
[1] Urteilsfähige handlungsunfähige Personen üben die Rechte, die ihnen um ihrer Persönlichkeit willen zustehen, selbstständig aus; vorbehalten bleiben Fälle, in welchen das Gesetz die Zustimmung des gesetzlichen Vertreters vorsieht.
[2] Für urteilsunfähige Personen handelt der gesetzliche Vertreter, sofern ein Recht nicht so eng mit der Persönlichkeit verbunden ist, dass jede Vertretung ausgeschlossen ist.

Art. 19*d*
Die Handlungsfähigkeit kann durch eine Maßnahme des Erwachsenenschutzes eingeschränkt werden.

Der Erwachsenenschutz
Art. 360
[1] Eine handlungsfähige Person kann eine oder mehrere natürliche oder juristische Personen bezeichnen, die im Falle ihrer Urteilsunfähigkeit ihre Interessen wahren und sie im Rechtsverkehr vertreten sollen.
[2] Sie muss die Aufgaben der vorsorgebeauftragten Person umschreiben und kann ihr Weisungen für die Ausübung des Vorsorgeauftrags erteilen.

Art. 370
[1] Eine urteilsfähige volljährige Person kann schriftlich eine oder mehrere natürliche Personen bezeichnen, die im Falle ihrer Urteilsunfähigkeit in ihrem Namen die Zustimmung zu medizinischen Maßnahmen erteilen sollen.
[2] Sie kann Vorgaben für die Ausübung des Zustimmungsrechts machen.
[3] Sie datiert und unterzeichnet den Vorsorgeauftrag.

Art. 373
[1] Eine urteilsfähige Person kann schriftlich in einer Patientenverfügung festlegen, welche medizinische Behandlung sie im Falle ihrer Urteilsunfähigkeit wünscht oder ablehnt.
[2] Eine hinreichend klare Patientenverfügung gilt als Zustimmung zu einer Behandlung oder als deren Ablehnung, wenn die in Aussicht genommene Situation tatsächlich eintritt. In den übrigen Fällen gilt die Patientenverfügung als Vorgabe für die vertretungsberechtigte Person oder, bei Dringlichkeit, für den behandelnden Arzt oder die behandelnde Ärztin.
[3] Bestehen begründete Zweifel daran, dass die Patientenverfügung noch dem mutmaßlichen Willen der betroffenen Person entspricht oder auf freiem Willen beruht, so hat sie keine Wirkung.

[4] Wer eine Patientenverfügung errichtet, muss selber dafür sorgen, dass die Adressaten davon Kenntnis erhalten.

Art. 374
[1] Die behördlichen Maßnahmen des Erwachsenenschutzes stellen das Wohl und den Schutz hilfsbedürftiger Personen sicher und gewährleisten deren Menschenwürde.
[2] Sie suchen die Selbstbestimmung der betroffenen Person so weit wie möglich zu erhalten und zu fördern.

Art. 375
Die Erwachsenenschutzbehörde ordnet eine Maßnahme an, wenn die Unterstützung durch die Familie, andere nahe stehende Personen oder private oder öffentliche Dienste nicht ausreicht oder zum Vornherein als ungenügend erscheint.

Art. 376
Hilfsbedürftige Personen haben Anspruch darauf, dass die erforderlichen Maßnahmen des Erwachsenenschutzes rechtzeitig angeordnet und durchgeführt werden.

Die Beistandschaften
Art. 377
[1] Die Erwachsenenschutzbehörde errichtet eine Beistandschaft, wenn eine volljährige Person:
1. wegen einer geistigen Behinderung, einer psychischen Störung oder eines ähnlichen in der Person liegenden Schwächezustands ihre Angelegenheiten nur teilweise oder gar nicht besorgen kann;
2. wegen vorübergehender Urteilsunfähigkeit oder Abwesenheit in Angelegenheiten, die erledigt werden müssen, weder selber handeln noch eine zur Stellvertretung befugte Person bezeichnen kann.
[2] Die Belastung der Angehörigen und der Schutz von Drittpersonen sind zu berücksichtigen.
[3] Die Beistandschaft wird auf Antrag der betroffenen oder einer nahe stehenden Person oder von Amtes wegen errichtet.

Art. 378
[1] Die Beistandschaften sind:
1. die Begleitbeistandschaft;
2. die Vertretungsbeistandschaft;
3. die Mitwirkungsbeistandschaft;
4. die umfassende Beistandschaft.
[2] Die Begleit-, die Vertretungs- und die Mitwirkungsbeistandschaft können miteinander kombiniert werden.

Art. 379
[1] Die Erwachsenenschutzbehörde umschreibt entsprechend den Bedürfnissen der betroffenen Person die Aufgaben oder Aufgabenkreise, die im Rahmen der anzuordnenden Beistandschaft zu erledigen sind.
[2] Die Aufgaben oder Aufgabenkreise können sich auf die Personsorge oder die Vermögenssorge beziehen. Erfordern es die Verhältnisse, dass der Beistand oder die Beiständin die Post der betroffenen Person öffnet oder deren Wohnräume betritt oder aufräumt, so muss die Erwachsenenschutzbehörde die Befugnis dazu ausdrücklich erteilen.
[3] Erscheint die Ernennung eines Beistands oder einer Beiständin wegen des Umfangs der Aufgaben als offensichtlich unverhältnismäßig, so kann die Erwachsenenschutzbehörde:
1. von sich aus das Erforderliche vorkehren, namentlich die Zustimmung zu einem Rechtsgeschäft erteilen;
2. einer Drittperson für einzelne Aufgaben einen entsprechenden Auftrag erteilen.

Begleitbeistandschaft
Art. 380
[1] Eine Begleitbeistandschaft wird errichtet, wenn eine hilfsbedürftige Person für die Erledigung bestimmter Angelegenheiten begleitende Unterstützung braucht.
[2] Die Erwachsenenschutzbehörde kann anordnen, dass dem Beistand oder der Beiständin Einblick in diese Angelegenheiten und Auskunft darüber zu geben ist.
[3] Die Begleitbeistandschaft schränkt die Handlungsfähigkeit der verbeiständeten Person nicht ein.

Vertretungsbeistandschaft
Art. 381
[1] Eine Vertretungsbeistandschaft wird errichtet, wenn die hilfsbedürftige Person bestimmte Angelegenheiten nicht erledigen kann und vertreten werden muss.
[2] Der Beistand oder die Beiständin vertritt die verbeiständete Person im Rahmen der übertragenen Aufgaben oder Aufgabenkreise.
[3] Die Erwachsenenschutzbehörde kann die Handlungsfähigkeit der verbeiständeten Person entsprechend einschränken. Ohne eine solche Anordnung muss die verbeiständete Person sich die Handlungen des Beistands oder der Beiständin aber in jedem Fall anrechnen oder gefallen lassen.

Art. 382
[1] Errichtet die Erwachsenenschutzbehörde eine Vertretungsbeistandschaft für die Vermögensverwaltung, so bestimmt sie die Vermögenswerte, die vom Beistand oder von der Beiständin verwaltet werden sollen. Die Verwaltungsbefugnisse umfassen Teile des Einkommens oder das gesamte Einkommen, Teile des

Vermögens oder das gesamte Vermögen oder das gesamte Einkommen und Vermögen.

2 Die Verwaltungsbefugnisse umfassen auch die Ersparnisse aus dem verwalteten Einkommen oder die Erträge des verwalteten Vermögens, sofern die Erwachsenenschutzbehörde nichts anderes verfügt.

3 Ohne die Handlungsfähigkeit weiter einzuschränken, kann die Erwachsenenschutzbehörde der verbeiständeten Person den Zugriff auf einzelne Vermögenswerte entziehen.

4 Untersagt die Erwachsenenschutzbehörde der verbeiständeten Person, über ein Grundstück zu verfügen, so lässt sie dies im Grundbuch anmerken.

Mitwirkungsbeistandschaft
Art. 383

1 Eine Mitwirkungsbeistandschaft wird errichtet, wenn bestimmte Handlungen der hilfsbedürftigen Person zu deren Schutz der Zustimmung des Beistands oder der Beiständin bedürfen.

2 Die Handlungsfähigkeit der verbeiständeten Person wird von Gesetzes wegen entsprechend eingeschränkt.

Umfassende Beistandschaft
Art. 384

1 Eine umfassende Beistandschaft bezieht sich auf alle Angelegenheiten der Personsorge und der Vermögenssorge; sie wird errichtet, wenn die betroffene Person, namentlich wegen dauernder Urteilsunfähigkeit, besonders ausgeprägt hilfsbedürftig ist.

2 Die Handlungsfähigkeit der verbeiständeten Person entfällt von Gesetzes wegen.

Art. 385

1 Die Beistandschaft endet von Gesetzes wegen:

1. mit dem Tod der betroffenen Person;
2. mit der Erledigung der bestimmten einzelnen Geschäfte, für die sie errichtet worden ist.

2 Die Erwachsenenschutzbehörde hebt eine Beistandschaft von Amtes wegen auf, sobald kein Grund für deren Fortdauer mehr besteht.

Die Mitwirkung der Erwachsenenschutzbehörde
Art. 403

1 Die Erwachsenenschutzbehörde prüft den Bericht und verlangt, wenn es ihr notwendig erscheint, dessen Ergänzung.

2 Sie prüft die Rechnung und erteilt oder verweigert die Genehmigung; wenn nötig, verlangt sie deren Berichtigung.

3 Sie trifft nötigenfalls Maßnahmen, die zur Wahrung der Interessen der verbeiständeten Person angezeigt sind.

Besondere Bestimmungen für Angehörige
Art. 408
Sind der Ehegatte oder die Eltern der betroffenen Person als Beistand oder Beiständin eingesetzt worden, so unterliegen sie weder der Inventarpflicht noch der Pflicht zur periodischen Berichterstattung und Rechnungsablage noch der Pflicht, für bestimmte Geschäfte die Zustimmung der Erwachsenenschutzbehörde einzuholen, sofern diese nichts anderes anordnet.

Art. 409
Werden der Partner oder die Partnerin, ein Nachkomme oder ein Geschwister der verbeiständeten Person als Beistand oder Beiständin eingesetzt, so kann die Erwachsenenschutzbehörde die vertretende Person von der Inventarpflicht, der Pflicht zur periodischen Berichterstattung und Rechnungsablage und der Pflicht, für bestimmte Geschäfte die Zustimmung einzuholen, ganz oder teilweise entbinden, wenn die Umständen es rechtfertigen.

Vertretung durch den Ehegatten
Voraussetzungen und Umfang des Vertretungsrechts
Art. 431
1 Wird eine Person urteilsunfähig, so hat ihr Ehegatte von Gesetzes wegen ein Vertretungsrecht, wenn er mit ihr einen gemeinsamen Haushalt führt oder ihr regelmäßig und persönlich Beistand leistet.
2 Ist das Vertretungsrecht nicht in einem Vorsorgeauftrag geregelt, so umfasst es:
1. alle Rechtshandlungen, die zur Deckung des Unterhaltsbedarfs üblicherweise erforderlich sind;
2. die ordentliche Verwaltung des Einkommens und der übrigen Vermögenswerte; und
3. das Öffnen der Post.
3 Für Rechtshandlungen im Rahmen der außerordentlichen Vermögensverwaltung muss der Ehegatte die Zustimmung der Erwachsenenschutzbehörde einholen.

Ausübung des Vertretungsrechts
Art. 432
Auf die Ausübung des Vertretungsrechts finden die Bestimmungen über den Auftrag sinngemäß Anwendung.

Entzug des Vertretungsrechts
Art. 433
1 Bestehen Zweifel, ob die Voraussetzungen für eine Vertretung erfüllt sind oder nicht, so entscheidet die Erwachsenenschutzbehörde über das Vertretungsrecht.
2 Überschreitet der Ehegatte seine Befugnisse oder erweist er sich als unfähig, sie auszuüben, so entzieht ihm die Erwachsenenschutzbehörde auf Antrag einer

nahe stehenden Person oder von Amts wegen die Vertretungsbefugnisse teilweise oder ganz.

Vertretung bei medizinischen Maßnahmen
Vertretungsberechtigte Person
Art. 434

1 Muss eine urteilsunfähige Person, die keine hinreichend klare Patientenverfügung verfasst hat, medizinisch betreut werden, so sind folgende Personen berechtigt, die Zustimmung zu einer ambulanten oder stationären medizinischen Behandlung zu erteilen:

1. die Person, die in einem Vorsorgeauftrag bezeichnet worden ist, oder die Beiständin beziehungsweise der Beistand der urteilsunfähigen Person, zu deren Aufgaben die Vertretung bei medizinischen Maßnahmen gehört;
2. der Ehegatte oder die Partnerin beziehungsweise der Partner, wenn er oder sie mit der urteilsunfähigen Person einen gemeinsamen Haushalt führt oder ihr regelmäßig und persönlich Beistand leistet;
3. unter den Nachkommen, Eltern oder Geschwistern der urteilsunfähigen Person diejenige Person, zu der die engste Beziehung besteht, insbesondere weil sie mit der urteilsunfähigen Person einen gemeinsamen Haushalt führt oder ihr regelmäßig und persönlich Beistand leistet.

2 Bestehen Zweifel darüber, wer vertretungsberechtigt ist, oder besteht die Gefahr, dass die vertretungsberechtigte Person die Interessen der urteilsunfähigen Person nicht richtig wahrt, so kann die Erwachsenenschutzbehörde festlegen, wer vertretungsberechtigt ist, oder eine Vertretungsbeistandschaft errichten.

3 Fehlt eine vertretungsberechtigte Person oder will keine der vertretungsberechtigten Personen das Vertretungsrecht ausüben, so errichtet die Erwachsenenschutzbehörde eine Vertretungsbeistandschaft.

4 Ist eine urteilsunfähige Person zur Behandlung einer psychischen Störung fürsorgerisch untergebracht worden, so erfolgt die Behandlung nach den Bestimmungen über die fürsorgerische Unterbringung.

Information und Zustimmung
Art. 435

1 Der behandelnde Arzt oder die behandelnde Ärztin informiert die vertretungsberechtigte Person über alle Umstände, die im Hinblick auf die in Aussicht genommene Behandlung wesentlich sind, insbesondere über deren Gründe, Zweck, Art, Modalitäten, Risiken und Kosten sowie über allfällige alternative Behandlungsmöglichkeiten. Bei schwerwiegenden oder risikoreichen Eingriffen, die nicht dringlich sind, soll eine zweite ärztliche Stellungnahme eingeholt werden.

2 Fehlen in einer Patientenverfügung Vorgaben, so entscheidet die vertretungsberechtigte Person nach dem mutmaßlichen Willen und den objektiven Interessen der urteilsunfähigen Person.

[3] Soweit möglich, wird auch die urteilsunfähige Person in geeigneter Weise informiert.

Notfälle
Art. 436
In Notfällen können medizinische Maßnahmen für eine urteilsunfähige Person entsprechend deren mutmaßlichem Willen und deren objektiven Interessen ergriffen werden.

Aufenthalt in Wohn- und Pflegeeinrichtungen
Betreuungsvertrag
Art. 437
[1] Wird eine urteilsunfähige Person für längere Dauer in einer Wohn- oder Pflegeeinrichtung betreut, so muss schriftlich in einem Betreuungsvertrag festgelegt werden, welche Leistungen die Einrichtung erbringt und welches Entgelt dafür geschuldet ist.
[2] Bei der Festlegung der von der Einrichtung zu erbringenden Leistungen ist auf die Wünsche der betroffenen Person Rücksicht zu nehmen.
[3] Die Zuständigkeit für die Vertretung der urteilsunfähigen Person beim Abschluss des Betreuungsvertrags richtet sich sinngemäß nach den Bestimmungen über die Vertretung bei medizinischen Maßnahmen.

Schutz gutgläubiger Drittpersonen
Art. 449
[1] Eine behördliche Maßnahme des Erwachsenenschutzes kann auch gutgläubigen Drittpersonen entgegengehalten werden.
[2] Schränkt die Vertretungsbeistandschaft für die Vermögensverwaltung die Handlungsfähigkeit der verbeiständeten Person ein, so ist den Schuldnern mitzuteilen, dass ihre Leistung nur befreiende Wirkung hat, wenn sie diese dem Beistand oder der Beiständin erbringen. Vorher kann die Maßnahme gutgläubigen Schuldnern nicht entgegengehalten werden.
[3] Hat eine Person, für die eine behördliche Maßnahme des Erwachsenenschutzes besteht, andere zur irrtümlichen Annahme ihrer Handlungsfähigkeit verleitet, so ist sie ihnen für den dadurch verursachten Schaden verantwortlich.

Familienrechtliche Untersuchungen

Herausgegeben von Andreas Roth

Band 1 Florian Thamm: Unterhalt für die Vergangenheit. Die Entwicklung des Schuldnerschutzes im Unterhaltsrecht. 2003.

Band 2 Stefan Rudolf Kranz: Elterliche Kooperation und Sorgerechtsvereinbarungen bei der Abgabe von Sorgeerklärungen und bei Trennung der Eltern. Eine Untersuchung unter besonderer Berücksichtigung der Familienmediation. 2003.

Band 3 Sandra Kern-Eimann: Das neue Ehebild des EheschlRG. Eine Untersuchung anhand der Scheineheregelungen. 2003.

Band 4 Sebastian Wolfgang Idel: Der Familienbegriff grund- und einfachrechtlicher Normen. 2005.

Band 5 Christian Ziegler: Das Gewaltschutzgesetz aus zivilrechtlicher Sicht. 2005.

Band 6 Sonja Böhm: Garantenpflichten aus familiären Beziehungen. Zur Deutung des § 13 Abs. 1 StGB als Blankettvorschrift. 2006.

Band 7 Jana Traulsen: Inhalt und Grenzen familienrechtlicher Verträge. Unter besonderer Berücksichtigung der Figur der gestörten Vertragsparität. 2006.

Band 8 Melanie Kunz: Gesetzliche Vertretungsbefugnis von nahen Angehörigen für Volljährige. Eine Auseinandersetzung mit den aktuellen Gesetzesvorschlägen zur Änderung des Betreuungsrechts. 2006.

FSC
www.fsc.org
MIX
Papier | Fördert
gute Waldnutzung
FSC® C083411

Kolibri 360 GmbH
Ferdinand-Jühlke-Straße 7
99095 Erfurt, Deutschland
produktsicherheit@kolibri360.de

Druck:
CPI Druckdienstleistungen GmbH
im Auftrag der
Kolibri 360 GmbH
Ferdinand-Jühlke-Str. 7
99095 Erfurt